个体、文化、教育与国家认同

少数民族学生国家认同和文化融合研究

孙杰远 / 著

2019年·北京

图书在版编目（CIP）数据

个体、文化、教育与国家认同：少数民族学生国家认同和文化融合研究 / 孙杰远著. — 北京：商务印书馆，2019
ISBN 978 − 7 − 100 − 15718 − 6

Ⅰ.①个⋯　Ⅱ.①孙⋯　Ⅲ.①少数民族—学生—思想政治教育—研究—中国　Ⅳ.①G751

中国版本图书馆CIP数据核字（2018）第003027号

权利保留，侵权必究。

个体、文化、教育与国家认同
少数民族学生国家认同和文化融合研究
孙杰远　著

商　务　印　书　馆　出　版
（北京王府井大街36号　邮政编码100710）
商　务　印　书　馆　发　行
北　京　冠　中　印　刷　厂　印　刷
ISBN　978 − 7 − 100 − 15718 − 6

2019年5月第1版　　　开本 880×1230　1/32
2019年5月北京第1次印刷　印张 13⅛
定价：58.00元

前　言

回溯人类发展历程，国家认同是人类社会的一种普遍性的结群意识和归属需要，是人性的需求。而当下新的国际局势与日益复杂的文化格局，使得过去相对封闭的环境被打破，个体的国家认同以及文化间的融合也逐渐发生变化，原有文化的失落带来的疏离感与游离感，导致精神的荒漠化与归属感的弱化，社会个体的国家认同面临挑战。在中国，相对于汉族学生而言，少数民族学生所面临的文化冲击更为凸显，加之敌对势力针对偏远山区和少数民族地区，试图通过各种手段与途径分化中华民族多元一体的文化格局，削弱国家认同。由此，研究少数民族学生的国家认同特点，强化国家认同，维护国家统一，成为国家治理和教育发展的重大命题。

作为人类与生俱来的自我意识、生与死的意识、乡愁、社会性以及由此而产生的群体归属意识、民族意识与文化关怀，共同构成了国家意识与国家认同的逻辑起点。国家认同实际上是对国家符号与国家共同体的认同，具体表现为对自己国家历史文化的接纳而产生的自豪感、对自己所属族群和集体无意识的承认而产生的归属感、对自身政治身份认可而产生的忠诚感。国家共同体的形式存在，是公民将国家作为想象的共同体，是人性的需求，是人类社会的一种普遍性的结群意识和归属需要。同时，国家认同，作为一种重要的国民意识，是现代国家的合法性基础，也是维系一国存在和发展的重要纽带。

个体的国家认同的建构，既是个体的主观心理活动，也是个体社会化的过程，是对社会生活规则的了解、遵守与内化，对想象的共同体的归属和认可，从而树立起捍卫国家主权和民族利益的主体意识。个体国家认同的形成，有两条基本途径：一是日常生活中通过亲身体验自然获得；二是教育场域中有目的、有计划的系统影响完成。其中，教育场域是个体国家认同形成的主要的、专业化的途径。针对我国少数民族学生国家认同的当下特点，少数民族学生国家认同形成的教育场域建构应包括多元互动文化场域的构建、中华民族共同文化符号的凝练及其在教育场域中的渗透、国家政治取向的内化与教育导引。现代国家构建必然要制造国民文化的同质性，强调领土范围内国民对主权国家文化上、政治上的普遍认同。因而，现代国家构建的过程是解除旧有的忠诚，形成具有普遍意义的现代公民的过程。强化公民认同，消解极端的民族和宗教认同，其构建的基础是一系列同质的权利和义务所规定的公民身份，以民族国家为典型的政治共同体的语境下，公民身份、公民认同和国家认同成为现代国家构建的中心。这样的暗示与强化是比学校教育更为重要的导引。

《个体、文化、教育与国家认同——少数民族学生国家认同与文化融合研究》一书是国家社会科学基金"十二五"规划2011年度教育学一般课题"少数民族学生国家认同和文化融合研究"的研究成果。著作从民族认同、国家认同与文化认同的关系谈起,论述了国家认同的基本样态,对民族认同、国家认同与文化认同进行了原生态分析,并对民族文化与国家认同的脉络展开关联性分析,对少数民族学生国家认同的文化基因进行阐述。在具体的研究中选取了广西典型少数民族地区进行实地考察,并确定以青海为对比,收集第一手资料进行定量与质性相结合的田野研究,提出少数民族学生国家认同与文化认同的发生机制,并且对少数民族学生国家认同的符号表征进行深入探讨。最后,着力论述了少数民族学生国家认同的教育场域并且阐明少数民族学生国家认同与文化融合的教育体系构建。

扎根边疆与民族地区是本人的研究宗旨,致力于民族教育与社会和谐发展是本人的研究理想。理想路上尽管艰苦,但我们深知必须担当!因本人水平有限,疏漏难免,敬请方家与读者多提宝贵意见。

孙杰远

2018年8月

目 录

第一章 民族认同、文化认同与国家认同：内涵与关系 / 1

第一节 概念阐释 / 4

一、认同 / 7

二、民族认同 / 25

三、文化认同 / 55

四、国家认同 / 63

第二节 关系讨论 / 72

一、历史逻辑的自在性 / 74

二、社会转型中价值认同的影响 / 84

三、"理论—实践"逻辑的方法 / 94

四、结论 / 118

第二章 国家认同的基本样态：自在本源与自觉意识 / 121

第一节 自我意识与生命意识作为国家认同的自在本源 / 122
一、自我意识：人类原始的自在本性 / 122
二、生命意识：人类生命保存的普遍本能 / 131

第二节 共同体作为国家认同的自觉意识 / 136
一、共同体的起源及其自在发展 / 137
二、自觉性共同体及其价值图景 / 149

第三章 少数民族文化与国家认同的历史脉络分析 / 155

第一节 多元民族文化场域中国家认同的自在发展 / 156
一、氏族和部落文化中的族群认同 / 156
二、早期国家文化中的王朝认同 / 157
三、成熟国家文化中的国家认同及结构 / 161

第二节 多元一体中华民族文化场域中国家认同的自觉发展 / 177
一、以戊戌变法构建君主立宪国家认同的失败 / 178
二、以三民主义理论构建中华民国集体意识的国家认同 / 182
三、以新民主主义理论构建中华人民共和国集体意识的国家认同 / 190

第四章 民族认同、国家认同与文化认同的原生态分析 / 205

第一节 民族认同、国家认同和文化认同的关联性分析 / 205
一、调查样本来源与基本特征 / 205
二、民族认同、国家认同和文化认同的关联性分析 / 210

第二节 民族认同、国家认同和文化认同的表征方式 / 226
一、民族认同、国家认同和文化认同下的文化融合途径 / 227
二、民族认同、国家认同和文化认同下的文化融合经历 / 235
三、民族认同、国家认同和文化认同下的文化融合意愿 / 241

第三节 文化融合状态下民族认同、国家认同、文化认同的特征分析 / 249
一、民族认同、国家认同、文化认同的关联性特征 / 249
二、民族认同、国家认同、文化认同下的文化融合表征 / 252

第五章 少数民族学生国家认同与文化认同的发生机制 / 259

第一节 基于文化认同的少数民族学生国家身份认同 / 259
一、少数民族学生文化认同的发生机制 / 259
二、少数民族学生国家身份认同的文化机理 / 265

第二节 文化认同下少数民族学生国家认知的产生与发展 / 278
一、少数民族学生国家认知的产生途径 / 278
二、少数民族学生国家认知的发展 / 281

第三节 文化融合境域下少数民族学生国家归属的发生 / 287

一、文化融合是少数民族学生国家归属的必要条件 / 287

二、文化融合背景下少数民族学生国家归属的发生 / 290

第六章 少数民族学生国家认同的符号表征 / 293

第一节 少数民族学生民族自在意识的发生 / 295

一、自在意识的产生 / 295

二、自在意识的强化 / 298

第二节 民族文化互动过程中少数民族学生的文化自觉 / 301

一、民族称谓 / 302

二、民族习俗 / 305

三、民族服饰 / 307

四、民族器物 / 309

五、图腾信仰 / 310

第三节 国家认同的产生 / 312

第四节 广西多民族聚居地的文化考察 / 314

第七章 少数民族学生国家认同的教育场域 / 347

第一节 少数民族学生国家认同的教育场域内部结构 / 348

一、少数民族学生国家认同的教育场域简析 / 348

二、少数民族学生国家认同的学校教育场域内部要素及其
    关系 / 350

三、少数民族学生国家认同的家庭教育场域内部要素及其
    关系 / 355

四、少数民族学生国家认同的社区教育场域内部要素及其
    关系 / 358

第二节　少数民族学生国家认同的教育体系架构 / 362

一、少数民族学生国家认同的教育体系 / 363

二、少数民族学生国家认同教育的学校课程设计案例分析 / 369

三、单一民族学校与多民族学校少数民族学生国家认同的
    教育的异同 / 377

第三节　少数民族学生国家认同的教育场域构建策略 / 379

一、学校教育场域构建策略 / 380

二、家庭教育场域构建策略 / 383

三、社区教育场域构建策略 / 385

参考文献 / 391

第一章　民族认同、文化认同与国家认同：内涵与关系

从社会学、民族学与人类学等学科视角出发的"认同研究"，一般源自研究个体或研究共同体之于社会问题的敏感性。正因为认同涉及自我和他人、内群（in-group）和外群（out-group）的界定与划分，在今天这个因全球化的到来而使民族、国家乃至地方共同体的完整性受到挑战的时代，认同更是成了人们关心的热门话题。① 换言之，这样的"认同研究"之所以属于基于社会现象与问题的反思性研究，一者在于审视现象与问题的本质及其产生，二者在于尝试构建相应的策略。无论"问题"是单一的、纯粹的还是复杂的，它反映在不同学科群体的研究视野中都将在不同的意义上得到理解与解释，进而在不同的研究取向、学科实践、价值观、方法的支配下得到多维度的研究。但有关心理学意义上的"认同研究"则往往呈现为一种纯实验性的"心理机制"

---

① 李友梅、肖瑛、黄晓春：《社会认同：一种结构视野的分析》，上海人民出版社 2007 年版。

探寻，缺少对"社会性因素"和"社会问题意识"的关注，从而易受批判；然而，当这种纯实验性的研究模式结合了社会学理论并关注"社会"之时，其研究效力会极大提升。从当前的事实来看，就是"认同研究"从心理学逐步转向社会学，并最后成为社会心理学研究领域的核心问题的过程。这种转向同时表明，后来诸多学科领域对"认同"的深化研究在很大程度上都建立在心理学认同研究的基础上。

社会心理学是研究认同问题的核心领域，习惯从结构、机制、关联性、影响因素、认同模式等层面研究认同问题，并在一般意义上着重研究不同群体、层级的认同机理。社会心理学的认同研究更适合为类似"普世性"的认同理论建构，即它在研究对象上不局限于某个"群体"，试图将所有"群体"包含在自身的理论辐射之中；从研究过程上习惯兼容各种认同影响因子，比如个体的、群体的，内在的、外部的，文化的、教育的，政治的、经济的，种族的、地域的、社会的，流动的、静止的，等等，试图将一切因子纳入既定的分析模型，从而建构精确的指标体系；在研究结论上，它试图解释多元化、多样性情境之下的"共性"。而这种"共性"正是人类普遍拥有的心理存在与需求存在。

基于民族学、人类学研究的"认同问题"，必然具有特定的群体对象。这里的"群体"不必是社会学意义上的"阶层"，也非"微观群体"，它更多地将视野聚焦于特定族群，这种"族群"处于群体层级中的"中间位置"，其界定及分类遵循特有的民族学方法和人类学方法，从而"认同问题"必然与这些方法涉及的因素有密切关系。甚至，在大民族观的引导下，认同问题还倾向于观照更高层次的民族认同问题，在民族国家中又体现为国家认同问题。当然，国家认同向来都是政治学领域的重要命题，但当政治学集中于关注国家的政治结构、权力模式和组织形式的时候，民族学与人类学则主要从"民族"的视角关注国家与民族、国家与文化的关系，进而国家认同不但是政治学的研究对象，还是民族学、人类学的研究对象。在其他学科领域，比如教育学，对族群认同、国家认同的观照，主要是基于教育将人的发展问题植入群体与文化之中，通过研究人与群体、组织与文化模式或文化体系的关系，进而实现教育作为有效路径的构建。

某种意义上说，基于民族学、人类学与教育学等学科视角的认同研究，理论基础都是心理学与社会心理学领域的认同理论或社会认同理论。作为"大群体对象"研究的认同理论需建构于具有起源意义的社会心理学关于"微群体实验"型认同研究的基础上。所以，认识认同理论还需从心理学、社会心理学开始。它所提供的是一种元理论或基础理论，从而支撑起一种更大框架的理论与实践研究。民族认同、国家认同与文化认同等命题，并非源自初始的认同理论，而是晚近政治学、人类学、社会学等学科渗入认同研究逐步凸显而出的，这三者在不同学科视角下会有多元化呈现、多元化解析，然而在最终意义上实质是趋同的。所谓"多元"也只是不同学科研究对象、分析路径与解释方式的多元，而其实质就是认同本质。不同学科所要做的事情就是基于自身立场、方法而分析解释"认同"构建的复杂成因、多元路径等。值得关注的是，这些复杂成因往往决定了认同主体的差异性，进而又受制于情境、文化习惯、价值取向等因素。当然，同一主体建构起来的多样认同形式及其程度的差异的成因，也是值得关注的问题。

第一节　概念阐释

"认同"问题自 20 世纪 50 年代以来就备受关注，但它不是普通人所去关注和深入思考的问题，相反，普通人成了"认同问题"的焦点。为何如此？这是由个人主义、种族主义的普遍崛起所引发的。但普通人并没有意识到"认同问题"已然在自己的思想观念、行为实践中呈现，只有哲学家、心理学、社会学家逐渐自觉地意识并观察到了这样的事实，于是关于"认同问题"的研究迅速发展，很快便在欧美地区形成了各种思潮，认同理论与社会认同理论相应地在心理学和社会学领域诞生。其间，社会认同理论在很大程度上是依附于心理学认同理论而发展并实现自我超越的。心理学领域关注微观实验性质意义上的"认同"的心理机制问题，强调个体内生的认同积极性和主观性，甚至一贯致力从个体的生物本能出发来界定个体认同的发生机制和认同特征。而社会学（社会心理学）则主要将个体置于社会整体框架之下进行考量，进而突出研究人的群体属性、群己关系、群际关系等问题，并时刻不忘将文化、社会结构、意识形态、种族、民族、政治、教育等因素介入到研究中,以此来证明"认同问题"的层次性、复杂性。对社会认同理论做出最大贡献的人物是亨利·泰费尔和约翰·特纳,他们提出的社会认同理论关注的是人的认同过程,并由此出发来对一个既有社会中存在的群体间的关系进行解释。"该理论的基本假设是每个人都需要获得一种正面的'社会认同',或者说每个人都希望归属于拥有独特的和正面的认同的群体。"①

尽管如此,正如有学者指出的那样:

> 虽然认同理论和社会认同理论的学科背景不同、理论诉求不一,但这两种理论涉及的主题或领域是相同的,加之社会认同理论本身就是欧洲社会心理学家对个体主义的美国社会心理学忽视"社会"因素的不满而分庭抗礼的产儿,他们将社会的重要性置于个人之上,这使得社会认同理论在某种程度上与微观社会学理论存在天然的亲缘性,也使得这两种理论存在多方面的相似性。②

这两种理论的相似性就表现为,"它们都非常强调结构以及由社会建构的自我(所谓认同或社会认同)的功能,自我这种动力结构能够作为连接社会结构和个体行为之间关系的中介"③。换

---

① 王歆:《认同理论的起源、发展与评述》,《新疆社科论坛》2009 年第 2 期。
② 周晓虹:《认同理论:社会学与心理学的分析路径》,《社会科学》2008 年第 4 期。
③ 同上。

言之,即都注意到个体与社会之间的互动作用,这种互动是身份界定、角色认同的关键,并且这决定了"认同"必然是一种具有社会建构性、动态性的存在。而由于个体必然存在于特定组织或群体,所以这种相似性还体现为都强调了社会组织之于个体角色的意义,在这个过程中,社会认同理论侧重社会自居作用(social identification)和自我分类的过程;而认同理论则着眼于标定(labeling)或命名(naming)一个人为某种社会类别以及承诺的过程。[1] 实际上,认同理论更多地强调从个体自身的主观期望出发而形成认同,而社会认同理论则从社会的角度去定义个体,主张个体是社会、群体中的个体。

伊始,"认同理论"习惯从纯粹心理学意义上揭示个体认同的内在关联性,因此形成了典型个体主义式的美国心理学。在这里,"社会"只作为一个背景而存在,并没有被纳入个体认同构建的基础条件之中,同时,社会作为个体所存在的整体系统更未引起足够重视。"宏大的社会现实,被歪曲为人为的实验室中漠不相关的个体之间虚假的社会互动。"[2] 但随着后续研究的发展及其他研究群体产生之后,这种纯粹的心理学逐步发生变化,显而易见的就是,它开始吸取各种相关理论而建构自身的研究体系,

---

[1] Michael A. Hogg, Deborah J. Terry, Katherine M. White, "A Tale of Two Theories: A Critical Comparison of Identity Theory with Social Identity Theory", in *Social Psychology Quarterly*, Vol. 58, No. 4, 1995, pp. 255-269.

[2] Henri Tajfel, "Experiments in Vacuum", in J. E. Israel, H. Tajfel (eds.), *Context of Social Psychology: A Critical Assessment*, Londres: Academic Press, 1972, pp. 69-122.

比如对符号互动论的吸收所形成的认同研究已开始强调个体之间的互动性对个体认同产生的重要影响。毫无疑问,个体之间的互动为符号或文化的互动,甚至是同化过程,从而,这种认同理论已经在事实意义上进入了社会认同研究的范畴,认同已经不再是单纯的个体内生机制,而是互动建构的过程,它具有过程性、互动性。伴随这种基于符号互动论发展起来的认同理论,在从"社会个体"的视角对认同问题进行研究的同时,另外一股强大的认同理路同样得到了开辟,那就是基于"社会群体"视角的认同问题研究。这种研究集中起源于种族主义,抑或是受激发于宗教意识、政治意识的强化,使得社会学家不得不关注群体认同问题,因为这关系到群体地位、群体尊严、群体利益和群体身份界定等问题。于是,有学者开始总结性地认为,"围绕认同或社会认同,在社会学的社会心理学和心理学的社会心理学中形成了多种相应的理论,其中最为著名的是以美国微观社会学或符号互动论为基础的认同理论(identity theory)和欧洲社会心理学所倡导的社会认同理论(social identity theory)"[①]。

一、认同

(一)认同的定义

关于"认同",对其内涵的界说因学科立场不同而存在诸多

[①] 周晓虹:《认同理论:社会学与心理学的分析路径》,《社会科学》2008年第4期。

差异。造成这种差异的原因是多方面的,比如价值观、学科特点、研究视角与方法等。如在哲学领域,哈贝马斯强调人的系统(社会化的人)和社会系统在结构上的共生性,以及人类历史发展进程中社会形态、集体同一性和自我统一性的一致性等问题。社会学鼻祖涂尔干认为认同是一种被称为"集体意识"的东西,是将一个共同体中不同的个人团结起来的内在凝聚力。"然而,在涂尔干看来,某一群体的相似性和共同性特征又是建立在与其他群体之间存在着差异性这一基础上的。因此,相似性总是根据对不同群体之间差异的界定而被识别。"[1] 安东尼·吉登斯从社会哲学的立场出发,指出了"认同"的社会性。他认为认同是社会进程中连续的、历史性的存在,"不仅指涉一个社会在空间上的某种连续性,同时也是该社会在反思活动中惯例性地创造和维系的某种东西"[2]。在人类学领域,泰勒从文化人类学的角度谈到了认同之于族群生存的关系,认为认同是个体或族群安身立命的根本,认同要解决的问题是如何确定自身身份的方向性定位。

当前,关于认同的研究一般集中在心理学、社会学、政治学、民族学和人类学领域,在这几个领域中,虽然认同源自哲

---

[1] 贾英健:《认同的哲学意蕴与价值认同的本质》,《山东师范大学学报(人文社会科学版)》2006年第1期。

[2] 〔英〕安东尼·吉登斯著,赵旭东、方文译,王铭铭校:《现代性与自我认同:现代晚期的自我与社会》,生活·读书·新知三联书店1998年版,第60页。

学,表示"变化中的同态或同一问题"①;但心理学可作为认同理论诞生的场域。一般认为,心理学中的"认同"源自精神分析学家弗洛伊德。在他那里,"认同"被看作"个人与他人、群体或模仿人物在感情上、心理上趋同的过程,即社会群体成员在认识和感情上的同化过程"②,或说"认同是个人或群体在感情上、心理上趋同的过程"③。有学者指出,弗洛伊德起初使用这个概念,"用以表述个人与他人、群体或模仿人物在感情上、心理上趋同的过程,是一种个体与他人有情感联系的最早的表现形式"④,他"仅把它作为一种心理防御机制,将其理解为主客体相结合的过程,通过效仿榜样的行为,满足个人的归属感……显然,这种分析是内省式的,他完全从人体本能的角度认识自我和群体,这从人的生物性来说具有合理性,但因为抽离了社会关系和文化因素对人的本质的决定性作用而遭受质疑"⑤。虽然弗洛伊德的认同观后来遭受诸多批判,但作为心理学领域首先关注"认同"问题的代表性人物,弗洛伊德无疑对"认同"给出了一个最为基本的解释,那就是个体所具有的对趋同性与归属感的本体需求。这为后来的研究奠定了基础。

---

① 王沛、胡发稳:《民族文化认同:内涵与结构》,《上海师范大学学报(哲学社会科学版)》2011年第1期。
② 贾英健:《认同的哲学意蕴与价值认同的本质》,《山东师范大学学报(人文社会科学版)》2006年第1期。
③ 车文博主编:《弗洛伊德主义原著选辑》,辽宁人民出版社1988年版,第375页。
④ 同上。
⑤ 王欱:《认同理论的起源、发展与评述》,《新疆社科论坛》2009年第2期。

弗洛伊德之后,对"认同"研究做出巨大贡献的人物是认知心理学家爱利克·埃里克森。埃里克森提出了"自我同一性"概念,并区分出"自我统一性"和"集体统一性",在《童年与社会》一书中,他将"同一性"和"同一性危机"(identity crisis)列为自己论述的主题,并深入探讨了同一性和早年经验的关系。[①]"他断言认同是自我或人格的核心,个体的自尊、依恋感和归属感深受认同发展过程的影响"[②],是"一种熟悉自身的感觉,一种'知道个人未来目标'的感觉,一种从他信赖的人们中获得所期待的认可的内在自信"[③],其"实质是对我他关系的一种界定,主张用认同来判定个人或群体生活中产生的将其与周围社会环境联系和区别的自我意识"[④]。另一种相似的观点认为,"某一事物与其他事物相区别的认可,其中包括其自身统一性中所具有的所有内部变化和多样性。这一事物被视为保持相同或具有同一性"[⑤],都在于把认同的本质视为一种同一性,而这种"同一性"关乎身份的属性问题。从而,在埃里克森这里真正形成了认同理论。认同理论的成型,其意义在于明确了"认同"的本质内涵,即一种心理过

---

① Erik H. Erikson, *Childhood and Society*, New York: Norton, 1950, pp.456-457.
② 万明钢、王舟:《族群认同、尊群认同的发展及测定与研究方法》,《世界民族》2007年第3期。
③ Erik H. Erikson, *Identity and Life Cycle*, New York: Norton, 1959, p.118.
④ 贾英健:《认同的哲学意蕴与价值认同的本质》,《山东师范大学学报(人文社会科学版)》2006年第1期。
⑤ James M. Baldwin, *Dictionary of Philosophy and Psychology*, Volume 1, New York: The Macmillan Company, 1998, p. 504.

程或是观念形态，是"人类的基本特性之一，是某种深刻的、基础的、持久的或根本的东西，区别于'自我'表面的、偶然的、易变的内容和表征"①，如洛克认为，物体本身在不断发展变化，但同一性观念却相对稳定②。后来的认同研究中，学者们几乎已无法抽离或避开心理学对"认同"本质的这一规定。

社会学、政治学等学科对"认同"的定义至多是一种外延式扩张，这种扩张实际上代表了相关学科的学科立场及其惯常摄入的规定性因素。比如，在社会学领域，"认同"主要用来描述一种特殊的集体现象，包含群体特性和群体意识两个层面：(1)一个群体的成员具有重要的乃至根本的同一性，即群体特性；(2)群体成员团结一致、有共同的性情意识和集体行动。③在政治学领域，"认同"是一个不同于"物质利益"的分析概念，分析家们用它来解释政治行为的非工具性，强调身份和集体认同对个人行为的深刻影响。④还有其他政治认同论指出：(1)认同是复杂的社会过程的结果，个人和集体认同都是在复杂的社会语境中建构的；(2)人处于政体之中，制度的变迁会改变个人和集体的政治文化认同；(3)理解和解释认同问题需要考虑这些复杂现象。认

---

① 钱雪梅：《从认同的基本特性看族群认同与国家认同的关系》，《民族研究》2006年第6期。

② 〔英〕洛克著、关文运译：《人类理解论》，商务印书馆1997年版，第59、302—306页。

③ 钱雪梅：《从认同的基本特性看族群认同与国家认同的关系》，《民族研究》2006年第6期。

④ Jean L. Cohen, "Strategy or Identity: New Theoretical Paradigms and Contemporary Social Movements", in Social Research, Vol. 52, No. 4 (Winter 1985), pp. 663-716.

同是在社会过程中建构的,认同可以随着社会制度、利益的改变得到重塑。由于社会生活的极端复杂性,多种认同集于一身是可能的。因此,认同概念有三个基本的特点:社会性、可塑造性和可共存性。① 诸种说法不一而足。概而观之,很多后起的认同研究,更多地关注"认同"的形成过程、多元认同现象及其成因,即是对认同性质的研究。这些研究的理论基础则是对心理学关于"认同本质"的把握。毋庸置疑,"认同"作为人类普遍存在的心理现象,虽不是先天赋予,如洛克所言"人的理解中没有天赋的同一性观念"②,但人作为"符号的动物"、"关系的存在"和具有心理需求的动物,认同观念必然成为人类社会经验的产物,也必然成为个体的自我概念,是人类特有的心理现象之一。"认同"就是"在人与人、群体与群体的交往中所发现的差异、特征及其归属感"③,是心理学专用于"解释人格结合机制的概念,即人格与社会文化之间怎样互动而维系人格的统一性和一贯性"④。当然,由于原初心理学缺失了对"社会因素"的考察,心理学对"认同"本质的定义实际上过于纯粹。当此巨大缺失备受重视之后,一种融合了"社会因素"的社会心理学油然而生。它的出现弥补了原始心理学的"社会"缺失,从而将心理学植入社会

---

① 杨筱:《认同与国际关系:一种文化理论》,中国社会科学院博士学位论文 2000 年。
② 〔英〕洛克著、关文运译:《人类理解论》,商务印书馆 1997 年版,第 48 页。
③ 贺金瑞、燕继荣:《论从民族认同到国家认同》,《中央民族大学学报(哲学社会科学版)》2008 年第 3 期。
④ 沙莲香:《社会心理学》,中国人民大学出版社 2002 年版,第 2 页。

场景而对"认同"做出更具体、更有针对性的定义。如我国知名社会心理学者方文教授指出:"当代社会科学文献中的 identity 或 identities,已经超越了哲学同一性和埃里克森的自我同一性的原初含义,认同,即行动者对自身独特品质或特征积极的认知评价、情感体验和行动承诺,成为当代社会科学研究的核心。"[1]

但是,不能因此否认其他学科对"认同"做出的努力。在很大程度上,各领域对"认同"的认识正反映了其特殊的认同认知,具有特殊内涵。实际上,如果说心理学对认同的本质做出了规定,那么其他领域则在这种本质规定的基础上赋予了"认同"多重属性和更为丰富的价值内涵。这是"认同"本身在不同实践场域中所应具有的生命性发展,它承载了不同主体的价值观或意识形态,进而发挥多元价值。当然,如果从起源的角度来看,"认同"并非起源于心理学,而是哲学,只不过它在心理学中得以成型或理论化。早在柏拉图、亚里士多德时期,关于"认同"就已有说法。在马克思主义哲学在全球发挥巨大影响的今天,在马克思主义理论观照下的"认同理论",时代价值更是不容忽视。

心理学一贯从"心理机制"出发进行探索,强调实验意义上的个体心理形成及个体间的互动性建构。而马克思主义哲学则以更为宽广的视野,将个体置于社会关系总和中加以讨论,又将人视为现实的关系性存在,进而使相关"认同问题"变得"关系

---

[1] 方文:《学科制度和社会认同》,中国人民大学出版社 2008 年版,第 148 页。

化、整体化、历史化、具象化"。如果说心理学是"心理—个体"的范式，那马克思主义哲学则是"个体—社会（群体）"的范式，可以从不同意义上对"认同"做出解释。所以，有学者认为，应将认同研究置于马克思历史唯物主义之中对其进行界定。根据马克思"人的本质"的学说，由于人们虽然抱有各自的目的，但他们并不希望自己的活动杂乱无序，总是愿意使自己的活动纳入正常的秩序范围内进行，这种正常的秩序范围，就构成了认同存在的必然性。另一方面，人的交往活动又总是在一定社会关系中进行的。社会关系，是指"许多个人的共同活动"。[①] 无疑，这从马克思主义哲学的立场对"认同"的起源做出了解释，他进一步认为：将"认同"置于马克思主义视角下进行理解，首先，认同与人的交往活动是密切相关的。其次，认同本身表征的就是一种关系。就认同而言，其前提在于差异的存在，没有差异，也就无所谓认同。认同作为一种关系，不仅包括认知，而且也包括着他人的承诺，在认同者和被认同者之间必然发生双向的互动关系。再次，任何认同都是从"自我"出发进行确定的，表现在：一、认同标准上的自我性。即坚持按照自己认可的标准来确定人们交往中的"同"或"异"。二、认同定位上的自我性。即认同说到底是对自我身份的寻找和确认。三、认同形成中的为我性。人与人、人与社会、人与自身等关系构成人的存在的基本样态，这些关系又通常是矛盾的，但是，"凡是有某种关系存在的地方，这

[①]《马克思恩格斯选集》（第1卷），人民出版社1995年版，第80页。

种关系都是为我而存在的"①。最后,认同的核心问题是价值认同问题。人们总是认同那些与自己的利益需求、情感和信仰相一致或相近似的东西,利益、情感和信仰影响着人们对他者的评价问题,这就注定了从一开始人们的认同就是一个价值问题。因此,认同说到底是对人的意义感的重新定位和评价的问题,是一个价值认同问题。②

由此看来,这种观点似乎具有不可置疑的正确性。然而这并不能被视为对心理学或社会心理学关于认同研究的超越或反叛。这只是从马克思主义哲学的视角对认同做了阐释,从人的社会关系属性出发对认同给出了定义,是对认同存在状态的一种描述。换言之,认同存在于关系之中,认同因差异性关系而存在,而认同只是从主体"自身"或"自身需求"出发而得以生成,认同是利益、价值、情感、信仰等需求的产物。如若对象物不足以满足认同主体的需求,则该物将不能获得主体的认同。然而,这用来解释民族认同或族群认同现象时,则会遭遇困境。在民族学、人类学语境中,个体对族群或民族的认同时常受历史、文化的规约而致使族群中的个体无法从一开始就选择认同的对象,而个体对所属族群的认同也非建立于所谓的"差异性"基础之上,"差异前提"在此难以适用。关于认同的"需求建构说"也很难在人

---

① 《马克思恩格斯选集》(第1卷),人民出版社1995年版,第81页。
② 贾英健:《认同的哲学意蕴与价值认同的本质》,《山东师范大学学报(人文社会科学版)》2006年第1期。

类学视野下实现普适性，在人类学家眼中，族群成员对信仰、共同价值与共同体的"认同"并非全部因"需求"而起，这些"认同"往往是伴随个体在特定文化模式中逐渐生发起来的，具有随主体生命生长的同构性和同一性，故而并非主体因"需求"建构起"认同"。

认同是人的心理现象，是一种观念形态，这是认同的本质所在，它反映个体或群体的同一性程度、个体对其所在群体的归属感与价值趋同性、个体的自我意识与自我认知程度、个体对其所处的关系性组织的接纳与身份依附感等。除此之外，其他一切关于"认同"的解析至多是对认同性质、状态、结果等的认定。需要说明的是，根据不同主体、认同对象、认同场景，认同的存在形式、发生过程、成因及其结果会有差异，这种差异正是不同学科领域所极力构建起来的。社会学往往关注普遍社会层面上的群己关系、群际关系，这里的"群"指普遍的群体；民族学则一般关注民族或族群的认同问题；心理学时常将研究视角放在具有实验意义的个体或小群体之上；政治学探论"政治认同"；教育学则从路径角度对认同的形成、认同的状态等进行干预。

（二）认同理论与社会认同理论

认同理论和社会认同理论是认同研究的两大理论范式。"围绕认同或社会认同，在社会学的社会心理学和心理学的社会心理学中形成了多种相应理论，其中最为著名的是以美国微观社会学或符号互动论为基础的认同理论（identity theory）和欧洲社会心理学所倡导的社会认同理论（social identity theory）。"[①] 社会认同理论是认同理论的发展形式，如前文所述，它是将"认同"植入"社会"的"社会认同"，超越了心理学中典型的"封闭—微群体实验型"研究。虽然后来认同理论的形成融入了符号互动理论，但仍是基于一种微观意义上的人体符号体系，还局限于个体之间的认同行为，在个体之间寻求认同机制的成因。

认同理论与社会认同理论存在理论侧重点、学科取向等方面的不同，甚或大相径庭，如有学者归纳的那样：首先，认同对象不同。认同理论强调的是行为角色和角色的认同，而社会认同理论强调的则是更为广阔的社会类别身份。其次，着眼点不同，认同理论关注的是人们在社会生活中承担的角色，以及这些角色所赋予的各种认同相互间的关系。在这里，重点是在角色认同或社会期望影响下的个体行为。与此相反，社会认同理论关注的则是群体间的关系和群体过程，其重点是群体中认同的创造性作用以及行为的群际因素（比如，遵从、集体行动、群体团结等）。再次，对认同的动力特征看法不同。社会认同理论将认同视为一种动力结构——它既能够适应长时期的群际关系的变化，也能够对应即刻间的互动背景——在此基础上，它论述了认同过程中的基本社会认知机制；而认同理论则更加倾向于将认同视为一种相对静态的角色特征，同时强调影响角色的建构和再建构的人际间的社会互动背景的动力特征。从次，涉及的认知过程的强调程度不

[①] 周晓虹：《认同理论：社会学与心理学的分析路径》，《社会科学》2008 年第 4 期。

同。社会认同理论对认同是如何内化的、背景因素是如何造成不同的认同突显的，以及认同是怎样产生与认同相符的行为的，均有比较细致的诠释；而认同理论虽然不太重视认知过程在认同过程中的作用，却较好地解释了个体间的社会互动是如何作为一种有效的影响对认同发生作用的。最后，在社会认同理论中，认同涉及的核心认知过程是"去人格化"（depersonality）。即将自我视为内群体原型的一种体现，而不是一个独特的个体；而在认同理论中，其所涉及的核心认知过程是"自我验证"（self-verification），即根据认同标准中所体现的角色来看待自我，并通过个人行为以维护与认同标准的一致性。[1]

但是，它们关于"认同"的核心观点却是相似的，都强调"自我的社会属性是由社会建构的，并且都回避将自我视为独立于社会或先于社会的观点。它们都认为自我分化成了属于特定实践活动（如规范、角色）的多重认同，并且它们使用相似的术语和相似的语言，尽管这些术语或语言常常具有不同的含义（如认同、认同突显、承诺等）"[2]。它们都讨论了认同内在化并用来界定自我的方式：社会认同理论侧重社会认同化和自我分类的过程，而认同理论讨论的是人们将自己归入某个社会群体或赋予自己某

---

[1] 周晓虹：《认同理论：社会学与心理学的分析路径》，《社会科学》2008年第4期。
[2] Michael A. Hogg, Deborah J. Terry, Katherine M. White, "A Tale of Two Theories: A Critical Comparison of Identity Theory with Social Identity Theory", in *Social Psychology Quarterly*, Vol. 58, No. 4, 1995, pp.255-269.

种责任的过程。① 它们都使用了突显（salience）概念，社会认同理论用"突显"以表明某种认同在某一情境之下的激活状态，认同理论用"突显"以理解一种认同在一种情境下被激活的概率。认同理论的重点在社会的结构性安排以及个人直接的联系上——角色事实上反映的就是人们之间的相互关系，而社会认同理论的重点则在认同被激活的群体情境特征。②

认同理论吸收符号互动论，形成的基本观点是："其一，它并不认为自我是一种自动的心理单位，而是导源于人们在社会扮演的各种角色的一种多重社会建构；其二，在社会生活中承担的角色不同决定了人们自我概念的不同。斯特莱克就提出，相对于我们在社会生活中所具有的每一种角色位置，我们都具有迥然不同的自我成分，即所谓角色认同。"③ 角色认同即各种自我知觉、自我参照认知或自我界定，人们能够将其作为他们所占据的结构性角色位置的结果加以运用；作为特定社会范畴的成员，人们的角色认同经历了标定或自我界定的过程。④ "一方面，社会为各种角色提供了认同和自我的基础，另一方面自我也是社会行为的积极

---

① Michael A. Hogg, Deborah J. Terry, Katherine M. White, "A Tale of Two Theories: A Critical Comparison of Identity Theory with Social Identity Theory", in *Social Psychology Quarterly*, Vol. 58, No. 4, 1995, pp.255-269.
② 周晓虹：《认同理论：社会学与心理学的分析路径》，《社会科学》2008年第4期。
③ Sheldon Stryker, *Symbolic Interactionism: A Social Structural Version*, Palo Alto: Benjamin/Cummings, 1980.
④ 周晓虹：《认同理论：社会学与心理学的分析路径》，《社会科学》2008年第4期。

创造者。"① 社会心理学家蒂博特和凯利指出,"角色是社会中存在的对个体行为的期望系统,角色是占有一定地位的个体对自身的期望系统,角色是占有一定地位的个体外显的可观察的行为"②。也就是说,角色认同实际上就是基于"自我"和"他者"的双重视角下的认同实践,即自我的界定是根据自身的知觉、行动并结合他者的期望与界定实现的。

社会认同理论是"二战"后欧洲社会心理学家对世界社会心理学做出的最有意义的理论贡献,是泰费尔等人在20世纪70年代提出,并在群体行为的研究中不断发展起来的。20世纪80年代,特纳提出了自我归类理论(self-categorization theory),发展完善了社会认同理论。③ "人们会自动地将事物分门别类;因此在将他人分类时会自动地区分内群体和外群体。当人们进行分类时会将自我也纳入这一类别中,将符合内群体的特征将会赋予自我,这就是一个自我定型的过程。"④20世纪90年代,形成了"最有特质理论"(optimal distinctiveness theory)、"群体动机理论"(group motivation theory)或称为"主观不确定降低理论"(subjective uncertainty reduction theory)等。社会认同理论的主

---

① Sheldon Stryker, *Symbolic Interactionism: A Social Structural Version*, Palo Alto: Benjamin/Cummings, 1980, p. 385.
② 转引自周晓虹:《现代社会心理学:多维视野中的社会行为研究》,上海人民出版社1997年版,第360页。
③ 张莹瑞、佐斌:《社会认同理论及其发展》,《心理科学进展》2006年第3期。
④ 同上。

要研究假设是，当个体以他们的社会组织成员确定他们自己的时候，这种由群体定位的自我直觉在社会行为中就会产生心理区辨效应（psychological distinctive effects），这一理论通过"归属"（belonging）这一心理现象关注群体成员的社会心理属性。① 它关注的是"在个体中的群体"，是心理化的群体，是个体主动将群体心理化之后，产生积极的情感和价值意义并继而区隔"他者"的动力过程。因此，"群体成员"不仅是一个社会现实，而且也是一个心理现实。或者说，"社会认同理论认为个体通过社会分类，对自己的群体产生认同，并产生内群体偏好和外群体偏见"②。

从起源来讲，社会认同理论产生于解释群体间行为的种族中心主义（ethnocentrism）以及更早的现实冲突理论（realistic conflict theory）。种族中心主义是指内群体偏好和外群体歧视。群体内行为和群体间行为显现了明显的种族中心主义特征。③ 现实冲突理论是谢里夫（Muzafer Sherif）于1961年通过实验得出的结论，他认为"群体间态度和行为反映了一个群体和其他群体之间的客观利益"④，如果利益或目标一致，则出现共同、友好与合作的关系，反之则是竞争。在进一步的发展中，心理学实验

---

① 杨宜音：《"社会认同的理论与经验研究"工作坊召开研讨会》，《社会学研究》2005年第1期。
② 张莹瑞、佐斌：《社会认同理论及其发展》，《心理科学进展》2006年第3期。
③ 〔英〕M.艾森克著、阎巩固译：《心理学——一条整合的途径》，华东师范大学出版社2000年版，第611—621页。
④ 张莹瑞、佐斌：《社会认同理论及其发展》，《心理科学进展》2006年第3期。

研究者开始注重更为微观而深入的差异性影响因子，进而在基于对这些因子的排除前提下，发展了社会认同理论。比如泰费尔在1970年所做的实验，就在群体成员间不曾有真的面对面互动、缺少群体内在结构及群体间无任何过去与文化的基础上深入观察了群体间的运作方式，他进而得出，"当被试者单纯地直觉到分类时，就会给自己的群体更多的资源和正向的评价。这种认知上的分类，会让我们主观上直觉到自己与他人共属，产生一种认同感，这样的认同所引起的给内群体较多资源以及正向的评价的现象成为内群体偏向；而对外群体成员则分配较少资源并给予负向的评价这种现象称为外群体歧视"①。或者说，"一个人所落入的或感到其所属的社会类别（如民族、政治团体、运动团队），提供给此人根据这一类别描述的自身特征来界定自己的倾向——这种自我界定是自我概念的组成部分"②。如此，所谓社会认同，其内涵便是"一个人对其所属的社会类别或群体的意识"，它由社会分类（social-categorization）、社会比较（social-comparison）和积极区分原则（positive-distinctiveness）而建立。③ 这三个过程的前两个都较容易理解，而第三个过程即积极区分原则则不易理

---

① Otten S., Mummendey A., "To Our Benefit or at Your Expense? Justice Considerations in Intergroup Allocations of Positive and Negative Resources", in *Social Justice Research*, 1999, 12（1）, pp.19-38.
② 周晓虹：《认同理论：社会学与心理学的分析路径》，《社会科学》2008年第4期。
③ Tajfel H., "Social Psychology of Intergroup Relations", in *Annual Review of Psychology*, 1982(33), pp.1-39.

解，因为其关涉到一个特有的心理需求，即"自尊"或"尊严"问题。"所有行为不论是人际的还是群际的，都是由自我激励和自尊这一基本需求决定，个体为了满足自尊或自我激励的需要会突出自己某方面的特长，使自己在群体比较的相关维度上表现得比外群成员更为出色"①，从而体现出主体自觉的积极区分。此外，菲尼发展了埃里克森的认同发展理论，从"族群"的角度出发，提出个体族群认同发展四阶段说：（1）弥散性的认同：个体认同缺失或弥散；（2）排斥的认同：个体表现出对种族特性的关注；（3）延迟的认同：个体继续探索族群特性，期间往往要经历深度混乱；（4）获得性认同：个体或群体将认同成功地整合到自我概念中，个人自尊是这一理论的主线，可以影响个体的发展阶段。他认为，认同是一个复杂的结构，它不但包括个体对群体的归属感，而且还包括个体对自己所属群体的积极评价以及个体对群体活动的卷入情况等。②

由此看来，社会认同理论较认同理论而言，其认同主体已从认同理论的"个体"发展为"群体"，它更强调个体与群体的关系，个体对群体的认同感。从个体与群体的关系出发，社会认同理论关注到了个体对其所在群体的自尊需求和归属感需求。这种归属感并非个体"外在"获取，而是个体作为群体成员所具有的

---

① 周晓虹:《认同理论：社会学与心理学的分析路径》，《社会科学》2008 年第 4 期。
② Phinney J., "Stage of Ethnic Identity Development in Minority Group Adolescents", in *Journal of Early Adolescence*, 1989, 9（1-2）, pp. 34-49.

一种认同属性。所以，泰费尔（1978）将社会认同定义为："个体认识到他（或她）属于特定的社会群体，同时也认识到作为群体成员带给他的情感和价值意义。"[①] 在这个意义上，后来相关的群体认同、族群认同、国家认同等研究又是社会认同理论的进一步深化。社会认同理论超越了认同理论而强调了普遍性质的"个体—群体"认同感，而其他学科的融入在自身学科取向的立场上注重强调某类"群体"的认同现象，比如族群、民族，工人、农民，资产阶级、无产阶级，等等。

值得注意的是，特纳提出的自我类化理论并不简单。他的这种类化理论以极为深刻的洞察力注意到了个体的心理建构性。这里的心理建构不仅指代个体"认同观念"的建构，还是对"认同对象"的建构。所以，所谓"自我类化"（即自我类别化），也就是在个体的心理观念层面还存在一个"心理群体"作为个体认同的对象，它由个体通过社会经验建构起来。这种基于自我类别化的社会认同理论超越了刻板化的对客观存在的对象的认同，而关注"心理群体"，成了社会认同理论的重要构成部分。在民族认同研究中，这种"心理群体"无疑与安德森的"想象的共同体"相通，它通过知觉过程的"'类化'（categorization）机制，抓住'心理群体的形成'（psychological group formation）这一关键过程，解释各种集群（category）现象而不是群体（group）和群集

[①] Tajfel H., *Differentiation Between Social Groups: Studies in the Social Psychology of Intergroup Relations*, London: Academic Press, 1978, pp.1-3.

（integration）现象，逐渐扩展到几乎社会心理学的大部分领域，直至形成比较系统和完整的体系"①。

二、民族认同

民族认同是认同研究中的主要研究域，主要集中在民族学、人类学和政治学研究领域。民族认同，作为一个现实存在的社会问题而被广泛关注。民族认同状态及其趋势与民族生存和发展、民族关系有着密切而紧要的关联性，在民族国家中，民族认同问题更是关乎国家稳定与发展。在我国，伴随新中国民族政策的制定与民族识别工作的开始，民族认同问题逐步受到学界关注，主要集中在民族学与历史学界。当然，这个时期我国民族学并不成熟，学科独立性不强，它往往与历史学、政治学、人类学、社会学糅合一体。在此之前关于"民族"与"中国民族"、"族群"等相关问题的讨论实际已在历史学、人类学等领域展开，比如"中华民族是一个"的问题就在历史学家顾颉刚与人类学家费孝通之间展开过激烈讨论，这场讨论在很大意义上促进了我国民族学与人类学的发展。在中国，"民族"问题具有特殊语境，因而民族研究、民族认同研究也充斥着复杂性和不确定性，这跟不同学科的阐释差异性有关，也跟"民族"本身的历史脉络与文化存在有关，

---

① 杨宜音:《"社会认同的理论与经验研究"工作坊召开研讨会》,《社会学研究》2005年第1期。

更与我国特殊的政治、经济发展形态有关。所以,直至目前,"民族研究"中的诸多问题尚未形成定论,比如关于"族群"与"民族"的辩论、"中华民族"与"少数民族"的关系、"中华民族"与"中国"的关系,等等。这些基本问题的不确定性直接作用于相关"认同"研究,致使"民族认同"、"国家认同"等问题一度陷入理论桎梏。这其中,以"民族定义"问题最为基础,而"民族定义"的争辩问题甚至成了一条清晰的学术脉络。

然而,如若基于某一立场并秉持坚定的研究目的与独立的价值取向,那么,也不难从一个复杂困境中脱身出来,至少可确立独立视域下相关问题的清晰度和可操作性。复杂的理论困境往往源自复杂的现实困境,其间某一个现象或问题的产生难以形成定论。因为促成因素的复杂性而使得相关确定性结论备受质疑,使得一些研究陷入悖论,但也正是这种悖论赋予了研究更多的悬念与魅力,从而吸纳无数学者为之不懈努力。在这个努力过程中,研究者们往往无意识地履行着一个自在规律:从"混沌"走向有序,逐步从理论困境中走出来,最终确立自身的理论基础和理论价值。这个过程与学者的学科立场、价值取向和研究视域密切相关。

(一)民族

民族定义的实质在于明确"民族"概念的最基本内核,它反映"民族"属性中的那个根本属性或不变的存在。从概念辨析的角度来看,我国的民族定义历程当中,有四个概念或范畴是学界久久争论不下的,那就是"民族"、"族群"、"少数民族"、"中华民族",这其中处于中心位置的是"民族"与"族群"的辨析问题。随着我国民族学、人类学、政治学等学科的发展,直至目前,这几个概念的基本关系已经得到初步明确。一般来说,"民族"分为两个层次:处于高层的是"中华民族",也称为"国族";次一层则是"少数民族","族群"一般指"少数民族"。如有学者认为:"我们必须认识到,民族国家的民族与国家内部的各民族并不是一回事,国家内部的各民族只能算是族群;中国境内的汉族、蒙古族、回族、藏族、维吾尔族等,在民族国家的'民族'意义上都应该属于中华民族。"[1] 这样一种基本关系的界定,首先是基于我国作为民族国家的事实而言的,其次又是对我国民族现状的客观总结。当然,在人们的具体应用和具体研究中,普遍采用的是"民族"概念,这时就会根据不同场景和实际需要对其进行定位和具体解释。一般情况下,"民族"概念的使用多指少数民族或族群,特指"国族"之时则用"中华民族"。

首先来看"民族"的本质内涵(即"民族"定义)。既然我国民族定义问题自始至终围绕斯大林的民族定义展开。斯大林于1913年提出"民族"的定义:"民族是人们在历史上形成的一个有共同语言、共同地域、共同经济生活以及表现于共同文化

---

[1] 韩震:《全球化时代的公民教育与国家认同及文化认同》,《社会科学战线》2010年第5期。

上的共同心理素质的稳定的共同体。"[①]他并进一步指出,"民族不是普通的历史范畴,而是一定时代即资本主义上升时代的历史范畴"[②]。从而,他不但规定了"民族"的特征而且对"民族"的形成时期也划定了时限,我国学者讨论的问题焦点也主要集中在这两个"规定"上。他对民族形成时期的规定是对马克思主义民族问题研究的理论继承,即把人类共同体的形成阶段划分为:氏族→部落→部族→民族。很多学者批评斯大林,认为他是出于政治需要和沙俄主义而提出的具有狭隘主义的民族概念,不具有普世性,更不适合于我国实际。比如马戎指出,在20世纪初的俄国,布尔什维克面临"民族文化自治"和以民族划分来分裂无产阶级政党的民族主义思潮,斯大林提出的"民族"定义是当时政治形势的需要。[③]然而事实上,从我国的民族实情来看,斯大林的民族定义在我国也具有一定的适切性,那就是"民族"中的"中华民族"。很大程度上斯大林的"民族"概念与我国的"中华民族"概念是相通的,都是从政治与国家层面上提出的"民族"概念。2003年,我国学者郝时远就总结性地认为,我国几十年来关于斯大林的民族定义问题的争论,存在的最大问题就在于,"人们对斯大林民族定义所指称的'民族'在理解上往往存在问题,主要表现为将这一定义的特定对象(通常所说的'狭义的民

[①] 转引自马戎:《关于"民族"定义》,《云南民族学院学报(哲学社会科学版)》2000年第1期。
[②] 同上。
[③] 同上。

族')理解为普遍对象(通常所说的'广义的民族'),以致在实际应用中出现了种种矛盾和困扰"[①]。他认为,"民族"是人类共同体依托于民族国家而形成的现代形式。通俗地理解,一个民族就是一个民族国家的全体居民或全部享有该国国籍的人的总称。因此,将nation理解为"国族"是非常贴切的。斯大林的民族定义是马克思主义经典作家阐释"民族"的唯一系统的和影响广泛的定义。同时,这一定义也是中国目前在学术研究、知识普及的实践中长期遵循的、比较规范的民族定义基础。斯大林的民族定义是马克思列宁主义在民族国家意义上的定义。[②]斯大林当时所论证的"民族",是指组成"民族国家"的"民族",其成员可以是不同种族、不同部落的群体。斯大林认为,这种民族的形成并非偶然,它是历史形成的、稳定的共同体。就传统的帝国而言,其臣民不属于"民族"。"民族"是在资本主义取代封建主义的过程中形成的,它所依托的国家是"民族国家",也就是民族共同体与国家共同体的同一。

实际上,在斯大林的定义中,也曾很鲜明地指出:民族首先是一个共同体,是由人们组成的确定的共同体。而且,这个共同体不是种族的,也不是部落的。例如当时的意大利民族就是由罗马人、日耳曼人、伊特拉斯坎人、希腊人、阿拉伯人等组成的,

---

[①] 郝时远:《重读斯大林民族定义——读书笔记之:斯大林民族定义及其理论来源》,《世界民族》2003年第4期。
[②] 同上。

法兰西民族是由高卢人、罗马人、不列颠人、日耳曼人等组成的，英吉利民族、德意志民族也是如此。① 对斯大林列出的民族的四个特征，很多学者习惯把它与"族群"的特征混淆理解，这也是造成"民族定义"出现偏误的原因。斯大林所谓的"四大特征"有其特定的对应物，即"共同的语言＝全国通用语言（或官方语言／国语）；共同的地域＝民族国家的领土；共同的经济生活、经济上的联系＝全国统一的经济体制及其所形成的地区、行业分工和相互间依存的密切关系（统一市场）；共同心理素质＝认同国家（state）、民族（nation）的自觉意识（爱国主义／民族主义）"②。在此，虽然我们指出了斯大林"民族"所指与我国"中华民族"概念之间的共通性，但也不能说明其规定的四个特征就是我国的"民族"特征，因为民族的形成带有显著的时空依附性。"他对民族内涵的界说，只能绳之于一定的历史时代和一定的国度。"③ 基于这样的反思性认识，有学者开始认为：斯大林的定义也没有触及民族的必不可少的本质特征：民族自我意识以及其对外表现的自我称谓。有了这个要素，其他特征即使丧失掉也仍不失为一个民族。④ 如有学者认为，"民族是历史上在共同地域、共同语言、共同经济生活基础上形成的具有共同文化和共同

---

① 郝时远：《重读斯大林民族定义——读书笔记之：斯大林民族定义及其理论来源》，《世界民族》2003年第4期。
② 同上。
③ 陈克进：《关于"民族"定义的新思考》，《云南社会科学》1992年第6期。
④ 贺国安：《斯大林民族理论模式驳议》，《民族研究》1989年第4期。

民族意识的稳定的人们共同体"①。此外，还有人认为，"民族是人们在一定历史阶段形成的以共同地域为基础、以共同经济生活为条件、以共同语言为纽带、以共同心理素质为内在要素，并具有共同历史、共同文化、共同习俗、共同族称和共同族体意识以及共同血统因素为特征和特点的既稳定又逐渐发生变动的人们共同体"②。在这样的基础上，党中央国务院在国家层面上对"民族"做出了解释："民族是在一定的历史发展阶段形成的稳定的人们共同体。一般来说，民族在历史渊源、生产方式、语言、文化、风俗习惯以及心理认同等方面具有共同特征。有的民族在形成和发展过程中，宗教起着重要作用。"③

由此可以看出，除了斯大林关于共同地域、语言、经济活动、心理素质外，我国学者更强调共同的民族自我意识和心理认同。在他们看来，只有具备了共同的民族意识和民族认同之时，一个民族才算真正形成。实际上，这样的认识已经远远超出了传统意义上的以血缘、地缘为基础的族群或部落，这里的民族已经上升为事实意义上的中华民族形态。这与费孝通所说的中华民族是自觉的民族实体具有内部的共通性。所谓自觉，也就是共同体成员将"民族"内化为自我意识，通过集体意识形成集体认同，建构民族。在这个意义上，"中华民族"甚似安德森所

---

① 张达明：《论斯大林民族定义的历史地位、局限性及其修改问题》，《东北师范大学学报（哲学社会科学版）》1996 年第 5 期。
② 熊坤新：《斯大林民族定义之我见》，《世界民族》1998 年第 2 期。
③ 李振宏：《新中国成立 60 年来的民族定义研究》，《民族研究》2009 年第 5 期。

谓的"想象的共同体"。美国人类学家本尼迪克特·安德森在其《想象的共同体：民族主义的起源与散布》一书中，开宗明义地指出："它是一种想象的政治共同体——并且，它是被想象成为本质有限的，同时也享有主权的共同体。"[①] 这就意味着，首先，"民族"是被想象出来的共同体，且是政治共同体，它被意念赋予了主权；其次，这个共同体是同时被意念赋予了特定的族界。"根据安德森的意思，民族的存在不在于它拥有多少共同的文化要素，而在于成员能否凭借一定的媒介来感受某种休戚相关的手足同胞之情，共同体成员自身意识到与其他族体的区隔才是民族形成的社会心理基础"[②]，这就是他所谓的民族（nation）、民族属性（nation-ness）及民族主义（nationalism）是"一种特殊类型的文化人造物"（cultural artifacts）。[③] 正如费孝通先生指出的，中华民族是在面临国家灭亡、政治消亡和民族存亡的时空被自觉的民族认同建构起来的，明显带有强烈的爱国主义，或者是一种中国式的民族主义，这种民族主义是在遭遇列强的侵略时才能被激发建构起来的，它瞬间就可以凝聚起强烈的政治认同和政治拥护。安德森的"想象的共同体"就是基于一种特

---

① 〔美〕本尼迪克特·安德森著、吴叡人译：《想象的共同体：民族主义的起源与散布》，上海人民出版社2003年版，第9页。
② 马衍阳：《〈想象的共同体〉中的"民族"与"民族主义"评析》，《世界民族》2005年第3期。
③ 〔美〕本尼迪克特·安德森著、吴叡人译：《想象的共同体：民族主义的起源与散布》，上海人民出版社2003年版，第4页。

定的民族主义而被臆想出来,"因为这个概念诞生之时,启蒙运动与大革命正在毁坏神谕的、阶层制的王朝的合法性。主权国家是脱胎于宗教共同体的一种新的自由的象征(主要是人从神权政治下独立出来),这种自由的感觉对于一个有序的、不依赖于以前的宗教阶层制的社会结构来说,是一种重要的心理体验和心理基础"①。安德森认为,中世纪的两个文化体系即宗教共同体和王朝的式微为想象的共同体提供了空间(主要是人们的思维和想象空间),这跟中国封建王朝的式微激发了"中华民族"的自觉意识相似。他还指出,"在神圣的共同体、语言和血统衰退的同时,人们理解世界的方式正在发生根本性的变化,而这一思维模式的转变是想象的共同体得以产生的主观因素"②。这与中华民族产生之时具有一定的相似性。20世纪上半叶,中国一方面遭遇列强的武力侵略,另一方面,西方文化、价值观与中国人的传统思想发生撞击。如梁漱溟、张岱年等人指出的,这段时间,西方的分析性思维和发散性思维已经对中国的整体性思维模式造成了极大的影响,人们开始在《天演论》中习得达尔文的进化论和弱肉强食法则,开始在笛卡尔等人那里感染到自然科学中的相对主义和二元论思维。

但安德森的"想象的共同体"与费孝通的"中华民族"有一

---

① 马衍阳:《〈想象的共同体〉中的"民族"与"民族主义"评析》,《世界民族》2005年第3期。

② 同上。

个很大的不同。费孝通不但强调了中华民族是自觉的民族实体，而且深刻认识到中华民族更是一个自在的民族实体。但在安德森看来，民族并非要有共同的语言基础、文化基础和地域基础，民族就是被想象出来的一个政治共同体，他只承认"民族"作为"政治的共同体"，否定了"民族"的文化属性、经济生活属性和信仰等。他认为，一旦"民族主义"在一个新的政治基础上把各族群统一起来，就会出现强烈的民族意识，[①]从而产生一个不同于宗教共同体的新的共同体，这就是民族。如安东尼·史密斯指出的那样，安德森、霍布斯鲍姆等人的理论代表了"二战"后学术界对先前流行的"演化决定论"（evolutionary determinism）的反叛。"演化决定论"视民族的兴起为历史演进过程中必然发生的现象。[②] 安德森等人都认为民族是18世纪工业化和现代化的产物。安德森否定了民族构建中的血缘因素，"民族就是用语言——而非血缘——构想出来的，而且人们可以被'请进'想象的共同体之中"[③]。我国学者也批判性地认为"安德森虽然强调民族是想象，并非捏造，但他的这种想象是建立在语境霸权的基础之上的，是掌握语言权力的政治力量通过印刷资本主义在一定范

---

① Anthony Smith, *National Identity*, London: University of Nevada Press, 1991, p. 8.
② Anthony D. Smith, "The Nation: Invented, Imagined Reconstructed?" in Marjorie Ringrose and Adam J. Lerner (eds.), *Reimaging the Nation*, Buckingham: Open University Press, 1993, pp.15-16.
③〔美〕本尼迪克特·安德森著、吴叡人译：《想象的共同体：民族主义的起源与散布》，上海人民出版社2003年版，第172页。

围内选择性地将一种想象反复强加给阅读群体，从而强化而成的一种民族属性"①。从而，安德森的"想象的共同体"反映出的是一种纯粹的民族起源"建构论"，它否定了民族"原生论"的有益思想，跟斯大林的"民族形成于资本主义上升时期"的观点一样，都没有注意到民族并非特定时代的产物，它具有历史延续性、文化客观性和历史必然性，不是哪一个时期的特定人类现象。

在费孝通看来，"民族实体"（中华民族）虽然是特定时期受外力的作用凸显出来的由自觉意识和共同体意识所建构的产物，这种产物更多地表现出了一种"民族主义"（爱国主义与政治认同性）。但是，作为"民族实体"，它还需经历一个长期的塑型的过程，这个过程就是历史。所以他说，"中华民族作为一个自觉的民族实体，是近百年来中国和西方列强对抗中出现的，但作为一个自在的民族实体则是几千年的历史过程所形成的"②。

从而，费孝通很好地摒弃了斯大林关于"民族形成于资本主义上升时期"的观点和安德森纯粹的民族来自民族主义支配下的"想象的共同体"的观点，形成自己独具一格的民族观。这种民族观的形成一方面由于费孝通多学科背景下科学而严谨的学术态度，另一方面则源自其对中华民族生死存亡的强烈责任意识。将这两者相结合需要极其冷静的人生境界，否则要么陷入纯科学主

---

① 马衍阳：《〈想象的共同体〉中的"民族"与"民族主义"评析》，《世界民族》2005年第3期。
② 费孝通：《中华民族的多元一体格局》，《北京大学学报（哲学社会科学版）》1989年第4期。

义，要么成为民族主义者。当然，在特定时期，纯粹民族主义所兼容的爱国主义情怀的极具膨胀，会有助于民族凝聚力和民族认同、国家认同的形成，从而构筑共同抗敌的巨大合力。但如果从学术与科学的立场出发，则更需一种冷静的态度，这种冷静并非冷漠或沉默，而是一种孕育更强大力量的冷静。当年，顾颉刚先生与费孝通先生关于"中华民族是一个"的论战，无疑就在很大程度上投射出了一种炽热的爱国主义与一种兼容了民族主义情怀的冷静学术态度之间的博弈。顾颉刚先生一度强调：

> 民族是由政治现象（国家的组织，外邻的压迫）所造成的心理现象（团结的情绪），它和语言、文化及体质固然可以发生关系，因为凡是同语言、同文化和同体质的人总是比较相处的近，容易团结起来，但民族的基础决不建筑在语言、文化及体质上，因为这些东西都是顺了自然演进的，而民族则是凭了人们的意志而造成的，所以一个民族里可以包含许多异语言、异文化、异体质的分子（如美国），而同语言、同文化、同体质的人们欲可因政治及地域的关系而分作两个民族（如英和美）。①

顾颉刚以此来强调"中华民族是一个"观点，表达了他对民

---

① 顾颉刚：《续论"中华民族是一个"：答费孝通先生（续）》，《益世报》1939年5月29日。

族存亡的忧虑以及促成民族团结的决心,也充分地体现了在当时的时代背景下作为一名中国学者所应秉持的民族态度。但他借助西方民族观念来建构"中华民族"的思想遭到费孝通的质疑。费孝通认为:

> 我们不应该简单地抄袭西方现存的概念来讲中国的事实。民族是属于历史范畴的概念。中国民族的实质取决于中国悠久的历史,如果硬套西方有关民族的概念,很多地方就不能自圆其说。顾先生其实在他的历史研究中已经接触到这个困难。他既要保留西方"民族国家"的概念,一旦承认了中华民族就不能同时承认在中华民族之内还可以同时存在组成这共同体的许多部分,也称之为民族了。①

如费孝通所言,"中华民族这个词用来指现在疆域里具有民族认同的十几亿人民……中华民族作为一个自觉的民族实体,是近百年来中国和西方列强对抗中出现的,但作为一个自为的民族实体是经过几千年的历史过程所形成的……它的主流是由许许多多分散孤立的民族单位,经过接触、混杂、联结和融合,同时也有分裂和消亡,形成一个你来我去,我来你去,我中有你、你中有我,而又各具个性的多元统一体"②。在这段表述中,可以提炼

---

① 费孝通:《费孝通文集》(第13卷),群言出版社1993年版,第30页。
② 费孝通:《中华民族的多元一体格局》,《北京大学学报(哲学社会科学版)》1989年第4期。

出几个"中华民族"形成的关键要素：一是"疆域"；二是"自觉"与"自在"的民族实体；三是"多元统一体"。"疆域"是中华民族得以形成的必要地理或自然生态；"自觉"强调的是中国人的共同体意识的产生，"自在"则表明中华民族始终是一个民族实体，它具有历史必然性和历史客观性，具有特定的存在样态和文化表征；关于"多元一体"，费孝通更多地指出了中国的"民族格局"，在这里它结合了自身的人类学立场，已将"族群"（少数民族）用来表示"多元"。

实际上，在费孝通的研究体系里，"中华民族"具有两个层面的内涵：第一个就是上面所说的处于民族顶层的中华民族形态，体现为"多元一体"的"一体"；第二个层面则是指"多元一体"本身，即所谓"中华民族多元一体格局"。在这里，中国只有一个"民族"，即中华民族，其存在格局是"多元一体"。正如有学者归纳："在中国的语境中，'中华民族'这个概念，既用来指中国各民族，也用来指以'中华民族'为族称的统一民族共同体。前者是对中国各民族的总称，也可称为中华各民族；后者把中华民族看作一个统一的民族单位，即费孝通先生所说的'多元一体'。"①

在费孝通看来，确立中国的"民族"特征与形态，必须通过多门学科共同考察，并非单一学科所能完成。他所提出的"中华民族多元一体格局"就是基于对历史学、考古学、人类学、民族

---

① 周平：《论中国的国家认同建设》，《学术探索》2009 年第 6 期。

学等学科的综合研究而得出。在这个意义上，费孝通已经突破了单纯的概念界定范畴，不是从已有概念出发去验证概念，而是从历史实践出发推出概念，这样的研究逻辑突破了"概念辨析"的理论博弈，直指"概念本质"的现实样态，可以说是真正的基于中国实际总结出中国经验的研究范式，这样的研究范式提炼出来的理论结晶才最具真理性。1989年，费孝通正式在其《中华民族的多元一体格局》一文中展现了这种真理性。他指出：

> 中华民族这个多元一体格局的形成还有它的特色：在相当早的时期，距今三千年前，在黄河中游出现了一个若干民族集团汇集和逐步融合的核心，被称为华夏，它像滚雪球一般地越滚越大，把周围的异族吸收进了这个核心。它在拥有黄河和长江中下游的东亚平原之后，被其他民族称为汉族。汉族继续不断吸收其他民族的成份日益壮大，而且渗入其他民族的聚居区，构成起着凝聚和联系作用的网络，奠定了以这疆域内部多民族联合成的不可分割的统一体的基础，形成为一个自在的民族实体，经过民族自觉而称为中华民族。①

再看"族群"概念。"族群"指一般指我国当前所谓"少数民族"。自"族群"一词传入我国之后，一度与"民族"概念有

---

① 费孝通：《中华民族的多元一体格局》，《北京大学学报（哲学社会科学版）》1989年第4期。

过长期的"交锋"。其中原因在前文已有论述。"ethnic group"一词是 20 世纪 60 年代以后,在美国和西欧国家的社会学、人类学和政治学等学科流行起来的新词汇,70 年代传入我国,90 年代以后在我国人类学、民族学界受到关注,中文翻译为"民族"、"民族集团"、"种族"、"族裔群体"和"族群"等。其中以"族群"最为通行,指"一个较大的文化和社会体系中具有自身文化特质的一种群体。其中最显著的特质就是这一群体的宗教的、语言的特征,以及其成员或祖先所具有的体质的、民族的、地理的起源"。① 菅志翔认为"族群不仅指亚群体和少数民族,而且泛指所有被不同文化和血统所造成的、被打上烙印的社会群体"②。"族群是人类社会群组层次划分之一种。"③ 徐杰舜认为,所谓族群,是对某些社会文化要素认同,而自觉为我的一种社会实体。这个概念有三层含义:一是对某些社会文化要素的认同;二是要对它"自觉为我";三是一个社会实体。④ 由此来看,"族群"是指具有共同地理起源、文化起源、语言起源、宗教信仰特质的共同体,且这些特质被共同体成员自觉意识并认同。有学者认为:"谈到民族问题,我们很快便会想到这样两个英文词语:ethnic 和 nation-state,前者主要从人种学的角度强调具体的民族,后者则

---

① 李振宏:《新中国成立 60 年来的民族定义研究》,《民族研究》2009 年第 5 期。
② 菅志翔:《"族群":社会群体研究的基础性概念工具》,《北京大学学报(哲学社会科学版)》2007 年第 5 期。
③ 马戎主编:《民族社会导论》,北京大学出版社 2005 年版,第 28 页。
④ 徐杰舜:《论族群与民族》,《民族研究》2002 年第 1 期。

指以国家为主体的国族或'民族—国家';前者带有更多的天然性和沿袭性,后者则带有更多的人为性和建构色彩。"① 族群指的就是少数民族,而少数民族就是费孝通言下的"多元"存在。在其"中华民族多元一体格局"思想中,族群的不断融合是构成中华民族实体的主要历史原因。与此同时,中华民族也是促使族群不断进化、不断重生的重要因素。他特别指出,以"汉族"为核心的"中华民族"同时也在随着历史的步伐不断对其他族群造成深刻的文化、经济和政治影响,少数民族与汉族是相互建构的过程。他说:

> 我们过去对于历史上民族之间互相渗透和融合研究得不够,特别是对汉人融合于其他民族的事实注意不够,因而很容易得到一个片面性的印象,似乎汉族较复杂而其他民族较纯。其实所有的民族都是不断有人被其他民族所吸收,同时也不断吸收其他民族的人。至于有人认为经济文化水平较低的民族必然会融合于经济文化较高的民族,也是有片面性的,因为历史上确有经济文化水平较高的汉人融合于四周的其他经济文化较低的民族。民族间相互渗透和融合过程还是应当实事求是地进行具体分析。②

---

① 王宁:《重建全球化时代的中华民族和文化认同》,《社会科学》2010 年第 1 期。
② 费孝通:《中华民族的多元一体格局》,《北京大学学报(哲学社会科学版)》1989 年第 4 期。

总的来说，虽然我国当前对"族群"的认识有多种说法，比如有学者将其理解为群体，就是说一般社会群体也用"族群"指代。[①] 但族群概念始于民族学、人类学，有其特定的对象物，同时也具有一定的学科规约和内部理论逻辑，如果不遵循于此，则必然带来理论上的混杂或冲突现象，阻碍学科独立性与科学的学术发展。在我国，少数民族就是族群，族群指的就是少数民族。这一点需引起学界广泛注意，避免再陷入无谓的概念之争中。少数民族或族群是由共同地缘、血缘、文化起源、宗教信仰、共同语言的共同体在其成员的自觉意识与认同下形成的，族群的边界形成于共同体的集体意识，族群边界作为无形物存在于共同体的观念体系之中。族群的形成有自身的历史演化逻辑，不是阶级意识、社会分层理论、职业分类理论的理论造物。族群成员虽具有共同的本质特征，但这不是族群形成的决定性因素，也不能作为某族群的表征。

（三）民族认同定义

"认同"是一种心理现象、心理活动或观念，反映到人的行为中叫作认同行为，它是一种人类特有的对象性行为。民族认同即民族的认同和对民族产生认同的概括。就"民族的认同"而

[①] 因为"族群"的"共同体"属性给社会学学者带来了较为宽广的发挥空间，从而很多人将后工业时代新出现的一些阶层群体、职业群体、宗教群体、社区共同体等都称为"族群"。这实在是一种极不严谨的学术态度。

言，它可以泛指某民族的一切认同行为，或者民族成员的所有认同行为，包括作为个体的民族成员所具有的一切认同和民族整体共同拥有的认同。就"对民族产生认同"而言，有两层含义：第一层是某民族内部成员对自己民族产生的认同感，这里的"民族"可以是"族群"，即族群认同，也可以是"民族"，即民族认同；第二层含义就本民族对他民族的认同感。在第二层含义里面有三组关系：族群与族群之间的认同关系、族群与民族之间的认同关系、民族与民族之间的认同关系。第一组，比如苗族与侗族之间，第二组比如壮族与"中华民族"之间，第三组比如"美利坚民族"与"中华民族"之间。所谓"少数民族的民族认同"则有两个特别所指，第一就是少数民族对"中华民族"的认同感；第二就是某少数民族成员对自身"族群"的认同感。在我国，一般意义上，在民族学、人类学语境下，民族认同偏向于一种"族群认同"，即族群共同体成员对自己所在"族群"的归属感、价值存在感以及深刻的文化认知和宗教皈依。但在特定背景下，"民族认同"被赋予"中华民族认同"的意涵，强调公民或全体人民对"中华民族"的政治认同、价值认同、文化皈依与情感体验，这里就包括了各个少数民族对中华民族的认同。

正如"认同"源自个体差异，进而产生自我意识与自我类化感一样，民族认同的产生也是基于民族差异所引发的民族自我意识。民族认同属于社会认同理论的典型现象，社会认同理论认为族群认同是由种族中心主义所引发，那么一定意义上民族认同也可以被解释为民族主义所激发。实际上，就我国而言，中华民族作为自觉的民族实体在抵御列强的侵略中得以凸显出来,在很大程度反映的就是民族认同在特定时期、场景下受民族主义激发而建构起来的独特民族认同现象。如我国学者所言:"民族意识既是天使又是恶魔,关键看它在什么时候什么场合出现和怎样发挥作用。"①当时,中华民族认同感的形成无疑就是这个"天使般的民族意识"促成的结果,它所发挥的作用正是一种民族凝聚力的凝炼。但把"民族"解释为"族群",进而探论族群认同之时,关于"民族认同"(族群认同)的起源则在民族学、人类学、社会学等领域产生了不同观点。比如,族群认同的原生论认为,族群认同主要来自于天赋、原生的情感,而这种情感是个体出生后所置身于其中的社会文化环境造就的,即族群文化濡化的结果;②工具论则强调认同的场景性、不稳定性和成员的理性选择,在认同的构建过程中,利益是个人和群体选择认同的指南针。

关于民族认同,可以把它视为民族意识的升华状态,即民族认同意识,也可以认为民族认同直接来源于民族自我意识,它是高级民族意识。立足于"想象的共同体",安德森认为民族意识源于两个层面,一为消极层面,二为积极层面。在积极层面上,"促成了想象的共同体的是资本主义、印刷科技和人类语言宿命的多样性三者之间的相互作用。……由于印刷语言具有'永恒的形态'的特点,因而能够持久地维系这种同胞之情。资本主义创

---

① 王逸舟:《当代国际政治析论》,上海人民出版社1995年版,第128页。
② 陈心林:《族群理论与中国的族群研究》,《青海民族研究》2006年第1期。

造的可以用机器复制、并且通过市场扩散的印刷语言奠定了民族意识的基础,使得一个新形式的'想象的共同体'成为可能"①。在此,新形式的语言诱发了民族意识,进而建构"想象的共同体"。换句话说,"民族"作为"想象的共同体"的最基本特征是共同语言。但在他看来,这种语言并非一般的、没有权力的语言形式,而是行政组织的语言或"国家"的语言。所以,他的"想象的共同体"指的始终都是"国族"意义上的"民族"。在我国,较早论述"民族意识"的人,可能要数梁启超,他曾说:"何谓民族意识?谓对他而自觉为我。'彼,日本人;我,中国人'凡遇一他族而立刻有'我中国人'之一观念浮于其脑际者,此人即中华民族之一员也。"② 这也难怪有人认为,"把我国的各个族群称为'民族'(1901年),看来梁启超是始作俑者,而且与'民族主义'并用"③。根据考证,在我国最早使用"民族"一词的人也就是梁启超,在1982年出版的《简明社会科学辞典》一书中,关于"民族"的阐释有过这么一段记载:"中国古代文献对'民'和'族'这两个概念均有阐述,但将它们合成'民族'一词使用,据今人考证,却始自1899年梁启超的《东籍月旦》一文,进入20世纪后,由于中国近代民族民主革命的进一步发展和世

---

① 转引自马衍阳:《〈想象的共同体〉中的"民族"与"民族主义"评析》,《世界民族》2005年第3期。

② 梁启超:《中国历史上民族之研究》,载《饮冰室合集》专集之四十二,中华书局1989年版,第1—2页。

③ 韩锦春、李毅夫:《汉文"民族"一词的出现及其初期使用情况》,《民族研究》1984年第3期。

界民族主义思潮的影响,'民族'一词在国内开始普遍使用。"[1]可以确信的是,"民族"一词在19世纪末传入我国的最初几十年里,"中华民族"几乎充当了它的所有内涵。汉文"民族"概念在20世纪之后迅速而普遍的传播与其说是国人"民族主义"膨胀所致,不如说是国人普遍的民族意识的觉醒所逐步建构起来的民族认同进而推动民族主义的高涨。在这个意义上,"民族认同"(中华民族认同)无疑就是在遭遇"他族"入侵的时代背景下,由特定的民族意识升华而成。这里,"民族意识"指的就是"同一民族的人感觉到大家是同属于一个人们共同体的自己人的这种心理",即"民族的共同心理素质"或民族意识,[2]它完全继承了"意识"的本质属性,即"意识在世界进化史上一露头,便是一种异化力量,表现出与外部物质世界的对抗倾向。意识的自主、自立和对抗倾向是它的本性,失去了这个本性,意识也就失去了自身的存在意义"[3]。具体来说,"民族自我意识"包括:"第一,它是人民对于自己归属于某个民族共同体的意识;第二,在与不同民族交往的关系中,人们对本民族生存、发展、权利、荣辱、得失、安危、利害等等的认识、关切和维护。"[4]

除去特殊历史时代背景,比如他族侵略、世界性战争等情况,一般来说,讨论民族意识或民族认同的形成、特点等问题,

---

[1]《简明社会科学辞典》,上海辞书出版社1982年版,第287页。
[2] 费孝通:《费孝通民族研究文集》,北京民族出版社1988年版,第73页。
[3] 韩民青:《当代哲学人类学》,广西人民出版社1998年版,第177页。
[4] 马戎:《论民族意识的产生》,《云南民族学院学报(哲学社会科学版)》2000年第3期。

都是基于一种冷静、客观的学术立场而论的，基于这样的立场，个体的学科背景则成了"问题"研究的主要影响因素。历史上，"中华民族"意识或认同的产生，是特定时代背景下民族自觉的结果，那么当这样的时代背景不复存在时，民族意识或民族认同所体现出来的成因、特点等都将是最为基本的、本质性的存在，不掺杂"主义"的主观性。所以才有学者从"研究"角度指出，"民族认同是具有天然群聚性和类别感知能力的人类都能具有的社会认知，有很强的自发性"[①]。或者说，"群体认同意识是每一个人进入社会、认识世界的'社会化过程'的重要内容之一，在社会生活和人际交往中，人们会自然而然地根据具体环境场景、个人感情和利益关系的亲疏，在周围亲近的人的指导下，学习并接受把周围的社会成员划分为不同性质、不同层次的群组的观念"[②]。但这样的认识也是有缺陷的，虽然它们在客观意义上描述了社会成员普遍存在的"群体认同意识"，但并没有突出"族群认同"或"民族认同"所具有的特殊内涵。马戎进而认为："人们对自身所属'族群'的认同和对于其他族群的认异，就是族群意识的核心内容。"[③]这里面包含两个意思：一是"同"意识，一是"异"意识。前者强调族群之于自身所属族群的同一性，包括对族群特征、族群心理、族群文化、宗教信仰、族源状况的认知与认同，更包括族群成员对自己所属族群的归属感、价值认

---

① 王希恩：《民族认同与民族意识》，《民族研究》1995 年第 6 期。
② 马戎：《试论"族群"意识》，《西北民族研究》2003 年第 3 期。
③ 同上。

同和情感依附。所谓认异，强调的是自我类别化，个体或群体将自觉界定自我身份并与"他者"区别开来。这一般是从语言、文化、体征等方面出发进行判断，根本上是基于文化的判断而形成认同，于是可以说"民族意识是一种孤立隔绝的民族在接触到异族文化之后才产生的"，当然"它是基于民族共同体文化认同之上的、不同于'他者'的共同体意识"①。这种自我类别化将在很大程度上表现为个体或族群在心理上建构起相应的"界限"或"区别"，从而赋予了"认异"心理动态的特征，人可能根据不同场景建构起不同的族群"心理区隔"。如洛克认为，人的意识保持着继承性（连续性）和统一性，也就是说"'自我'取决于意识"②。埃里克森指出："边界本身即是一种社会的产物，其强调的方面各有不同且随着实践变化而变化。"③

美国社会学家沃勒斯坦（Immanuel Wallerstein）认为，"一个族群的成员身份，是一种社会定义（social definition），是成员的自我认定和其他族群对之认定这两者的相互作用"④。这突破了单纯的从"自我"出发的认同形成特点，同时强调了"他者"认定对认同带来的影响。在很多情况下，当族群成员并未形成对

---

① 钱雪梅：《论文化认同的形成和民族意识的特性》，《世界民族》2002年第3期。

② 〔英〕洛克著、关文运译：《人类理解论》（上册），商务印书馆1959年版，第309—401页。

③ Eriksen, Thomas Hylland, *Ethnicity and Nationalism: Anthropological Perspectives*, London: Pluto Press, 1993, p.38.

④ Horoeitz, Donald L., "Ethnic Identity", in Glazer, N. and D.p.Moynihan, eds., *Ethnicity*, Cambridge, MA: Harvard University press, 1975, p.113.

自身族群的自我意识和认知、认同之时，他往往就是根据"他者"的区别化和身份界定而形成认同。比如我国的民族识别过程中，一些人根本就不知道自己属于哪个民族，或者说他并未形成民族意识和民族认知。在这样的情况下，根据一定的体征、文化等因素对之进行归类后，他就会逐渐建构起民族意识，自觉地将自己与他人区别开来，从而有了族群自我认同、族群他者认同的说法。诚如马克思所说："人起初是以别人来反映自己的。名叫彼得的人把自己当作人，只是由于他把叫保罗的人看作是和自己相同的。"① "一个人只有通过与其他人的关系才会形成自我意识。一个人通过发现他人才发现他自己。自我意识不可能在自己对自己的关系中形成，而必然在与其他自我的对立的、交互作用的关系中形成。"② "我对自己的认同的发现，并不意味着我是在孤立状态中把它炮制出来的。相反，我的认同是通过与他者半是公开，半是内心的对话协商而形成的。……我的认同本质性地依赖于我与他者的对话关系。"③

就认同研究而言，民族认同与族群认同的本质特征是相同的，因为在认同研究中，学者们很少将"民族"与"族群"区分而进行讨论。除非如上所述，在特殊的时代背景下，"民族认同"会被赋予"主义"的情感色彩，但即便如此，"认同"的本质始

---

① 《马克思恩格斯全集》（第23卷），人民出版社1965年版，第67页。
② 张庆熊：《自我、主体际性与文化交流》，上海人民出版社1999年版，第61页。
③ 〔加〕查尔斯·泰勒：《承认的政治》，载汪晖、陈燕谷主编：《文化与公共性》，生活·读书·新知三联书店1998年版，第298页。

终是"民族认同"本质的决定性因素。一般情况下,民族认同与族群认同的语境是基本相同的,即都是一种"少数民族研究"语境,"族群认同"是社会认同理论在少数民族心理学研究中的发展。美国学者卡拉和雷金纳德把民族认同界定为个体对本民族的信念、态度,以及对其民族身份的承认,并认为群体的认同包括群体认识、群体态度、群体行为和群体归属感四个基本要素。[1] 在这里,他们把民族认同分为个体的民族认同和群体的民族认同,并且其特征似乎并不相同。但他们所提出的四个基本要素是值得商榷的。比如群体行为,个体的群体行为很可能是个体受族群文化与经济生活方式的规约与塑型而成,它并非来自于个体族群自我意识的动力或出自于族群认同。而群体认识也不一定能代表个体已经产生了族群认同,知识或经验的认知与获取是建立在生活经验和求知基础上的,不一定促成个体的族群认同。赫尔姆斯认为,族群认同涉及建立于个体意识之上的群体或集体意识,个人的意识使他们分享共同的种族遗产或与特定的种族群体分享共同的文化和传统;族群认同的概念不仅使人们共享共同的意义,由这个意义出发使人们凝聚在族群的核心价值观和特征的周围,还深深地认同已经建立起来的规则和规范,其中他们自己建构的用于标明自己或区别不同群

---

[1] Carla J., Reginald J., "Racial identity, African Self-consciousness, and Career in Decision Making in African American College Women", in *Journal of Multicultural Counseling and Development*, 1998, Vol. 26 (No.1), pp. 28-38.

体的标准是认同的核心特征。① 这强调个体群体意识的建构,并认为族群认同的核心是个体心中建构起来的群体标示,也即心理族界。菲尼发展了埃里克森的认同发展理论,提出个体的族群认同主要经历四个阶段,即:(1)弥散性阶段,个体表现出较少或不关心自己的族群认同;(2)排斥性阶段,个体表现出对本族群特性的关注,父母的影响开始内化;(3)延迟阶段,个体继续探索本族群的特性,在这一过程中他们会经历深度的混乱;(4)整合阶段,个体把族群认同成功地整合到他们的自我概念之中。这样的阶段划分虽然具有一定的合理性,也在普遍意义上表明了个体建构族群认同的一般过程;但它并没有阐释出"认同"本身的特征变化。同时,他特别强调"父母影响"的内化作用,以此来界定第二阶段的认同形成的主要原因,但似乎过于牵强。

我国有学者认为,"族群认同是族群及其文化存在的基础",经由心性结构和社会现实,即心理认同和文化实践认同决定的行为边界才是理解当前中国少数族群认同的有效途径。② 可以这么认为,认同由两部分构成:心理认同和文化实践认同,这有力地超越了单纯的"心理区隔"建构民族认同的狭隘性,意思是不但要在心理建构其民族边界,还要在实践中外化出来,达到"知行合一"的状态。实际上,就认同本身而言,如果过去强调个体

---

① J. E. Helms, "An Update of Helm's White and People of Color Racial Identity Models", in J. Ponterotto, J. M. Casas, L. A. Suzuki & C. M. Alexander(eds.), *Handbook of Multicultural Counseling*, Thousand Oaks, CA: Sage, 1995, pp. 181-198.

② 张剑峰:《族群认同探析》,《学术探索》2007 年第 1 期。

心理之外的肢体实践行为，不免也是对认同本身的强加，难道个体在心理面建构起了族群边界，就不能去实践"他族"行为？诚然，这在当前多元文化频繁接触、碰撞与融合的时代背景下，很难行得通。有学者指出"民族认同是社会成员对自己民族归属的认知和情感依附"，这从成员自身的角度出发注意到"同"意识层面上的认同性质，但有一定缺失。有学者从大民族观出发，认为广义的民族认同指对某一主权民族国家的认同，即国家认同；狭义的民族认同指国内的各个民族对各自民族文化的认同，即族群认同。① 就此处讨论的狭义民族认同来看，该学者认为族群认同就是对"民族文化"的认同，这显得过于笼统，并没有触及"认同"作为心理现象或心理机制的本质所在。还有学者指出，"族群认同包括自我认同、归属感、对参照群体的认知以及个体在群体中的价值分享等不同的维度，是动态的多维度的结构"，"族群认同也可以看作一种自我宣称或自我决定的过程，这一过程大都是未被个体意识到的"。② 这里提到了几个认同的关键要素，即自我意识、归属感、群体认知、价值分享、自我宣称（自我身份的界定）等，明显更加接近认同的本质特征。但就"族群认同"而言，"族群认同总是通过一些文化要素表现出来，文化是维持族群边界的基础"③。

---

① 李忠、石文典：《当代民族认同研究述评》，《西北民族大学学报（哲学社会科学版）》2008年第3期。
② 万明钢、王舟：《族群认同的发展及测定与研究方法》，《世界民族》2007年第3期。
③ 周大鸣：《中国的族群与族群关系》，广西民族出版社2002年版，第16页。

总体上看，根据认同理论与社会认同理论，可以确定的是，民族意识或民族认同产生于本民族接触到了他族文化，或本民族与其他民族发生了接触。如费孝通所言："民族是一个具有共同生活方式的人们共同体，必须和'非我族类'的外人接触才发生民族的认同，也就是民族意识。"[①] 也就是"族群差异"激发了族群自我意识和族群认同，表现出民族成员对"异族"的敏感性，并自觉界定自我身份，这种身价界定的根据来源于其对本民族的价值认同、文化认同、情感依附和归属意识，界定的媒介可以是文化的、价值的、情感的、宗教的，也可以是"民族意识"本身。在这个过程中，"一个族群与周围其他族群具有差别的方面越多，差别程度越大，它的民族意识也就越强；反之，差别越少越不明显，民族意识就越淡漠。一个民族内部，根据其人口居住地点的环境和与其他民族交往融合程度的不同，各部分成员的民族意识的强弱也会存在着程度的不同。所以把一个民族的成员们具有的民族意识的状况，看作是十分复杂、各自不同和不断变化的，而不是整齐划一的"[②]。所以就这个意义上来看，在没有接触到他族文化之前，民族成员就无从谈起归属感、价值认同、身份界定等问题，这些"认同"特征的产生可以被看作被激发或受异文化的刺激而表现出来，更为确切地说是被唤醒出来的，这种"被

---

① 费孝通：《中华民族的多元一体格局》，《北京大学学报（哲学社会科学版）》1989年第4期。
② 马戎：《论民族意识的产生》，《云南民族学院学报（哲学社会科学版）》2000年第3期。

唤醒"的过程同时又是民族自觉的过程。但需要注意的是,这种"被唤醒"并非无中生有的过程,而是对主体潜意识中的"认同"属性进行强化与凸显,主体的这种潜意识是由其生命生长的血脉、文化基因、地缘环境、生活样态、宗教信仰等因子共同"根植"在主体脑海中的潜在状态,当主体遭遇"他族"不同文化、价值观、信仰等的冲击与排斥之时,其内部的认同潜意识会在这个过程中激发出来。但如果文化之间的遭遇并未产生冲击与排斥现象,而是融合、同化,那么,这种"认同意识"被唤醒或激发的强度则会大不相同。

当然,在特殊情况下一般的认同模式不具备说服力。比如民族国家中的民族认同,这其中涉及少数民族对"民族国家"的认同问题,就不一定是建立于"非我族类"基础上的认同现象,它更体现出一种"儿子之于母亲"的认同关系。从我国的民族现状来看,"中华民族"作为一个民族实体,它是由从古至今的各少数民族逐步融合而成,是若干族群凝合而成的人们共同体,其中蕴涵着血脉、信仰、文化根基、地缘、语言等方面的共性,虽说至今我国 50 多个少数民族仍然保持着自己的文化独立性和相对的地缘形态,但它们仍是"中华民族"的一个子集或"元",根据费孝通的"多元一体格局观",这些"元"实际与"中华民族"中的汉族之间存在着不同程度上的文化与血缘关系。在费孝通看来,"中华民族多元一体格局"并非是"多元"与"一体"的叠加形态,它本身就是一个融合整体,只是其中存在着层次的不同,而这种层次的不同也并非出于某种"高低贵贱"的划分标准,其很大程度上源自我国"民族—国家"的特殊国性,中华民族代表"中国"本性,是区别于"他国"的根本标志。所以,少数民族对"中华民族"认同本质上是"儿子"之于"母亲"的情感依附、安全归属、血缘身份认同和价值同一性。

三、文化认同

围绕着"认同"展开的研究中,文化认同研究是一大主流。在很多学科中,只要触及认同问题,"文化认同"都是避不开的话题。因为文化时刻依附于人的生命,已成为人的生命构成。人作为符号的动物,一切心理现象、行为实践都需要"符号"作为媒介,这就使得人成了文化行动者。"文化是人类适应生存环境的社会成果,为人的社会群体所共享,所以文化与民族须臾不能分离。"[①]可见,"认同"的实质就是文化认同。族群或民族是一种人类集群现象的典型,这种集群性赋予了该群体特殊的文化表征和文化意义。于是,在民族研究语境之下,文化认同研究一般集中呈现出一种"民族"或"族群"的特性。

如同"民族认同"是由"民族"与"认同"组成一样,文化认同是由"文化"与"认同"来构成,文化作为"对象物"而存在,认同才是"文化认同"的本质表达。所以,较其他认同而

[①] 赵世林:《论民族文化传承的本质》,《北京大学学报(哲学社会科学版)》2002年第5期。

言，文化认同没有本质变化，只是外延层面上对象物、认同的表现方式和认同结果有所不同。如前文所说，文化认同实际指的是民族或族群文化认同，在这个意义上，在民族国家中，文化认同则有"少数民族"（族群）与"国族文化认同"的区分，在我国就是少数民族文化认同与中华民族文化认同的双重问题，从而体现出文化认同在具体国家形态中的层次性与分类化。当然，在当今全球化背景下，很多学者提及了所谓"世界民族"问题，但世界民族并非严格意义上的"民族"。在这些学者的话语中，世界民族更大程度上源自他们对世界范围内"人"的问题、世界和谐稳定问题、人类生态问题的忧虑与担当，提出"世界民族"旨在对不同国家、民族之间存在的不同价值观、政治取向、发展模式等实现协同、协调化，赋予此"共同体"成员全球性认同、全球性关怀的意义，并欲求"世界文化"的建构。如哈佛大学教授桑德尔指出："在我们这个时代，越来越超出民族国家的范围。即使最强大的国家政府也无法单独来解决他们所面临的问题和挑战。那么问题就在于，今天的公民身份是不是要被引向不仅是民族认同，而是全球的认同，不仅是民族共同体，而是全球的共同体，要被引向全球范围的'公共善'。"[1] 在文化认同研究中，将"世界民族"作为未来长远的想象对象是可以的。但就当下而言，文化认同是民族国家中的迫切问题，其外延不论从理论上还是现实上

---

[1]〔美〕迈克尔·桑德尔著、王佳祺编译：《公民身份：面向世界的认同与表达》，《中国社会科学报》2007年6月7日。

都不容许继续漫无边际的扩张。在吉登斯看来，目前的全球化与其被"称作民族国家终结的时代"，"不如说这是全球化体系下民族国家的重构。民族国家在当今时代实际上变得更加重要。因为没有其他什么体系能够像民族国家那样具有赋权的权威"。①

文化认同指人们共同体对自己所属民族（族群）文化的深刻认知、自豪感、归属感和文化意义判断。从原生论的观点来看，生长在特定民族文化模式下的民族成员，由于自出生起便受文化规约与塑型，会在无形中逐渐形成具有民族特质的文化性格，并在漫长的族群生活中养成以民族价值观、民族信仰、民族思维习惯为文化核心的民族心理场，进而支配自我文化实践。同时，在民族文化发展过程中，由主体的文化行为和民族意识而实现民族文化传承。民族文化认同源自于自我民族文化经验，在人的生命历程中，由代际遗传、文化教化、认知发展等强化民族文化认同。然而，在建构论和现代论观点看来，文化认同形成了文化互动过程，也即形成与文化比较中，只有在不同文化交流、接触与碰撞中才能真正感知自己的民族文化特征。不同文化模式的接触造成主体的心理起伏，以及对本体原有固化文化性格的冲击，才是形成文化认同的真正原因。在文化互动中，主体的文化认同得到建构，在不同程度、不同场景的文化互动中主体建构起来的文化认同强度不同，且"认同媒介"也会存在一定区别。所谓认同

---

① 郭忠华:《民族国家理论的悖论性发展——安东尼·吉登斯访谈》,《中国社会科学报》2010 年 1 月 21 日。

媒介指的就是认同形成的依据或界定标准，它也会体现出个体在群体生活中存在"文化偏倚现象"，即主体对族群文化中不同文化特征的认知感知程度及情感依附程度。

人本身是符号的动物或文化的动物，文化差异即人的差异、符号的差异。符号是传达文化意义的存在，即传达了人的特征、思想、价值、思维、态度、意图等，比如语言、文字、穿着、肢体动作、行为习惯等作为符号，反映的是人的内在文化性格与心理现象，于是特定的符号认同将较大程度地反映为主体民族文化认同的状态与特征。从而，"文化认同的核心和实质就是意义的创造、交往、理解和解释"[①]。进一步讲，从社会认同理论出发，文化认同将关注"个体中的群体"而不是"个体之间"或"群体中的个体"。此时的文化认同，就是"对一个群体或文化身份的认同感，或个体受其所属的群体或文化影响，而对该群体或文化的认可或赞同，其指标是人们的社会属性和文化属性，甚至利益取向性。……文化认同的实质与核心就是共同体共享的意义或价值体系"[②]。由于"民族文化经由认同机制形成更具涵括能力的人类文化系统，可概括为内群文化和外群文化两大类别，据此，人们的民族文化认同心理可以区分为本民族文化认同、主体或主流民族文化认同两个基本模块"[③]。在我国，实质意义上的主流文化

[①] 赵菁、张胜利、廖健太：《论文化认同的实质与核心》，《兰州学刊》2013年第6期。
[②] 同上。
[③] 王沛、胡发稳：《民族文化认同：内涵与结构》，《上海师范大学学报（哲学社会科学版）》2011年第1期。

一般指汉民族文化或中华文化，即代之以中华民族文化的称谓。于是两个基本板块即为少数民族自身文化认同和少数民族的中华民族文化认同。"中华民族文化认同，即以中国优秀传统文化为介质的民族自我肯定、自我同一、自我激励和自我凝聚。"①对少数民族而言，中华民族认同与本民族文化认同构成了特有的双重文化认同结构，即双重民族文化认同论认为的个体可以同时对本民族和主流社会产生积极的情感依恋。在我国，这种双重文化认同结构并非一种序列的结构形态，而是体现为因族群差异、地域差异、文化融合程度的影响而表现出来的复杂的、多层次的、弹性较大的认同状态。不过，个体或群体形成的民族文化认同具有稳定性特征，虽然在认同结构上会存在程度与层级的问题，但就某民族的成员而言，其所形成的民族文化认同一般具有持久的稳定性，这种稳定性源于民族文化认同中民族自尊、自豪感的形成，以及对民族价值观和信仰的坚定，"它可以不受地域、环境、语言等限制而独立存在"②。

认同作为一种观念或心理现象，其本质一般由心理学或社会心理学才能以"尽可能接近"的尝试予以靠近，认同理论和社会认同理论因而富有鲜活的魅力，所以，对文化认同的本质的解析依然离不开心理学对文化认同的解释。我国心理学学者郑雪等人通过实证研究方式，对文化认同给出这样的解释，"个体的民族

---

① 林伟健：《国家凝聚力：从文化认同到政治认同》，《广东省社会主义学院学报》2009年第7期。

② 闫顺利、敦鹏：《中华民族文化认同的哲学反思》，《阴山学刊》2009年第1期。

文化认同取向反映的是一定社会文化资源满足其内在文化心理需求程度的主观体验，表现为人们对于某种相对稳定的文化模式的归属感，包括社会价值规范、宗教信仰、风俗习惯、语言艺术等的认同，其实质是一种'自我认同'，是个体协调自己的认知、态度和行为与某个文化中多数成员的认知、态度和行为相同或相一致的程度"[1]。这种解释的合理性在于强调了认同主体的主观体验、认知、态度等的协调问题，但以"主体文化需求"作为个体民族文化认同的动因则有失全面，它忽视了个体本有的文化情结问题。在民族文化认同中，个体的民族情感、民族自尊等是形成与支撑其文化认同的重要心理机制，它诚然在很多情况下超越了基于"价值"的"需求"动因，文化认同潜藏于主体内心世界，在特定情境下它更多地表现为一种"自然流露"。当然，就文化认同所具有的生存价值而言，民族文化认同则"隶属文化主体的价值系统，通过态度心理结构得以展现。它是指人们基于不同文化的接触和实践，以自己选择的标准对各种文化事项做出的认知判断、情感依附、行为选择和调整倾向"[2]，或是人们借此以评量外来新异文化的内在心智操作准则，指特定个体或群体认为某一文化系统内在于自身心理和人格结构中，并自觉循之以评价事

---

[1] 郑雪、王磊:《中国留学生的文化认同、社会取向与主观幸福感》,《心理发展与教育》2005 年第 1 期。
[2] 王沛、胡发稳:《民族文化认同：内涵与结构》,《上海师范大学学报（哲学社会科学版）》2011 年第 1 期。

物、规范行为。①

关于民族文化认同,一些国外学者更习惯从社会认同理论惯常的路径,集中于社会学研究的一般对象,将民族认同理论建构于"社会群体"在社会不同场景、社会流变中进行研究。比如,贝里基于移民及其后裔对本原文化与宿主异质主流社会文化的二维态度及行为的变迁,将个体在移民境遇下的文化适应策略划分为分离、同化、整合、边缘化四种类型。②还有其他一些学者则根据传统文化(heritage culture)和接触文化(receiving culture)两个指标,构建了各种民族文化认同与文化适应模式,提出了单线认同模型、二维认同模型、正交认同模型和多维认同模型等。他们认为,"单维民族文化认同模式将认同主体置身于获取国家主流文化和保持民族传统文化之间的张力中,当认同主体获得了国家主流文化或者接触文化中的价值观和行为方式时,其民族传统文化中的这些内容却期望被抛弃"③,即非此即彼;"二维民族文化认同模型认为,处于文化多样性社会中的认同主体在特定时间内,可以同时忠诚于不同文化模式中的价值系统及实践模式"④;

---

① 樊娟:《新生代大学生文化认同危机调查研究》,《中国青年社会科学》2009 年第 6 期。

② Berry, J.W., "A Psychology of Immigration", in *Jouranl of Social Issues*, 2001(57), pp. 615-631.

③ Cuellar I., Arnold B, Maldonado R., "Acculturation Rating Scale for Mexican Americans-II: A Revision of the Original ARSMA Scale", in *Hispanic Journal of Behavioral Sciences*, 1995(17), pp. 275-304.

④ Haritatos J., Benet-Martinez V., "Bicultural Identities: The Interfece of Cultural, Personslity, and Socio-cognitive Processes", in *Journal of Research in Personality*, 2002(36), pp. 598-606.

正交民族文化认同模型认为，个体的民族文化认同是多元的、多样的，不同文化间的认同可以保持相对独立性，不存在固定的民族文化认同模式，个体民族文化认同的程度和方向有多种可能。我国学者据此对我国民族文化认同的指标体系进行了建构，指出："民族文化认同测评结构具体化为三个方面也是具体指标：文化符号认同、文化身份认同和价值文化认同。……虽然在测评意义上，这三个具体指标具有同层级地位，相对独立，但在人们的生活世界里，三者除均具有复杂性、多样性、多元性特点外，其地位是有结构级差的，分别处于民族文化认同系统中的表层、内在、核心位置，三者的心理效用也是不等价的，在特定社会情境中，各自的相对作用将随着人们的各种文化需求和反应的变化而异。"①

如前文所述，民族文化认同的核心要义正是文化身份认同，它处于个体文化认同结构中的内在位置。在我国当前的社会背景下，民族文化认同首先强调的就是这种处于内在位置的文化身份认同，它更能体现个体的民族文化皈依感和文化自信，是个体民族文化情结最根本的反映。但由于文化具有历史积淀性、传承性、演变性和现代建构性等特点，个体的文化情结会遭遇一定的文化冲击。于是，民族文化认同则不再单方面强调对传统维度上的文化认同性，而更强调在现代变迁意义上的"动态性"文化认

---

① 王沛、胡发稳：《民族文化认同：内涵与结构》，《上海师范大学学报（哲学社会科学版）》2011年第1期。

同。文化符号的变迁是否意味着文化内涵的变化，以及文化情结是否走样，就取决于个体在历史进程中的"进化"程度如何，表现为思维、视野、理性等方面。于是就有人从文化哲学的角度进行了解读："文化身份不是凭空产生的；它产生于历史经历，产生于文化传统，产生于那些已经消失的、处于边缘的语言，产生于那些一直没有被书面记载的人们和历史。这些是身份的具体的根。另一方面，身份并不是有待重新发现的东西，而是文化资源容许人们去创造的东西。身份并不是在过去，等待被发现，而是在未来，等待着被建构。"① "人类的文化是一个'聚合性'的世界，现代语境中，文化需要不断地被发现，发现文化意味着界限身份和标定价值。"② 在这个意义上，民族文化认同则需加入"文化变迁、文化创造、文化发现"等动态因素，使得民族文化认同本身不再是一种静止的不变状态，其认同对象也将是一种不断变化和创造的存在。

四、国家认同

国家体认是解释国家认同的基本前提。国家并不具有世界性普遍模型，在特定的历史时空下，国家的形态、形成过程、国家形式具有独特性，这决定了国家认同是一个极具多元内涵的命

---

① 〔新西兰〕肖恩·库比特著，赵文书、王玉括译：《数字美学》，商务印书馆2007年版，第255页。
② 徐杰舜：《文化发现与发现文化》，《学术探索》2012年第1期。

题。故而，在中国语境中探讨国家认同问题，不能简单套用他国的国家认同范畴及理论，而应更多地基于中国本身的历史过程与样态，即便是在当前不可避免的全球性语境中，这种历史溯源式的"国家形成"探究依然必不可少，它将从历史演变规律的视域中为现代国家的形成找到证据与理路。尤其是民族国家，它更是一种历史产物，而非现代的建构。不同的国家会呈现不同的国家认同，每一个国家都有一个独特的国家认同形式，其认同的特征存在着一定差异，甚至是极大差异。

(一) 国家

根据马克思主义关于国家起源的学说，国家的本质实为一种民众共同的公共权力，这种公共权力受法律及军事等暴力机关的保护，且高于一切阶级权力。对此，我国学者采取普遍认同态度。虽然有学者提出了我国国家起源的具体模式，但依然受到马克思主义国家本质观的影响。无论说"国家是代表统治阶级利益凌驾于社会各个阶层之上的公共权力机构"，还是说"具有决定作用的是公共权力……'公共'一词，最能代表国家的特性"，或说"国家作为一种最高社会管理机构"等，[1]都没有脱离马克思主义的国家本质观学说。但从性质和外延来看，我国作为典型的民族国家形式，"国家"又代表了一种"民族"，民族则不能用来

---

[1] 转引自胡玉娟：《全球视野下跨学科的文明与国家起源研究："古代国家的起源与早期发展国际学术研讨会"综述》，《世界历史》2010年第3期。

表示一种公共权力，它表征的更是一种"信仰、文化、精神、心理、血脉"等的共同性。在这个意义上，如果说国家的本质是一种政治组织形式，那么民族国家则是一种以民族为灵魂的政治组织形式。如果说国家是一种公共权力、最高管理机构，它被赋予建构社会良性秩序、保护民众利益与权利的责任，那么民族则是凝聚民众为一体的一种向心力或精神纽带。民族复合很可能是复合制国家形成的前提，复合制国家的形成意味着王权的确立，与王权对应的是其他邦国的小国形态。根据"部族"的定义，它指的就是由氏族演变过来的高级氏族形态，可用族群概括。也就是说，邦国时期的复合制国家结构在另一层意义上表示的就是以"夏民族"为一体的多元部族的"华夏国"形态。

从政治学视角来看，国家即一种政治组织形式。"它不过是必须以社会方式生存和发展的人类所创造的管理社会的一种政治形式。构成国家本质的，是那个在有组织的暴力的基础上建立和维持的国家权力。"[①] 它体现为一种马克思主义的国家本质观。在这种本质观的基础上，民族国家通过民族属性成为当今世界的主导型国家形式和政治形式，"民族国家最核心和最本质的特性，是民族与国家的统一，即民族取得了国家的形式，国家具有了民族的内涵"[②]。也就是说，民族国家这种政治形式并不完全靠公共权力来实现管理，更靠民族向心力、民族凝聚力来实现人们的自

---

① 周平：《全球化时代的民族与国家》，《学术探索》2013年第10期。
② 同上。

我调节、自我管理。我国自夏商周时期开始，就是一种民族复合或民族融合而成的民族国家形态，虽然经历了长期的帝国和封建王朝时期，但民族国家的基本性质没有变化。晚清时期，在外国的侵略之下这种民族国家的民族性质才得以唤醒。经历了民族战争和国家重建，我国作为民族国家的基本性质得到了强化和彰显，中华人民共和国在世界国家之林中树立了强大的民族国家形象。有学者认为，我国作为民族国家是中华人民共和国之后的事情，这样的认识忽视了我国国家起源与民族起源的历史同一性，虽然这种观点认识到外族侵略所激发的中华民族实体的自觉建构，但并没有认识到中华民族与"中国"的自在的历史统一性。在现代意义上，虽然说随着全球化的持续进行和不断深化，国家的构成要素、组织构架、运行方式等都发生了深刻的变化，但这只能说是国家外延形式发生了变化，其基本内核依然"是指社会学与政治学意义上的一种政治组织，其核心内容在于一个用主权的垄断了武力或者暴力合法使用权的政府。在文化人类学中，现在普遍用它来指称原始社会之后出现的一种复杂化程度更高的社会，它拥有一个垄断了强制性权力合法使用权的治理中心"[①]。

（二）国家认同定义

国家认同概念首先出现在 20 世纪 70 年代行为革命时期的政

---

① 易建平：《从词源角度看"文明"与"国家"》，《历史研究》2010 年第 6 期。

治学领域，①主旨是国民对国家的认同，指的是在一个特定的国家内部的公民，认同这个国家的主体，并将自己的利益和这个国家的利益结合起来，自觉维护这个国家的利益的国民认同。苏晓龙认为："国家认同是指一个国家的公民对其所在国家政治权威的认可，并为之奉献和效忠的心理。影响国民国家认同程度有两个变量：一是国民对国家的期待程度，二是国民感觉国家对这种期待的满足程度。"②他指出了认同的核心对象是代表国家的"政治权威"。徐则平认为："国家认同是公民认同一个民族国家的宪法制度，并在此基础上效忠民族国家，而民族国家则担负着保护其公民的生命、安全和基本权利的使命。"③沈桂萍指出："国家认同是将国家共同体的不同个人团结起来的内在凝聚力，其核心是政治认同建设和文化认同建设。"④这虽提出了国家认同结构中的政治认同与文化认同的同构性，但没有回答国家认同的本质属性。对此，贺金瑞等人提出的国家认同定义显得更加具体，更加接近国家认同的实质所在，即"国家认同，是指一个国家的公民对自己祖国的历史文化传统、道德价值观、理想信念、国家主权等的认同，即国民认同。国家认同实质上是一个民族确认自己

---

① 贺金瑞、燕继荣：《论从民族认同到国家认同》，《中央民族大学学报（哲学社会科学版）》2008年第3期。

② 苏晓龙：《浅论中文语境中的国家认同》，《科学社会主义》2008年第6期。

③ 徐则平：《试论民族文化认同的"软实力"价值》，《思想战线》2008年第3期。

④ 沈桂萍：《民族问题的核心是国家认同问题》，《中央社会主义学院学报》2010年第2期。

的国族身份，将自己的民族自觉归属于国家，形成捍卫国家主权和民族利益的主体意识"[①]。这实际即是对我国国家认同的基本认识，我国作为民族国家，国家认同的实质必然要反映国民的国族身份确认，如另一个学者所认为的，"国家认同实质上是一个民族自觉归属于国家，形成捍卫国家主权和民族（国族）利益的主体意识"[②]。同时，对国家的认同除了认同国家的核心政治形式和政治权威以外，还要认同代表着我国的那些价值、信仰、文化等。有学者从认同的心理本质出发，指出了国家认同感的含义，即"国家认同感是人们对自己的国家成员身份的知悉和接受，是一个包括许多成分的复杂心理结构系统，这些成分可以相对被区分为知识和观念亚系统、情感与评价亚系统。作为认知成分的前者包括了人们对自己国家和人群的知识和相关看法；后者作为情感成分，涉及人们对于自己国家和人群的情感、情绪和评价等方面"[③]。综合而论，现代意义上的国家认同应是一种对国家文化表征或国家符号与国家共同体的同一性认同，具体表现为："对自己国家历史文化的接纳而产生的自豪感，对自己所属的族群和集体无意识的承认而产生归属感、文化自觉以及对自身政治身份认可而产生的忠诚感。在多民族国家的语境中，国家认同源于公

[①] 贺金瑞、燕继荣：《论从民族认同到国家认同》，《中央民族大学学报（哲学社会科学版）》2008年第3期。
[②] 贾志斌：《如何加强少数民族大学生的国家认同教育》，《西北民族大学学报（哲学社会科学版）》2011年第1期。
[③] 佐斌：《论儿童国家认同感的形成》，《教育研究与实验》2000年第2期。

民对国家深厚的历史文化积淀、价值观、信念、国家主权等的认同。"①"个体国家认同的建构，既是个体主观心理活动，也是个体社会化过程，是对社会生活规则的了解、遵守与内化，对想象的共同体的认可和坚守并从而树立其捍卫国家主权和民族利益的主体意识。""现代国家认同构建必然要塑造一种国民文化的同质性，强调领土范围内国民对主权国家的文化上、政治上的普遍认同。"②

在现代意义上，国家认同已然与传统的国家认同产生了一定差异。民族国家作为世界范围内最主要的国家形式和政治形式，国家认同在很多情况下都是基于民族国家而言的。在某种意义上，国家认同也可视为民族国家认同。非现代性民族国家认同的国家认同形式可以说是不存在的，传统意义上的国家认同有一种"强制"认同属性，它并不是现代意义上的"自觉"的认同行为，国民心中并不能真正建构起"家"的感觉和国家政治认同。吉登斯认为"在民族国家形成之前，传统国家最为显著的特征是：只有边陲（frontiers）而无国界（borders）"③，在这个意义上，国家认同该从何谈起？以民族为国家形态的国家，因为具有民族属性，而民族是一种自在和自觉的具有人们共同体性质的存在，它

---

① 孙杰远：《少数民族学生国家认同的文化基因与教育场域》，《教育研究》2013 年第 12 期。
② 同上。
③〔英〕安东尼·吉登斯著，胡宗泽、赵力涛译：《民族—国家与暴力》，生活·读书·新知三联书店 1998 年版，第 4 页。

必然会在文化、心理、地域、血缘、生活方式上促成民族认同，一旦民族与国家结合为一，这种认同就能自然转化为国家认同。但没有民族作为内蕴，国家只是一种代表权力的政治组织或管理机构，从而使得国家认同带有必然的强迫性，这并非实际意义上的认同现象。这样的认同形成，就如波齐认为的那样，国家的创建过程和国家认同的形成，很大程度上"是统治者不懈努力"的结果，"这些统治者依靠其统治机构来扩展和保证他们的权力基础，并且提高他们自己在管理和动员社会资源时的有效性与影响力"。[①]

现代意义上的国家认同，尤其是在民族国家中，它会超越传统意义上的被动认同性，转而体现为国民自觉的抑或是无意识的国家认同行为。它是由一种文化上、价值上、安全上、幸福感上、权利上的可满足感、归属感和富有感催生出来的一种自觉的认同现象。同时，国家认同是一种具有时代性、地域性和群体性差异的人类心理行为，所以其激发因素往往不具备统一性和持久性。比如战争时期的国家认同，由"战争"作为国家认同的诱发因子，会促使国民产生一种国家与民族存亡的危机感与使命感；而在和平时代，国民的国家认同更需要一种由国家赋予国民的社会秩序的安宁稳定程度、公民权益的限度、经济发展的合理度等来催生国民的幸福感与归属感。

在民族国家中，少数民族的国家认同是较为敏感的认同问

[①] G. Poggi, *The State: Its Nature, Development and Prospects*, Cambridge: Polity Press, 1990, p. 101.

题，也是认同研究逐步聚焦的重要问题。我们知道，很多情况下，认同是一种由差异所引起的身份界定、归属感、价值判断和情感距离。在少数民族国家认同问题中，这种以差异为心理界限建构起来的认同现象则较为显著。就我国而言，很多族群习惯在潜意识中建构起一种与汉族的差异性，进而在很大程度上左右其国家认同感的产生。在当前的经济市场化、文化融合程度剧增的社会大背景下，这种"差异性心理"导致四种显著的认同现象：一是在充分的民族文化融合进程中，文化之间的剧烈同化作用及由此带来的快速民族文化变迁，使得一些民族文化在一个更大的社会场景中逐步被稀释或消解，甚至一些较为稳固的文化模式也逐渐发生变化，从而诱发民族文化认同危机。在这种文化危机意识之下，由于族民心理深层结构中的民族自尊与民族自我意识的作用，促使一些族民开始以一种文化固守的心态来抵抗所谓的"汉化"现象；但又由于这种所谓的"汉化"过程携带着各种"幸福体验"，最终导致了一些少数民族的国家认同处于一种犹豫、徘徊、摇摆的不确定性之中。二是在一些偏远地区，由于文化外向交流少、经济市场化微弱等原因，一些族群并没有体验到他文化的优越性及国家层面上赋予的幸福感、归属感、权力感等，从而缺乏国家认同特征。三是一种极端的、负面的国家认同现象，表现为少数族群在一种异化的认同感的支配下采取的一些极端的社会行为，这种行为具有明显的反社会性、公共性、政治性和种族主义特征。最后就是文化融合带来的积极的国家认同感。在一个和平稳定、社会良性发展的国家演进进程中，由民族文化融合带来的积极国家认同感是国家认同向度中的主要向度，这样的认同感建构于差异内因与差异场景，同时也源自文化融合进程中逐步形成的同一性心理。基于差异的身份界定、幸福感体现和归属感具有纵向和横向两个分析维度。纵向上体现为本族群旧有的生活方式、生活水平、文化模式、社会环境、政治环境等与当下的历史性差别，横向上是各民族之间、国家与国家之间的比较所产生的内在认同体验。比如，"马来西亚的华人和新加坡的华人今天都自视为不同的人。他们是不同的群体，其差异源于不同的国家认同意识以及参与了不同的'国家文化'的形成"[①]。周建新教授对中越、中老、中缅的边境跨国民族的研究，证实了各层次认同与互动均受到不同时空范围内诸因素的制约和影响。

第二节　关系讨论

关系构架存在两种表达：一种是在理论层面上构架起一种关系取向，代表主体的价值预设或理论构想；一种是直接通过对关系物的现实层面进行观察或洞察性的实践研究揭示并勾勒出其间无形的关系结构。也就是说，关系界定者对关系的构架具有决定

[①] 陈志明著、罗左毅译：《族群认同与国家认同：以马来西亚为例（下）》，《广西民族学院学报（哲学社会科学版）》2002年第6期。

性作用，他／她完全可以凭借自身的价值取向期待与目的建构起必要的关系，同时也可以通过实证观察客观地梳理关系物之间存在的可被证实的关系样态。不过，由于在人类文化社会里，关系往往具有文化性与场景性，它的"显露"或"存在"都跟人的"表达"有紧密联系，即关系是通过人的符号体系表达出来的，是一种文化表达或文化发现，那么这其中就难以存在纯粹的客观与主观，并且很难界定出它们的界限。从而，关系的构建更多的是主体对关系物的一种价值参涉性的表达，正因为这种价值参涉性，使得主体的这种关系表达往往具有有序的特征。有序代表了人类实践理性中对确定性或规律性的诉求，它也能够在一定的语境、场景与视角下得到呈现。

在民族国家中，民族认同、文化认同与国家认同都是客观存在的基本事实，统一于历史社会的自在性与人类主观建构的自觉性之中，具有历史逻辑、理性逻辑、感性逻辑的性质。在不同历史时期、社会场景下的不同主体乃至相同主体身上，这些认同行为或认同现象的表现方式、体现程度会存在差异。加之，对同一主体、历史时期、社会文化场景来说，各种认同现象同时存在以及"外在于主体"的认同价值相互干扰。这就建构起来一种复杂的、多层次的认同格局，这种认同格局的形成及其动态变化性的特点，为我国的群体认同研究提供了无限可创造空间，同时也带来诸多障碍性因素。

一、历史逻辑的自在性

认同与认同对象之间是一种相互促生的历史关系。当认同晚于对象物出现的时候,是对象物塑造了认同;当认同先于对象物出现的时候,则是认同建构出了对象物。在认同先于对象物出现这种情况下,其中的对象物可被解释为"意象",它并非客观的历史实体,而是人类借由心灵建构起来的一种代表价值取向与精神寄托的"主观存在"。随着历史的演进与人类社会的发展,在人类主体的认同支撑下,这种意象时常会在客观社会历史的条件支持下逐渐转化为实体,成为具有主观性与客观性的历史存在物,就像费孝通所说的民族乃自在和自觉的历史实体一样,"国家"、"文化"也同样如此。当认同对象物得以生成,其生存与发展则在很大程度上依赖于认同的强化与支撑,除非这种对象物是外在于人类的存在物。所以说,认同与认同对象是相互促生的关系,同时又相互强化与支撑着彼此的生命与进化,这构成了两者之间的历史统一性。

民族、文化与国家是人类的历史性产物,三者之间的内在紧密关联性决定了它们作为人类认同的对象,必然存在着认同意义上的关联性,即便这其中的认同主体来自不同的群体、族群(或民族)。实际上,主体差异性带来的关于民族、文化与国家的认同格局显然也是一种具有历史内涵的基本样态。当我们梳理了民族、国家与文化(民族文化)的来源并解释了民族认同、文化认同与国家认同的基本含义之后,不难发现,民族、国家抑或文化都具有主观建构的属性,同时也具有历史实体的存在感,三者有着一种似先天性的相互塑造、相互决定的性质,而这些相互塑造与相互决定的意义则源自于主体人类的意识行为或认同行为。

民族成为想象的共同体是具有特定族群基础的,"想象的共同体"中的"共同体"意象就是来源于主体前历史经验中的"族群"或"氏族"记忆与文化习惯。在这里,族群必然伴随着相应的文化范式,这使得在后来的"想象的共同体"中,主体依然向往着一种同一性的文化,如信仰、宗教、图腾与生活方式等。回顾前文对"民族"的溯源与基于中国语境的特定分析,可以确认的是,民族("想象的共同体")无疑是族群(民族人类学意义上那种具有血缘、地缘、经济模式、生活方式、图腾、价值观等方面的共同性的群体)之后才出现的历史存在物,虽然它具有想象的共同体本质,但也是一种历史实体。同时,在国家起源的历史语境中又可以确认的是,民族是高于族群的历史存在,民族的产生是多族群交流与融合的产物,民族文化向心力塑造了古典意义上的国家形态。如原始部落或氏族中的权力产生与集中即源自图腾或信仰中神权与巫师的核心凝聚力与"符号或话语"权威,并由此而延伸出进一步的权力垄断,成就了具有特定权力向心力的部落形态。部落或部族的联盟使得不同群体之间的共同文化的产生具有了历史可能性,它代表了权力的扩大与集中,不同族群之间共同价值或利益的产生,并由此而生出对共同价值或利益的保护机制——共同权力。在这个意义上,不同族群之间的共同文化是缔造共同权力的泉源,而共同权力的产生则是共同文化的加固或者载体化、凝固化。

在我国,这种公共权力与公共文化在夏朝得到了空前的融合凝固,民族的产生成了共同文化的象征或符号载体,而国家的产生则替代了原始意义上的部落神权制度成为民族支撑下的公共权力载体,国家象征着一个民族的公共权力,或说国家代表着不同族群之间的共同利益诉求和共同文化表征。于是,可以确认的是,国家与民族具有历史统一性,公共权力与公共文化是两者关系的决定性因素,所以"夏"一称夏国,又称夏族,"夏"同时指代政治领域和民族范围。这就使得民族认同、文化认同(民族文化认同)与国家认同似乎回到了一个点上,即认同的同一性。"由于夏民族、国家是由各氏族部落凝聚的共同体和政治联盟形式,因此在政治上它是'大国小邦',在民族上则是'大民族小血缘',国、族相通的组织形式构成整个民族、国家的基础,形成华夏早期民族与国家的同构。"[1] 当然,这只是一种历史视角的整体性观点,如果还原到不同的认同主体(个体或群体)身上,似也难以形成定论。也就是说,这样的定论或许具有较大程度的确定性观点,并非从"认同主体"出发而得出,而是从历史整体现象反推出这些具有紧密联系或历史统一性的存在物之间所存在

---

[1] 李禹阶:《民族认同与国家认同——论华夏社会中民族、国家意识的同一性》,《重庆师范学院学报(哲学社会科学版)》1999年第2期。

的认同逻辑。这虽然具有典型的历史唯物主义色彩，忽视了对特定历史条件下人类行为与多元主体的考察，具有一定的片面性，但对于历史视角的有用性，我们又难以避开。毫无疑问，似乎没有一种观点、学说或视角能够将一个具有多维度、多时空性质的东西看清楚或全部洞察，特定的维度只能获取该维度之下的特定意义与价值。

如果说公共文化与公共权力是一种现象，而国家又是这种现象的"后现象"，那么这种"现象"与"后现象"产生的原因是什么？一般而言，公共文化的产生主要由两种情况推动：一是经济与贸易交往，二是战争。从我国国家起源的历史来看，这两种情况并非单独成因，而是共同推动了国家产生。总的来看，经济与贸易的交流融合在根本上是我国古代农业文化、畜牧文化进入简单"贸易"时期的一种扩散、交流与融合，它是塑型"共同文化"的主流。而战争因素，在更广泛的意义上则是对公共权力的缔造起了主要促成作用。因为战争的实质是阶级冲突或阶级矛盾，是对权力和利益的争夺，国家的产生实质即为战败者对胜利者的臣服与拥戴，以求得自身利益的保存和公共权力的保护。我国有历史学者研究认为，我们国家形成的内因正是基于阶级冲突的战争，而自然文化交融与经济接触则是外因，于是"冲突与融合是华夏民族与国家形成的强烈动因。由此产生的国家与民族共同体，在某种程度上也具有共同的因素，即国家是氏族部落共同体在内外压力下阶级冲突与社会整合之结果；而国家机器的整合与固化又保证和加强了这一共同体阶级分层的有序化及各种机制的一体化,使它具有内在凝聚力量和外在御侮功能"①。比如,治水的地域性与国家和民族有直接关系。而这个关系的发生过程,即政治过程和民族过程又是通过政治认同与民族认同来实现的。从史实看,大禹治水、驱逐三苗成功的同时,也是史前国家认同和民族认同达到最高点之时。"昔有扈氏为义而亡,知义而不知宜也。"(《淮南子·齐俗训》)此处的义,指血缘氏族内的伦理规范;宜,指已变化的时事。带有血腥气的阶级、阶层冲突虽违背古老的军事民主制原则,是"不义",但却适应史前社会向国家进化这一潮流,是顺应时变的"宜"。从中可以看出人们对华夏国家形成的基本态度。②

国家是族群融合的结果,而国家的产生又进一步促进了更大的民族融合,政治一体化极大地促进了民族一体化进程,这个过程中政治认同(国家认同)与民族认同是相伴相生的关系。进入春秋战国后,以汉族为核心的国族形式逐渐得到确立,而之前的复合制国家结构在逐步向帝国转变,以汉族为民族认同对象物的民族认同形式与帝国政治一体化结伴产生,由于帝国的王权政治与代表王权的汉族形象的逐步建构,一种"华夷之别"与"内诸夏而外夷狄"的民族意识由此滋生,强烈的民族认同与民族界限意识开始蔓延。而文化认同的表现,则集中在对汉族文化的认

---

① 李禹阶:《民族认同与国家认同——论华夏社会中民族、国家意识的同一性》,《重庆师范学院学报(哲学社会科学版)》1999年第2期。
② 同上。

同之上。同样，民族认同、文化认同与国家认同仍是一种同一性关系。相应地，一种显著的"族群认同"在这种民族一体化和政治一体化过程中得到强化，"华夷之别"的大族意识客观上催逼着一种小邦小族意识的产生，当自己被他族区别对待的时候，正是自我认同感得以强化的时候。所以在后来的朝代更替的历史进程中，代表大族的国家形态与他族之间的战争频频爆发，而王朝更替除世袭制作为"小流"外，他族成为历史主流。值得一提的是，随着王朝更替、政治结构和国族主体变换，同一族体的原有国家认同发生了变化，但其民族认同依然保持，甚至更进一步得到强化，因为"国家、人民不论在政治制度上、个人身份上、族类从属上都发生了极大变化。但是，国家与民族毕竟不是完全同一的概念。国家是阶级压迫的工具，也起社会整合的作用，它的规范性与制度化特征十分鲜明。民族则是具有共同语言、共同地域、共同经济生活和表现于共同文化上的共同心理素质的稳定共同体。在中国，民族的文化及心理特点十分突出。因此在内容上比国家具有更多的'软'性特征，即民族成员表现在民族意识上的自觉认同及这种文化及心理认同的继承性"[①]。

正如大多数研究者指出的那样，民族认同的产生是"民族差异"引发的民族自我意识的凸显和民族身份的识别。"民族差异"不是抽象意义上的，而是指经由现实中不同民族的接触、冲突所

---

① 李禹阶：《民族认同与国家认同——论华夏社会中民族、国家意识的同一性》，《重庆师范学院学报（哲学社会科学版）》1999年第2期。

激发出来的民族差异感和民族独立感。这个过程往往会是表象上的文化符号、语言体征、行为方式、价值观的不同引起的民族心理区隔与界定,也就是"想象的差异",它是一种认同的自我建构。这里,"民族认同"与"族群认同"是两种不同的认同层次,民族认同与国家认同同一而高于族群认同。在历史的维度中,民族认同逐步增强,而族群认同逐步淡化。当然,其中还有国家的强大作用力,它与民族的结合,使得国家成了共同体意识的基础机制和民族认同的强化机制。历史变迁中,族群文化的不断交流与融合是族群认同逐步消解的主要因素,文化认同成了族群认同、民族认同强弱程度的调节机制。不过,在消极的意义上,文化的融合则会激发与强化族群认同,进而产生文化守旧主义和激进的族群主义问题。在历史的逻辑中,时空因素决定了认同的变化性,如荷兰学者克里斯·洛伦兹认为的那样,"认同是随时间变化而变化的"[1],"因此人的自身认同和集体认同问题都必须从历史发展的角度去看,所有的认同都是在一定的时空系统中人们历史活动的过程和产物"[2]。那么,在不同的历史时期,各种认同形式发生变化,而认同主体内部的"认同建构"也会由历史来决定。

从夏商周到春秋战国,是中国国家结构形成、政治一体化、民族一体化逐步形成与凝固的时期。在国家起源的最初意义上,

---

[1] 〔荷兰〕克里斯·洛伦兹撰、梁高燕译:《比较历史学理论框架的初步思考》,《山东社会科学》2009年第7期。
[2] 韩震:《论国家认同、民族认同及文化认同——一种基于历史哲学的分析与思考》,《北京师范大学学报(社会科学版)》2010年第1期。

民族国家性质的形成，民族与国家的结合，政治与族性不可分割。华夏族与华夏国家的统一进程，将中原百姓凝聚在同一个力量的支配之下，那就是强大的国家政权。同时，这种国家政权在老百姓共同缔造的国族象征的文化皈依中逐步建构共同体意识，在一定程度上，百姓以国家作为福祉、安全的保障权力机制，而"国族"则作为一种原始意义上的"神权"成为一种潜藏在人们内心深处的神秘力量。在长达上千年的封建帝制国家形态的历史进程中，这种神秘力量深深保存于人们的集体无意识之中，直至国家与民族遭遇存亡危险。长久的封建帝制更替进程，是中华民族自在生成的历史，不断的族群战争带来的是不断的族群融合和民族范围的扩张。封闭的大国形态，在特定的地缘结构中逐步酝酿和孕育着一个强大的国族形象。但在这个封闭的地缘构造中，中国封建帝制所强化的是人们的被动性国家认同，即人们对国家王权所能带来的安全感与福祉的价值期待，是一种蒙昧的王权崇拜或天子朝圣。所谓"民族认同"，在封建帝制历史中，只是人类自我建构起来的"虚假意象"，它源自个体的原始"族性认同"文化习惯或是一种先天的共同体诉求，如同心理学家指出的，"人类的共同体诉求源自其先天对孤独的恐惧"[①]。换言之，民族认同并没有得到真正建构，它是隐藏在国家认同（王权与政治认同）背后的意象物，国族的存在象征的只是王权和一种族群优

---

① 赵应文、胡乐炜主编：《组织行为学》（第 2 版），武汉工业大学出版社 2013 年版，第 124 页。

越感,比如汉族王朝、金族王朝、满族王朝等。封建的王权政治与国家结构所塑造起来的民族意识或共同体意识是个别"族群"(或称"×人"、"××人")的积极创造物,而更大范围的臣民在国家强权政治的威慑下所呈现的只是一种消极的国家认同,对这部分臣民而言,民族还只是一个边缘的存在,族群认同的根基难以动摇。借助费孝通的"中华民族多元一体格局"的观点,可以说,在漫长的封建帝制历史中,"一体"只是一种自在实体而非自觉实体,人们并没有形成"一体"自我意识。从"多元到一体"逐步加强,而"一体到多元"较为微弱,中华民族文化观念还处于一种无意识状态。这表明,没有足够强度的文化认同(民族文化认同),民族认同就难以建构,特定时期的国家认同并不必然与民族认同相伴随,国家认同可以成为民族认同的催化剂,并在文化认同形成之后继续发挥作用。必须注意的是,认同始终是人类的自觉行为,它的形成依赖于历史、场景或"刺激物"。

费孝通认为,中华民族成为自觉的实体是在 20 世纪抵御列强入侵的战争中形成的,直接原因是国家危亡。实际上,从中国国家起源及形成的历史来看,这应算是中华民族的第二次自觉实体的建构,第一次应追溯至华夏族的形成。不同之处在于,华夏族是自在实体与自觉实体的同一性形成,民族起源在客观上是各族群融合的结果,在主观上则人们借以附着于国家结构之上代表公共权力的信仰与价值期待。而现代意义上的中华民族则不具备这种同一性,它的实质是一种华夏族经历长期的历史沉积之后的一种爆发,虽然从民族形成的历史角度来看,中华民族依然是一种自在的历史实体，但 20 世纪的民族自觉并不具备国家同源性，而更像是国家重构的历史动力。概言之，华夏族与国家具有同构性，而中华民族则与国家重构具有同构性。

20 世纪中华民族自觉实体的崛起，象征着沉积千年的民族意识被激活。这种民族意识在封建帝制瓦解之际和瓦解后得到空前提升与强化，释放出民族所代表的一种无形的向心力、凝聚力和强大的共同体力量。列强（他国、他民族）的侵略使得固有的封建制度遭遇解体，中国与中国人面临生死存亡，国人在失去了国家权力的保障之后，其旧有的消极性国家认同顿然随王权衰落而消逝，随之萌生的则是另一个公共权力，即建立在原始族群意识之上的共同体力量，这是潜藏在人类心理深层结构中的集体无意识和长期以来人们建构于国家背后的那种神秘的"国族力量"，成了国家危机中能够保存国土与求得亿万人民生存的基本力量。从而，在 20 世纪的前半个世纪里，民族认同超越了其他一切形式的认同现象，它所赋有的民族自尊心、民族自豪感和民族安全感成了国家重构的重要动力。此时的民族认同并非源自文化区别，文化意义上纯粹的民族文化自我界定与区隔所起到的作用十分微小、表象化，民族战争才是激发关乎民族存亡的民族认同感的直接决定性因素，它意味着民族文化深层结构中的民族共同体意识在"民族战争"中迅速萌发。此时的国家认同更多地体现为一种国土眷恋和疆域归属感，而政治认同则表现为对政权的认同，还处于不确定与多元的状态，或者更多的是对政治理论、政治意识形态的价值判断、区别对待和信仰取向。

历史逻辑表明，民族认同与国家认同的同一性的基本前提是国家的存在。人们的民族认同与国家认同要能在生活实践中不加区分地、自然地表露出来，则有赖于国家在真正意义上成为民族的替代物，不论是实体性质的，还是意象性质的。经由民族自觉所建构起来的民族不但是意象性的民族还是实体性的民族，意象的主旨是那个无形的"想象的共同体"，而实体则是民族文化形态。民族自觉所激发的民族认同与在民族认同强化下逐步剧烈的民族自觉运动共同促生了崭新的国家形态。一般情况下，国家是指政治组织或公共势力，在强大的民族认同基础上重构起来的国家，其本质是一种民族共同体的政治结构，所谓"公共势力"，实质为民族共同体力量。中华人民共和国的建立或言"中国"重构的历史实践表明，国家只是结构，而民族才是实体，结构的解体不代表"国亡"，而民族才是国家存亡的决定性因素。在这个意义上，民族认同高于国家认同。当国家在民族力量支撑下重构以后，在全球视野下，民族认同与国家认同成为同一所指。此时，国家认同即为民族认同，其内在深层决定性因素就是"文化"——共同体意识与民族文化。于是，文化认同（民族文化认同）又是介于国家认同与民族认同之间的最为基础的力量。

二、社会转型中价值认同的影响

认同的"价值判断与价值取向"属性表示的是主体的价值认同行为，它在很大程度上反映为主体的价值理性——实用理性、工具理性及情感理性，即一种基于"需要"的目的性认同建构。它的存在，将人类的认同现象切实地还原为具体的生活本身，活生生地呈现着人类的需求层次。当国家认同、文化认同与民族认同被纳入主体需求层次和价值诉求中，而非从抽象意义上的民族关系、公民与国家关系、民族文化关系中进行解释时，这些认同现象将还原为每一个个体或群体目的性、需求性判断之中，深深嵌入个体切身的生活实践、劳动实践与创造实践。借助文化人类学家克拉克洪的说法，个体或群体在自身的实践活动中根据"什么是值得的"的内隐观念来进行判断与选择，①从而影响或决定自己的认同取向与认同等级。

价值认同并不是个体先天赋有的纯粹的天性判断，而是在文化世界中、社会历程中逐步形成，受社会规约与文化塑型，并且极具变化性。很多研究表明，"影响一个人做出什么样的价值选择，更多的因素是同他所处的社会文化体系有直接关联"，甚至说，"任何有关价值取向和价值观问题的研究都将从一个侧面反映出一个社会、民族的思想观念、文明状况、国民性格等一系列重大问题"。②但不能说它们是价值认同形成的决定性因素，而是价值认同的构成因素或者是价值认同的内涵本身。对主体而言，

---

① C. K. M. Klukhohn, "Value and Value Orientation in the Theory of Action: An Exploration in Definition and Classification", in T. Parsons & E. A. Shils(Eds.), *Personality in Nature, Society, and Culture*. Cambridge, MA: Harvard University Press, 1951.

② 翟学伟：《中国人的价值取向：类型、转型及其问题》，《南京大学学报（哲学·人文·社会科学）》1999年第4期。

对于"什么是值得的"、"什么是需要的"、"实践目的取向是什么"这些问题,其反映的仍是一种实践理性或实用理性的思维。在这些问题的形成过程及寻求问题的答案的过程中,其他的一切因子才真正参与进来,影响价值的形成与判断。

当然,若从传统意义上的个体与群体的关系、个体与文化模式的关系进行考量,人类学家眼中的个体实践、个体思维与个体价值观必然受到文化模式与群体思维模式制约,而且个体价值观的形成往往与整个族群或民族的具有同一性。比如,国家认同与民族认同的形成,在个体的价值判断中一般受制于所在族群的整体价值取向。在这样的情况下,个体认同的判断直接源自族群的价值体系,族群会根据自身的发展与现实需求建构起具有层次的认同结构。而社会心理学则认为:"价值观既是个体的选择倾向,又是个体态度、观念的深层结构,它主宰了个体对外在世界感知和反应的倾向,因此是重要的个体社会心理过程和特征;与此同时,价值观还是群体认同的重要根据——共享的符号系统,因此又是重要的群体社会心理现象。"[①] 也就是说,人类学习惯从文化影响的角度谈个体价值观的形成,而心理学则注重人体的心理结构、过程与功能。在现代意义上,个体的心理变化机制无疑对个体价值观的形成更具决定性。无论如何,价值观作为社会心理学的独特研究领域,"它比态度更抽象、更一般的具有评价性、选

[①] 杨宜音:《社会心理领域的价值观研究述要》,《中国社会科学》1998年第2期。

择性、规范性的深层心理建构，是文化成员合理的信念体系"①，它与"认同心理"同属主体深层心理建构范畴，并且就其特质（比如"判断"、"评价"等）、影响及形成因素而言，有着极大的相似性和共同性。价值观的变迁在很大程度上意味着人的认同心理也在发生着"社会转型"，个体价值观的变化体现在其所属的共享符号系统、文化类型及国民性、民族性的变迁中。

比如，个人价值体系中的社会价值观的变化②和文化价值观③的变化，会成为个人价值体系中关于"社会关系"、"共同文化"的认同行为的巨大影响因子，或成为认同心理变化的一个重要体现。在我国社会心理学领域，关于"当代青年价值观的演变研究"、"代际价值观比较研究"等方面的研究正在努力对社会转型

---

① 杨宜音：《社会心理领域的价值观研究述要》，《中国社会科学》1998年第2期。
② "社会结构体系（包括制度、常模，社会化等）因素影响了一个文化中个别成员习得的文化价值的程度。但是，它也用社会奖惩来增加符合义化价值行为出现的频率。""一个文化价值体系通常透过社会制度、社会奖惩以及常模压力等造成逼使个人就范的外在力量。在有些社会中，这种压力大，有些这种压力小（个体可以本着内在个人价值去行事）。而在同一社会中，也因情境及价值本身的重要性、可行性的不同，这种压力的大小也不同。"参见杨国芳：《中国人真是"集体主义"的吗？——试论中国文化的价值体系》，载杨国枢主编：《中国人的价值观：社会科学的观点》，（台湾）桂冠图书公司1994年版，第345—346页。
③ 不同社会中的成员在有意无意的价值社会化中表露出来的共同性，反映出支撑和保持这一社会的社会、经济和政治系统的文化的显要性。他在这里所说的价值社会化中表露出来的"共同性"就是一个社会文化中的"文化价值观"。参见 Schwartz, S. H., "Beyond Individualism-Collectivism: New Cultural Dimensions of Values", in Kim, U., Triandis, H. C., Kagitcibasi, C., Choi, S-C., & Yoon, G. (Eds.), *Individualism and Collectivism: Theory, Method and Applications*, Newbury Park, CA: Sage, 1994.

中的价值观变化做出合理解释。比如朱谦在1995年所做的一项研究,就试图"对中国大陆目前的文化价值观念做一客观而具体的测量和了解",并且"再进一步与1949年以前中国人类学家和社会学家,如许烺光、费孝通各位学术前辈对中国文化价值所作的研究加以比较,来探索中国大陆近四十年生活种种"。①

当传统的个体与群体、个体与文化模式的关系被打破的时候,主体的认同结构也随之进入一个急剧变化的社会大场景中,以文化融合与文化冲突为历史特征的文化变迁将置主体于一个个复杂多样的社会文化场景中,从而打乱原有的单一规约性文化范型,给主体价值认同的建构制造出更大的弹性与不确定性。尤其是进入市场经济时代以来,受世界性的个人主义、工具主义与功利主义的影响,传统意义上的集体文化模式与集体思维遭遇解构,族群文化模式对个体的规约力渐行渐弱,而群体道德伦理对个体价值形成的规约性也空前式微,个体价值判断进入了一个以自我中心为主流的时代。从而,传统意义上以族群为认同主体的"大认同景观"开始转化为以个体为认同主体的"小认同景观",从个体出发进行的认同探究又一次登上认同研究的主流。关于群体认同研究的问题,则被置于市场经济与社会转型的语境中,更加趋向于讨论社会分工意义上、阶级分化意义上的认同形式;然而,这些都已脱离了传统意义上的那个所谓"族群"——有着共同血缘、信仰、地域、语言、价值观、生活方式的共同体。取而

---

① 乔健、潘乃谷著:《中国人的观念与行为》,天津人民出版社1995年版,第352页。

代之的则是以利益为中心的利益共同体。利益共同体即具有共同利益需求、利益关联性或共同实践目的的人们共同体。有学者将之称为全球化时代下萌生的新民族,它"既不同于早先与民族国家结合在一起的民族,也不同于民族国家内部那些传统的历史文化共同体,本质上是一种利益共同体",并且"其间的文化关联也是为了利益而建构的"。① 这种新兴民族的不断强大带来的最大挑战来自于国家与传统意义上的民族,"随着民族概念和民族现象中根深蒂固的国家意涵的淡化,尤其是这样的淡化渐成趋势,传统的民族观也受到了严重的侵蚀,人们对民族的认识正在一步步地改变"②。这种改变正来自于主体内部一些价值认同的转化,它受制于新社会结构与社会文化下人们价值观的多元转变,比如政治价值观、审美价值观、经济价值、宗教价值观等。有学者认为,自古以来,中国人整体的价值取向发生了几次大的转型,"根据中国社会历史发生与发展所走过的上古、古代、近代、现代和改革开放的 20 年,我初步将中国社会的价值取向现实地分为:宗教意识取向、伦理取向、文化取向、政治取向及经济取向"③。"改革开放……从根本上推动了我们民族思维方式从传统伦理政治型向经济文化型的转变,这次转变较之历史上任何一次

---

① 周平:《全球化时代的民族与国家》,《学术探索》2013 年第 10 期。
② 同上。
③ 翟学伟:《中国人的价值取向:类型、转型及其问题》,《南京大学学报(哲学·人文·社会科学)》1999 年第 4 期。

思维方式的转变意义要深刻得多,广泛得多。"[①] 经济价值取向无疑就是伴随经济市场化和工业化时代而出现的具有全球普遍性的价值认同,它的膨胀导致的是其他价值观与价值取向的萎缩,即把人们的思维方式、行为方式都集中在"经济原则"上来,人们便习惯从经济原则去衡量自身的各种认同行为是否具备或赋予利益,如果有利益,则建构积极认同,无利益则产生消极认同或不认同。从这个角度来讲,国家认同、文化认同、民族认同等认同现象会随着不同主体在不同场景、不同时期的不同利益诉求而呈现出不一样的关系,而这种场景性、时间性、利益不确定性将导致这些认同行为处于一种基于价值认同的弹性关系结构中。

于是,审视国家认同、民族认同问题,就不能再局限于一个封闭的、静态的分析框架,必须正视社会文化变迁与人类变迁的客观现实性,理解人类认同现象的动态变化特征。社会多元价值的形成无疑对主体的认同行为产生了巨大影响,中国人传统价值观念到现代价值观念的转变更是造成了时代性的价值体系的重构运动。文化变迁与社会转型不但是整体上社会框架和文化景观的转变,还是整体社会现代化的过程。社会学家指出,这个过程"指的主要是整个社会在经济、政治、社会及文化等方面朝向现代化方向的变迁,而个人或心理现代化所指主要是社

[①] 许鲁州、沈应东:《论社会转型时期思维方式的变革》,《云南师范大学学报(哲学社会科学版)》1994年第5期。

会中的个人在价值观念、思想形态及生活习惯等方面的变迁"①。在民族学、人类学意义上,文化变迁更意味着族群文化、民族文化逐步从隔离、超稳定与单一的文化形态走向多元文化融合并存、同化冲突的态势。市场经济使得各民族的经济生活丰富多样、生活方式急剧变迁,在大机器、大工具和信息化的时代里,传统道德理性与文化固守的约束力大大减弱,利益迅速左右了个体价值判断与认同趋势。利益体系中包含的诸多现代性工具理性与实用理性因素以巨大比重得以凸显。英格尔斯在对所谓传统人向现代人的转变程度进行分析研究时,所采用的分析因子就包含"新经验、变革取向、意见的增长、信息、时间性、效能、计划、信任感、专门技术、教育与职业意愿、了解生产等12个变量"。②这些因子指向的就是个体之于社会的作用、个体适应社会变化所产生的积极变化、个体之于生产与职业所产生的实用性,明显没有涉及个体之于民族、个体之于文化、个体之于国家的判断,这反映出来的也正是整个社会价值判断的转变。

一旦实用理性或目的理性成功攻破人的传统思维,那么人的价值判断将遵从这样的思维形式:其认同行为同样受实用理性或目的理性规约,哪怕是处于个体心理内部的一些稳定的文化因

---

① 杨宜音:《人格变迁和变迁人格:社会变迁视角下的人格研究》,《西南大学学报(社会科学版)》2010年第7期。
② 〔美〕阿历克斯·英格尔斯著、曹中德等译:《人的现代化素质探索》,天津社会科学院出版社1995年版,第7—10页。

素、价值因素和道德伦理结构同样遭遇冲击。如同马克斯·韦伯所说:"目的理性行动的成立,是行动者将其行动指向目的手段和附带结果,同时他会去理性地衡量手段之于目的、目的之于附带结果,最后也会考量各种可能目的之间的各种关系。无论如何,它既非情感式(尤其不是情绪式),亦非传统式的行动。对于彼此竞争或相冲突的目的与结果间作抉择,在另一方面可以是带有价值理性的指向的:这时候,行动只有其手段部分属于目的理性的范围。或者行动者可以在面对竞争和冲突的目的时,不涉及对'诫命'和'要求'的价值理性指向,只单纯地将其视作给定的主观需求,并在量上排列出他自己有意识地衡量后的轻重缓急顺序,如此他便可以按照这一顺序尽可能地满足他的需求。"[1]就我国而言,实用理性同目的理性的结合,已经使它们在中国现代化过程中大获全胜,它表征了我国社会现代化进程中的一种普遍性转变,也即一种社会现代性[2]的结果。自改革开放以来,"由于改革开放在相当程度上调整的是所有制结构,即从较为单一的公有制向多种所有制的方向发展,因此中国社会的利益格局必然也朝着多元化和分化迈进。利益格局的分化导致的结果之一是利益主体的觉醒,因此在中国人价值取向的走向上再出现一种较为统一的、导向性的价值取向已很困难,这就意味着经济转型时

---

[1] 〔德〕马克斯·韦伯著、顾忠华译:《韦伯作品集Ⅶ·社会学的基本概念》,广西师范大学出版社2005年版,第34页。
[2] 社会现代性指的就是具有全球性意义的西方公共文化传播,是西方理性启蒙运动和现代化历程所形成的文化模式和社会运行机制。

期已具有了各社会群体都有自己的价值取向的问题"①。"人们在变革中或许会捍卫自己的宗教、信仰、习俗、制度,但极少有人会捍卫落后的技术。……技术的工具性力量对文化认同具有根本上的解体作用,同样技术也促使了不同文化之间界限的消失,这就是人们高呼全球化时代到来的最有说服力的基础。"② 从而,可以说我国20世纪以来的现代化进程基本上可以归纳为这样一个过程:较定型的文化形态→西方文化的碰撞→文明优劣论→替代论→技术先导→文化认同危机。这种文化认同危机的主要原因就在于:"中国文化在现代化的道路上一再同西方文明作比较,也就一再被切割,批判,点缀,取代。随之而来的是中国人失掉了文化的自信,越来越不认同自己的文化,其根本原因也是中国人找不到中国传统文化同现代化的契合性机制。……技术的进步正在以工具性和价值无涉的方式加速中国文化类型的消亡和全球化的到来。"③

所以,在一个价值复杂多变和价值多元的社会转型过程中,个体或群体的认同行为在很大程度上会受制于价值观演变。国家认同、文化认同与民族认同及其关系形态也会在主体的价值变迁中发生一定程度的变化,会随着社会变迁与文化转型而具有弹性

---

① 翟学伟:《中国人的价值取向:类型、转型及其问题》,《南京大学学报(哲学·人文·社会科学)》1999年第4期。
② 翟学伟:《进步的观念与文化认同的危机——对中国人价值变迁机制的探讨》,《开放时代》2008年第1期。
③ 同上。

特征，这种弹性特征还体现为场景性、时期性与主体多元性对认同本身的规约与影响。而当主体的价值取向被一种目的性与工具性思维支配的时候，这种思维方式进而会被移植到"认同心理"当中，成为认同建构的主要思维方式。在一切的"不确定"之中，人们似乎成了"飘零散乱"的个体，原有的认同逐渐被多元世界中个体主义、实用主义、工具主义稀释，利益共同体成了个体群体认同的基本单元，而国家认同作为"高高在上"的内部深层认同意识，在很多情况下是潜藏起来的，文化认同逐渐脱却了传统民族的属性，代之以利益共同体的文化价值认同。文化变迁与文化融合导致的原有民族文化模式的逐步解构，加上文化认同本身所遭遇的"多重利益"认同形势的冲击，使得民族认同也逐渐凸显出新兴民族认同现象，而传统民族则逐渐沦为心理边缘化景观。

三、"理论—实践"逻辑的方法

社会文化的整体性、互联性、多变性和历史时序的紧密性、不可切割性，以及人类理性与感性的神秘难以触摸，共同使得历史时空坐标下的某种事实或现象处于一种难以判断、无法定论、复杂难辨的境遇之中。然而这却刺激了人类理性的贪婪，进而不断尝试揭示这种境遇的内在规律与形式逻辑。这种不断追求确定性与本质的尝试成就了各门学科发展史中最具说服力和权威性的理性形态，它的不断发展确实迎合着人类发展过程中对"秩序"、"稳定"的追求。所谓科学无疑就是这样一种理论形态,它充分地展示了人类对规律的探索和在对确定性追求过程中积累的成果。最后,这一理论形态反过来促成了人类行为的有序性和对有序社会、有序文化的创建。马克思的理论源于实践并指导实践的深刻意涵在这里所揭示的就是这样一个过程:人类在复杂、混沌的世界里追求单一、有序与确定性,探索事物内部与事物之间永恒普遍的规律或真理,并作为实践工具反过来指导对世界的改造,形成有序、可控、结构清晰、程序简约的社会实在形态。

所以,在对国家认同、民族认同与文化认同的关系探讨与分析的时候,学者们不约而同地朝着那个确定而有序的方向进行建构。实际上,在形成"关系研究"之初,其研究取向就在于求得一个明显有序或确定的结论,并且这显然是在假设"理论建构"的权威性地位。一旦确立了这样的稳固结构性的关系形态,也就相当于确立了一定的理论权威,将试图导向普遍性的关系认同,并以此解释实践、指导实践。但是,我们不能认为这样的理论建构是全然"不符合实际"的,除了对它本身所具有的"假设"[①]保持怀疑的态度之外,必须承认的是,正是这样一种具有历史延续性、社会需求性和人的能动建构性的价值取向的存在,一直在促使人类知识的不断产生、社会不断地趋于有序与安定,并直接

---

① "假设"的未知性驱使我们去思考,去探索;"假设"又决定了它只能在我们背后起作用,而不是我们眼前思考的主题;"假设"决定了我们从它出发来思考,而非思考它。简言之,它事实上的不可知性决定了它不是人们提出的见解,而是人们用来生活和思想的前提。参见金岳霖:《知识论》,商务印书馆2000年版,第101—112页。

促成了学科发展与繁荣。

众所周知,"任何一门学科都基于确定性的知识假设,作为非实践的命题的'假设'构成了一门独立的学科基本的理论基础和逻辑起点"①。它反映了科学应具有的属性,即确定与稳定的双重意思,"意指坚固性和稳定性的词根"②。科学自产生以来就被赋予了自然科学的内涵,在历史发展进程中,自然科学甚至一度成为科学的替代物,标示着自笛卡尔以来对本质主义、实证逻辑或实证性、普遍性的追求。从现实观之,各种学科领域都在无法避免地复制着这种确定性追求,即便是人文社会科学领域的诸多学科,包括以人为对象的教育学。教育学无疑自诞生之日起就在追求这种理论上的确定性,以指涉教育的规律所在。当波普尔把社会科学的任务界定为"不是寻求对社会整体的'控制'或'预测'的历史主义方法,而是逐步、逐个、温和地治疗社会弊病的自然科学的'试误法'"③时,人们开始认为,所谓科学的建设发展,首先应该考虑的是"应该是什么"的规范信念,并且,这种规范信念被具体的学科赋予了历史的、区域的、文化的、场景的、人的主体性与多元化特征。这迫使一种普遍的确定性追求成为一种具体的确定性,比如对民族认同、文化认同、国家认同的

---

① 孙俊三、谢武纪:《教育学的科学逻辑和实践逻辑:冲突与和解》,《现代大学教育》2013年第4期。
② 〔德〕卡西尔著、甘阳译:《人论》,上海译文出版社2004年版,第78页。
③ 〔英〕卡尔·波普尔著、陆衡等译:《开放社会及其敌人》(第二卷),中国社会科学出版社1999年版,第135—141页。

理论探讨，被限制于特定的民族、国家、区域中，以求得具有历史人类学本体意义上的确然之态，这可谓理论逻辑在确定性路线上的一大进步。

本质主义是理论逻辑中的一大范式，它在最为集中、核心的意义上体现出理论逻辑的基本内涵，成为科学进步史中不可摧的中坚力量。对国家认同、民族认同与文化认同关系的梳理，目的在于为相关研究提供可参考的确定性理论资源或知识资源，对这种关系的梳理也就是在回答这种关系的本质的问题，或说是寻求它们之间一种一贯的、稳定的关系形式。从本质主义出发，也就是要在这几个认同之间寻求一种关系规律，比如一种明晰的层次关系形态、所属关系形态、因果关系形态等等，它将作为其间"关系的本质"，具备理论霸权的地位。所谓本质主义即以"本质范畴"、"本质信念"与"本质追求"为基本特征的一种知识观和认识论路线，从柏拉图开始，包含了柏拉图主义、经验主义、理性主义、实证主义、科学主义及逻辑经验主义等。[①] 它认为"事物的性质不是处于同一平面或同样的地位，其中有一些性质对于事物来说是'本质的'方面，而另外一些则是'非本质的'或'附属的'方面"[②]。这种强大的本质主义很大程度上是由西方思想史上古老的本体信仰（ontological belief）和本体论思维促成的。

---

① 石中英:《本质主义、反本质主义与中国教育学研究》,《教育研究》2004 年第 1 期。
② Edward Craig, ed., *Encyclopedia of Philosophy*, London and New York: Routkedge, 1998, p. 417.

本体信仰即在人类的长期精神生活史中，形成的一种坚定态度：在复杂多变的大千世界背后，一定存在着某种"寂然不动"和"秘而不宣"的东西。本体论思维是指，人们在思想上把任何一种认识活动都与对本体的寻求联系起来。同时，这种本质主义还源于一种语言学上的符号论①和社会历史生活中知识权力的争夺。如果说理论逻辑的特性在于"概念的抽象性和对确定性的追求"②的话，本质主义所体现的就是"对确定性的追求"的特性，在这里，本质无疑是最具确定性的存在。理论上，对关系确定即是在追求一种确定性的抽象关系，也可以说成试图在用文字与语言来对应业已存在的事物。这样的一种"超现实主义"追求在后现代思想兴起的历史背景下必然遭到批判，同时，在这个不断批判的过程中，诸多的"后现代思想"得到了发展。比如反本质主义就是典型的本质主义的"对立生成物"，没有本质主义，反本质主义则不会存在，后者是前者的"反思性发展"。反本质主义的一般立场，如波普尔所认为的："相信本质（无论是真的还是假的）容易给思想设置障碍，容易给提出新的和富于成果的问题设置障碍，而且它们不可能成为科学的一部分（因为即使我们幸运地碰

---

① 该理论认为，人类的语言世界能够反映人类生活其中的实体世界，能够表达出他们获得的有关实体世界本质的认识经验——语言世界是实体世界的表征或符号化。参见石中英：《本质主义、反本质主义与中国教育学研究》，《教育研究》2004年第1期。
② 冯向东：《教育科学的理论与实践逻辑——关于布迪厄"实践逻辑"的方法论意蕴》，《高等教育研究》2012年第2期。

巧找到一个描述本质的理论，也绝不能确信它）。一个可能导致蒙昧主义的信条，当然不属于一个科学家必须接受的那种超科学的信念。"①

反本质主义者尼采说："问'自在'之物是什么样子的，根本不问我感官的感受性和理智的能动性，因此我们应该这样回答上述提问：我们怎么知道有这样的事物呢？'物性'乃是我们首先创造的。""'自在的事实'是没有的，而始终必须首先植入一种意义，才能造成事实。"②虽然，这触及了本质主义的问题所在，但我们却可以看到，尼采实际上在批判语境中陷入了另一个极端，他扩大了人类的主观能动性对"物"的赋意性而彻底抛弃了事物本身的客观存在感，将"赋意"与"物本身的存在"对立起来，并且认为没有"无意义"的存在物，这显然是极端的反本质主义行为，他将对"本质"的反对扩大为对"物"的反对，显然是有些夸张意味的。与此类似的还有罗蒂等人，罗蒂宣称："对我们实用主义者来说，不存在任何像 X 的非关系特征这样的东西，就好像不存在像 X 的内在本性、本质这样的东西一样。因此，离开了其与人类需要或意识或语言的关系，就不存在像一个与 X 的

---

① 〔英〕卡尔·波普尔著、傅季重等译：《猜想与反驳》，上海译文出版社 1986 年版，第 151 页。
② 〔德〕尼采著，张念东、凌素心译：《权力意志——重估一切价值的尝试》，商务印书馆 1991 年版，第 525 页。

实际存在方式相符合的描述这样的东西。"①这明显也夸大了人类意识层面的作用，似乎带有"人类中心主义"的色彩，认为只要不是人类意识层面上认可、语言上能够描述的东西都没有"存在性"，最多只是一种存在感。甚至他们会认为"人们日常所说的语言与对象的符合，只不过是一种语言符号与其他语言符号之间的符合，亦即与我们的符号系统与心理立场符合而已"，包括蒯因和维特根斯坦所认为的"一个概念或一个句子的意义，并不依赖于它所描述的对象，而是依赖于它与其他概念或句子的关系，依赖于它所使用的语境"。②这似乎在讨论语言学的问题，它并不是在否认"本质存在"，而是在说明"语言无法描述本质"，实属是两个问题，也即是在否认"某个概念不仅会描述事物的本质，而且会理解这个本质"③。事实上，从本质主义到反本质主义，它们都是一种"哲学观念"，即是在哲学的"意识形态"层面上对"问题"进行分析与论断，都没有回到现实实践中来对具体场景、历史下的"问题"进行考察。反本质主义对本质主义的批判的合理性在于否认了那种一味对确定性和普遍本质的追求，肯定了人类意识的能动性与语言符号的赋意性与事物之间的存在着不对应关系的一面，但它仍然没能解决人类对确定性的诉求的基本事实

---

① 〔美〕理查德·罗蒂著、黄勇译：《后哲学文化》，上海译文出版社1992年版，第141页。
② 石中英：《本质主义、反本质主义与中国教育学研究》，《教育研究》2004年第1期。
③ 〔德〕尼采著，张念东、凌素心译：《权力意志——重估一切价值的尝试》，商务印书馆1991年版，第191页。

与基于理论逻辑而发展起来的科学事实及其对人类发展的意义以及理论逻辑的缺点之间的矛盾。其根本原因恐怕正在于，反本质主义者本身就是从意识形态的规定性出发，试图以哲学反哲学，在哲学框架中建立起意识层面上的反抗，以抽象替代抽象，以另外一种具有理论逻辑的真理取代本质主义真理或规律，进而实现自身规律的创建，并没有脱离理论主义，其用以批判的理论工具或方法本身就遭遇着理论逻辑的规约。

于是，如果试图脱离本质主义又不致陷入反本质主义的极端意识形态中，则需将理论的建构还原于实践，形成"理论—实践"的逻辑形式。理论逻辑对抽象性与确定性的追求是科学本身具有的属性，这已然是科学发展的客观事实，也是人类社会进步与文明进化的基石，不可对之采取抛弃的态度。但又不能视之为绝对真理或万能方法论、认识论路线，它毕竟属于人类语言——意识形态层面上的建构性行为，不能脱离理论对象的历史范畴、文化范畴与情境范畴。理论逻辑是借助"意识"或抽象性来表达人类的价值期许与愿景，在人类的元意识形态中，一种对稳定性、确定性与秩序感的原始期待是促成人类理论逻辑延续发展的根本动力，它在人类文明的进步历程中发挥着巨大作用。这就使得我们的反理论逻辑主义必须正视其具有的合理性，对之进行完善，而非彻底否定。这种完善的途径就是将理论逻辑结合实践逻辑，将抽象性与价值性还原到具体的确定性当中，而不是普遍与永恒的本质。

从人类学、社会学、民族学的学科立场和研究逻辑体系中，我们可以找到这种完善路径,通过这些方式或路径,一方面可以保留人们在确定性上的价值期待,另一方面可以尽可能脱离反本质主义的"极端意识"。社会科学与自然科学的区别似乎就在于,前者习惯将研究对象置于宽阔的社会结构、文化背景和具体情境之中,而后者因其研究对象是自然物而不会考虑过多社会因素,这就决定了两者在获取研究结论时,其获取方式、结论形式会存在极大差异。但作为科学,两者皆无法脱离理论逻辑而存在。纯粹的理论逻辑形式是自然科学的基本表达方式,这种理论逻辑在社会科学的场域中则接受社会科学的洗礼,社会科学的研究立场、价值取向、研究对象与惯有的研究习性决定了纯粹的理论逻辑将实现转型与重构。布迪厄的"实践逻辑"、费孝通的"文化自觉"与"从实求知"、李泽厚的"历史人类学本体论"等无疑都是对纯粹理论逻辑的超越,基于这样的方法论或认识论路线,关于国家认同、民族认同与文化认同的关系问题,将被还原到具体历史时期、社会形态、国家结构、民族场域和疆域中,并且体现了马克思历史唯物主义的关于理论源于实践的基本观点,"抽象性"与"确定性"将被赋予相对性与多元化特征,做到"历史与逻辑的统一,'历史的研究方式'与'逻辑的研究方式'的统一,或'实践逻辑与理论逻辑'的统一"①。

李泽厚的历史人类学本体论是将"情本体"与"理本体"融

---

① 冯向东:《教育科学的理论与实践逻辑——关于布迪厄"实践逻辑"的方法论意蕴》,《高等教育研究》2012年第2期。

入人的社会实践与历史进程中考察具体实践活动、具体事物的方法论。这种非绝对理性的哲学观念使得理论构建不再是追求普遍的客观性,在"情本体"的参入过程中,人的理论判断始终是具有历史偶然性、相对性的(所谓"历史",有两层含义:一是相对性、独特性,即"历史"是指事物在特定的时空、环境、条件下的产物[发生或出现];一是绝对性、积累性,指事物是人类实践经验及其意识、思维的不断的承继、生成①),而在"人类学本体"的意境中,历史维度被赋予了具体文化情境性,从而使得理论孵化具备本土味道。同样,费孝通的"文化自觉"与"从实求知"路线,在肯定了理论源于实践的同时,还注重人的能动性,讲究自觉反思性实践,认为理论是不断经由主体反思而实现"生成—自我超越—再生成"的过程。费孝通不但认为理论应建构于具体实践中,他还指出理论资源应源自本土文化资源体系,所谓"文化自觉",也就是要回到自己(本国的、本土的)已有的历史文化资源体系中汲取文化资源用于实践,进而实现理论再造。

正如约翰·杜威所批判的,"完全确定性的寻求只能在纯粹认知活动中才得实现","纯粹的认知活动正是理性的逻各斯精神使得逻辑的构成对象也具有了必然的和永恒的特性"。② 这构成

---

① 李泽厚:《哲学纲要》,北京大学出版社2011年版,第142页。
② 〔美〕约翰·杜威著、傅统先译:《确定性的寻求:关于知行关系的研究》,上海人民出版社2005年版,第5—10页。

了逻辑学的基本特征,它"用理性辩论的形式而不用情绪化的想象来叙述宇宙的故事"①。它否定了人的主观心理判断与情绪、性格、价值体验的参与性,同时也否认实践特征能给理论带来的束缚或限制。但是,人类的实践活动总是充满着一种对纯粹理性的向往,并伴随着人类永不放弃的精神,使得对确定新的追求和对真理的渴望源源不断。这就在"理论批判"与"客观实践"之间制造了巨大的矛盾和张力。杜威尝试用他的实用哲学与实践理性来解决这个问题,而社会学家布迪厄则创造了实践逻辑形式,并使之成了"理论逻辑"与"客观实践"之间的桥梁,或将之视为"'理性真理'的逻辑理性与'事实真理'的纯粹偶然性之间的中介,以期用'实践逻辑'拉近理论与实践之间的距离"②。他说,"我们必须了解理论知识的局限,并在进行科学说明时,也要说明这些科学说明的局限范围和产生这些局限的因素:理论知识中大量最根本的性质归因于这样一个事实,即生产理论知识的条件并非产生实践的条件",因而"必须建构起包含说明理论和实践之间鸿沟的理论"。③ 他还指出,"科学的目的不应该是重新承担实践逻辑的责任,而是应从理论上重建这种逻辑,将实践逻辑与

---

① 〔美〕约翰·杜威著、傅统先译:《确定性的寻求:关于知行关系的研究》,上海人民出版社 2005 年版,第 10 页。
② 冯向东:《教育科学的理论与实践逻辑——关于布迪厄"实践逻辑"的方法论意蕴》,《高等教育研究》2012 年第 2 期。
③ 〔法〕皮埃尔·布迪厄、〔美〕华康德著,李猛、李康译:《实践与反思:反思社会学导引》,中央编译出版社 2004 年版,第 102 页。

理论逻辑之间的距离,乃至将一种'实践理性'与一种科学理论之间的距离纳入理论之中"①。

所谓"实践逻辑",布迪厄是这样描述的:"历史进程的不透明性来自于这个事实,即人类行动是习性与社会空间之间的无数相遇的非偶然的但从未受到理性控制的产物,这种相遇对其本身而言都是费解的,这些习性由它们源于其中的历史体现,它们在社会空间中实现自己的潜力,但受到这些空间的结构的限制,它们从这种双重必要性中得到它们特定的历史逻辑,这种逻辑即'理论真理'的逻辑理性与'事实逻辑'的纯粹偶然性之间的中介,然而它无法推断出来,但可以让人理解甚或必需。"②有学者对其进行了非常精辟的概括与提炼:"这不是逻辑学的逻辑也不是价值的逻辑,而是一种历史逻辑。这种逻辑不是客观世界固有的逻辑也不是主观推断出来的,而是在实践者与环境相互作用的历史活动中生成的,它既是人物、利益、实践的选择的统一整体因而包含了实践主体的追求、筹划和创造性,又与具体的社会空间结构相关联因而具有客观实在性;它具有确定的一面也有不确定的一面。""它是一种诠释性的理论而不是规范性理论。"③也就是说,布迪厄实践理论的"科学性"正在于它诠释出了人类理论生

---

① 〔法〕皮埃尔·布迪厄著、刘晖译:《帕斯卡尔式的沉思》,生活·读书·新知三联书店2009年版,第52页。
② 同上,第133页。
③ 冯向东:《教育科学的理论与实践逻辑——关于布迪厄"实践逻辑"的方法论意蕴》,《高等教育研究》2012年第2期。

成的"不确定性规律",而这源于历史因素、环境因素与主体因素,但"历史"决定了这三种因素的相对统一性和静态性,从而布迪厄又更多地把实践理论偏向于具有"历史"主导的解释,如他所说:"应该在历史中,仅仅在历史中,寻找理性相对于历史的相对独立原则,因为理性是历史的产物;或者,更确切地说,应该在严格意义上的历史的但完全特定的逻辑中,寻找这种原则,理性的独特历史从中实现的特别空间是依据这种逻辑形成的。"①

但用"纯粹的实践逻辑"去理解布迪厄的实践理论又是不全面的,如他所指出的那样,"实践逻辑"也关心"理论理性"的有价值的一面。于是,我们就用"理论—实践逻辑"的范畴来解释布迪厄的实践理论,他既纳入了"确定性"意义上人类的价值诉求,又严格观照了"偶然性"意义上的历史、社会场景与人的"相遇"现实性。实际上,科学发展史告诉我们,并不存在所谓"纯粹理性的理论",也不存在"纯粹实践的理论",理论都是人类"价值取向"的产物。只不过,需要注意的是这样的理论是"如何而来",又该"如何而止",即注意理论如何产生及其边界或作用力、解释力的界限问题。

由此可见,关于民族认同、国家认同与文化认同三者之间关系的确定,只能是相对意义上的确定,这种相对性代表着历史阶段性、社会文化多元性、社会场景特定性与人的主体性。由于认

---

① 〔法〕皮埃尔·布迪厄著、刘晖译:《帕斯卡尔式的沉思》,生活·读书·新知三联书店 2009 年版,第 123—124 页。

同是人的认同，人的差异性、变化与发展性首先确定了人自身认同结构的复杂性与复变性，也就是说，认同主体的认同，不是外在于主体存在的客观现象。那么，考察这几种认同现象的关系时，就不能随便以"关系是什么"的形式来进行说明，而是以"应该是"与"为什么是"的形式来加以说明。从研究者的角度看，相关的认同研究并不是纯粹的自然科学意识的科学研究，而是不可否认的必然具有价值渗入的人文社会科学意义上的研究，那么这其中就会带有应然的属性，这种应然当然是朝着一种理想的人的状态、社会的状态、国家的状态和民族的状态而建构起来的。而除了应然，还有个实然，即基于实践层面的"无价值涉入"意义上的考察而获取的理论形式。它是实证研究的结果，研究者通过对现场的、历史的现象进行原始采集与提取，并从"现实人"的语言、行为与文字反应中做出判断。但由于研究者总是预想通过研究去改变现象，试图构建起一种"合理关系"而朝向一种"好的状态"，最终他们都会认为这个关系应该怎样。

我国近年来在关于民族认同、国家认同与文化认知之间关系的研究是比较丰富的，尤其是民族认同与国家认同的研究。这一方面突出了新时期国家发展的主题，同时也较有"问题的意识"地反映了社会转型时期、文化大融合时期我国民族与国家发展面临的深刻问题与挑战。在研究范式、研究方法上，伴随着我国社会学、民族学与人类学的发展，单纯政治意识形态的研究遭遇了来自田野研究、社会学实证研究、案例研究等的批判与超越，并在我国本土化意识加强的背景下，具有"中国范式"意义的方法论逐步得以建构起来。相关研究已经明显从一种宽泛的、意识形态的和纯理论逻辑的经验中走出来，并走向"理论—实践逻辑"意义上的真正研究。结合国家发展的现实需求和民族发展的困境与机遇，很多学者已经意识到只有从理论走向历史、从历史回到现实、从实践提炼理论、基于中国而研究中国，才能实现真正的本土理论创建并服务于本土。

从"个"的哲学意义出发，无论从哪一个角度，都可以得出一个恰如其分的观点。比如从认同主体出发，我们知道，认同本是人的心理现象，它在区别于其他动物而独存于人类的内心世界的同时，在人类内部还存在不同"个"或"群"的差别化。于是，我们说不同主体具有不同的认同结构，各认同意识的程度与关系结构存在差异。少数民族心中的国家认同、民族认同与文化认同，必然与汉族不同。中华民族作为"想象的共同体"的认同意识在汉族人民心中或许更加强烈，而"本族群意识"在少数民族的深层意识中则异常突出。但研究者立足少数民族群体的国家认同研究时，价值取向中则隐含了国家认同高于一切认同的观点，其结论一般都会认为国家认同高于族群认同。然而，实际上即便是同一类群体或个体，在不同的历史时期和社会文化场景下，其认同结构也会发生变化。如有学者就研究认为："族群认同和国家认同共存于个人的观念和意识中，是个人多重认同中的重要组成部分。但在日常生活中，我们往往依据不同情境，强调或突出某一种认同。"从而，"国家认同作为更大范围的认同，在特殊情况下可以涵盖族群认同"。① 根据西方多元文化理论对"认同关系"的解释，也就是说，"每个人类社会、每个民族……都具有它自己独特的理想、标准、生活、思想和行为方式。能够根据一个单一的优劣顺序对不同的文化和民族做高低排序的普遍且永恒不变的判断标准是不存在的……每个民族——在它自己的民族要求、自己独特的性格的发展过程中——都有各不相同的自己的传统，自己的特性，……自己的道德核心——它们，也只有它们，决定着该民族的幸福"②。但从更为广泛的认同主体，也就是基于国家公民或全体国民的立场来说，根据社会心理学的观点，"在共和国所有公民的多元群体资格和多元社会认同结构中，政治共同体的群体资格和公民认同及国家认同应该占据相对的优先地位，以超越地域、族群、宗教和语言的分歧和差异"③。这是一种首先立足共和国政治实体而得出的应然结论，其间仍然渗透着一种价值因素和对普遍客观性的怀疑。这就意味着，从认同主体对认同结构及其变化的审视，还必须加入文化、环境与历史的因素，这是活生生的现实情况，复杂、多元而嬗变。在此，科学理论的力量显得极其渺小，任何试图"说清楚"的想法都将在现实面前搁浅，科学理论将成为一种不确定的理论。

---

① 钱雪梅:《从认同的基本特性看族群认同与国家认同的关系》,《民族研究》2006 年第 6 期。
② 〔英〕迈克尔·H. 莱斯诺夫著、冯克利译:《二十世纪的政治哲学家》,商务印书馆 2001 年版,第 285 页。
③ 方文:《转型心理学:以群体资格为中心》,《中国社会科学》2008 年第 4 期。

然而仅从认同本身或认同的特点来讲，认同结构又有了一定的层次感。各种认同现象之间将依据认同对象的属性关系、包含关系和层级关系等得到有序排列。比如，据民族国家原则的要求，"国家认同必然建立在国族认同的基础上，国族认同则主要是以广义上的文化认同为要素"。"民族认同先于国家认同，是国家认同的基础和前提。"① 于是，民族认同、国家认同与文化认同似乎就有了一个先后顺序或上下关系构型。需要特别说明的是，少数民族的民族认同特点，即民族认同双重性问题。一方面少数民族要认同"本族群"，另一方面是"国族认同"。费孝通认为，这其中"高层次的认同并不一定取代或排斥低层次的认同……高层次的民族可说实质上是个既一体又多元的复合体"②。这要从中国民族多元一体格局的现实角度来看，因为一体是多元的融合，一体与多元之间是相互塑造、相互融入的关系，进而在主体心中建构起来的民族认同的属性并不单一，文化融合带来的民族认同超越了原始意义上的氏族或族群认同，因文化的中介性，使得族群自我意识与国族意识难以分割。

国家是一种政治组织形式和公共权力的表征，中华民族更多地是从文化同一性的角度来定义的。从历史发源与演变来看，中华民族与国家的起源具有惊人的统一性。以疆域为基点来看中

---

① 贺金瑞、燕继荣:《论从民族认同到国家认同》,《中央民族大学学报（哲学社会科学版）》2008年第3期。
② 费孝通:《简述我的民族研究经历和思考》,《北京大学学报（哲学社会科学版）》1997年第2期。

国与中华民族的形成，显然国家的形成晚于民族，中国的国家形式是民族融合推动而形成的，可以说现代中国的形成是历史上诸多族群融合的产物，历史也一再表明民族意识的觉醒是国家渡过危难和更加强盛的根本力量。在这个意义上，民族认同更为根本，国家认同则稍显外在。民族认同以主体内心深处的文化认同为基础，国家认同主旨是政治认同，更强调主体作为公民所具有的政治意识、法律意识、国家共同体意识。不过，中国作为典型的民族国家，国家是建立在民族之上的，国家实质是民族的文化外壳，两者是一体的关系。由此而言，显然民族认同与国家认同两者是同一的，即说民族认同即为国家认同，国家认同即为民族认同。

现实情况是，国家认同与民族认同是难解难分的关系，或者相互包含的关系。虽然说"国家认同主要是指个体或民族对自己所属的政治共同体的确认以及个人对自己意欲归属的政治共同体的期待"，但国家认同同样可以从三个角度来解释："即民族认同、文化认同与政治认同。"[1] 与此同时，广义的民族认同也即是国家认同，体现民族国家的本质。不过，现代民族国家的发展现状与趋势表明，国家认同将更多地成为政治认同的代替物，它指向的是一种公民社会，即契约精神、民主与法制的现代理性，

---

[1] 张友国：《族群认同与国家认同：和谐何以可能》，《首都师范大学学报（社会科学版）》2008年第5期。

即"国家认同的实质是政治认同"①。在很多情况下,民族作为一种"想象的共同体",表达着人们内心深处的文化皈依、情感归属与血缘共同体期待;然而,它将被赋予一种"让位"的角色。于是,在民族认同与国家认同的关系探讨中,很多研究者已经将两者的矛盾关系或张力关系揭示出来。比如学界广泛传播的"矛盾冲突关系论"②就是对这种关系模式的概括,即认为民族认同的强化必然导致国家认同的弱化,两者是矛盾的、对立的,存在必然的冲突,③它一是注重民族认同"去政治化",二是主张国家认同"去民族化",也主张将各民族整合成一个"同质性"的"国族",经由消解后的民族身份转化成公民身份,实现"民族认同"与"国家认同"的同质化。④诚然,这种冲突关系论是不符合现实逻辑的,更不符合人心走向。得出这种关系模式论的学者,一般是将民族视为传统意义上的封闭的族群范畴,也就是说,将民族认同视为族群认同进而与国家认同对立起来。实际上,在民族国家中,族群认同与国家认同是并存的基本关系,矛盾关系并不必然,其间的张力则一直会存在,"国家认同与族群认同之间并不必然是矛盾和对抗的关系,相反,国家的日常管理行为常常积极地强化和保护着公民的族群认同。人类社会的确存在族群认同

---

① 金志远:《论国家认同与民族(族群)认同实质的相异性》,《前沿》2011年第9期。
② 袁娥:《民族认同与国家认同述评》,《民族研究》2011年第5期。
③ 陈茂荣:《"民族"与"民族认同"问题研究述评》,《黑龙江民族丛刊》2011年第4期。
④ 陈茂荣:《论"民族认同"与"国家认同"》,《学术界》2011年第4期。

与国家认同之间的矛盾冲突,但是,对抗和冲突、乃至国家分裂或族群独立,都不能改变族群认同与国家认同并存的事实"①。一个基本事实是,"任何形式的对抗都不能彻底解决族群认同与国家认同之间的张力或矛盾,族群认同与国家认同的长期并存不仅是世界真实的历史,也是我们真实的未来"②;"国家意识作为一种共性和共同利益的理性认识以及由此产生的同胞情感,居于每个民族个体的首位。民族(族群)意识与国家意识的关系并不是简单的负相关,或者说,民族意识强必然导致国家意识弱"。③甚至可以说,族群认同并不会影响国家认同,两者不存在负相关的关系。有学者基于实地考察得出结论,认为"绝大多数人的民族认同并未影响国家认同"④。

所以,在这个意义上,我们还需从一种应然的、理论的逻辑中走出来,回到具体历史场景和社会背景之下,回到具体的认同主体当中,才能得出较为准确的判断。历史历时性、社会场景的变化性和主体发展等客观现实不但证明了理论上"矛盾冲突论"的非必然性与普遍性,还意味着无论是哪一种关系形态,在整个"历史—社会"框架下都将处于变动、多元的样态。当然,现实

---

① 钱雪梅:《从认同的基本特性看族群认同与国家认同的关系》,《民族研究》2006年第6期。
② 同上。
③ 杨虎德:《民族意识与国家意识不是此消彼长的对立关系》,新疆哲学社会科学网。
④ 杨圣敏:《处理好民族关系需反对两个"主义"》,http://news.ifeng.com/exclusive/lecture/special/minzu/yangshengmin.shtml

的复杂性必然是制约理论永恒性、普遍性的客观存在,我们不能回避现实,同样也不能抛弃理论假设性和理论应然性。毕竟,一切关于民族认同、国家认同的研究的最终价值总归都是好的,都是为了大多数人的发展与幸福,为了国家的强盛与和谐,为了民族的兴盛。

从理论上讲,民族认同与国家认同是两个不同的范畴,这就决定了它们是存在差异的。然而差异不代表此消彼长,除了张力与冲突,它所投射出来的现实情况还具有一种相互促生的关系,这种关系被视为共生。比如毕跃光在博士论文中就指出,"从民族认同与国家认同的关系来看,民族认同在纵向上与国家认同存在着共生关系","当国家认同基于主导的地位,当国家认同能够保护和尊重民族认同,加快认同建设,就能促进其共生。"[①] "承认民族认同与国家认同的差异性与矛盾性,并不否认两者具有统一性和共生性。"现实情况是,国家认同与民族认同是每个公民认同结构中的重要组成部分,也就是说,"在现代社会中,每个人都具有国家的公民和民族的成员的双重属性,因而具有民族认同与国家认同的共生性"[②]。并且,这种共生性同时蕴含着一种序列或层级性,在不同主体、场景或历史阶段,序列关系的"优先序位"不同且处于动态变化中。一般认为,在

[①] 毕跃光:《民族认同、族际认同与国家认同的共生关系研究》,中央民族大学博士学位论文 2011 年。

[②] 王强、王瑜卿、秉浩:《民族意识与公民意识、民族认同与国家认同:相协调还是相对立?——民族理论前沿研究系列论文之六》,《黑龙江民族丛刊》2012 年第 5 期。

民族国家中，体现国家认同的公民意识代表统一的国家意志，是第一位的，民族意识反映民族认同体现的是民族结构与文化的多元性，是第二位的。也即是说，"民族成员的国家属性应是第一位"，甚至说"还应把民族意识融汇在更高层次的国家意识中"。①

在少数民族国家认同范例中，认同主体是少数民族，回到这个主体上来，更多的问题是集中在族群认同与国家认同关系上的。也就是说，需要将民族认同的广义与狭义含义区分对待。少数民族的国家认同在一般意义上指的是主体的广义民族认同与国家认同的"一体范畴"，从文化认同的角度讲，这种一体性的认同范畴基于一种普遍文化认同，国家是"国族文化的象征"，国家即民族国家，是国家政治组织形式与民族文化的统一。所以，所谓"认同冲突论"的结论在很大程度上是对"族群认同"与"国家认同"关系的反映，而非广义的民族认同与国家认同。对族群而言，当其对中华民族产生积极认同，实则是产生了积极的国家认同。但由于国家认同的实质是政治认同，换言之是主体公民意识的养成，那它与民族意识确实是有区别的，从这个角度看，广义的民族认同与国家认同之间也存在着质的区别。于是有学者提出，要在"公民国家"框架下才能实现民族意识与公民意识、民族认同与国家认同的共生，这是一种超越"民族国家"

---

① 王强、王瑜卿、秉浩：《民族意识与公民意识、民族认同与国家认同：相协调还是相对立？——民族理论前沿研究系列论文之六》，《黑龙江民族丛刊》2012 年第 5 期。

的框架。① "现代国家构建的过程是解除旧有的忠诚，形成普遍意义的现代公民的过程。"②

如果说民族认同与国家认同的关系是靠主体的"心世界"联系起来的，也就是说它们是反映在主体内心世界中的不同认同心理，是"心"促成了两者差异性、并存性、序列性与共生性等关系形式；如果说民族认同与国家认同在社会实践层面上是靠主体的行为实践而变得关系化，使得人们可以从主体的行为中推断出国家认同与民族认同的关系性；如果说国家利益大于一切其他利益，国家政治形式高于一切的存在形式，促使人们始终朝着一种国家取向而建构其理论形态上应然的关系构型。那么，不可忽视的是，文化认同作为最为根本性的认同实践，它是根本上联结起族群认同、民族认同与国家认同的中介，文化的共同性程度决定了各种认同形式的范围及其对于人类群体的利益与生存。我们知道，中华民族文化是镌刻于每一个中国人心中的文化结构，亦即中国人的文化性格，而中华民族是中国疆域内各族群融合的结果，它包含着各族群的文化基因，表征着全体中国人的文化共同性，所谓"中华民族的一体性"不但表明中华民族是高于各少数民族的实体存在，还意味着全体人民存在着共同的、普遍的文化性格。所以，对少数民族而言，对中华民族文化的认同程度可

---

① 明浩：《从"民族国家"走向"公民国家"——当前民族研究的困惑与出路》，《南方周末》2010年10月21日。
② 孙杰远：《少数民族学生国家认同的文化基因与教育场域》，《教育研究》2013年第12期。

以直接反映其民族认同与国家认同程度。当然，对少数民族的大民族文化认同有着极大制约作用的是文化融合程度或文化交流程度。在现代文化融合日趋强烈的情况下，各族群的民族文化认同也是愈加强烈的，"文化融合得越多，文化认同与国家认同重叠部分就会越大"①。但在文化融合进程中，很多少数民族开始滋生出一种"文化认同反弹"现象，即开始意识到本族群文化的重要性和敏感性与自身文化传统的逐步消释，并指出"汉化"破坏性，从而产生了文化融合抵抗心理和本族文化复归的强烈意识，其族群文化认同凸显出来。这进一步造成了对国家文化的抵触和国家认同的削弱。对此，"我们必须在历史进程之中，把国家认同置于文化认同之上，用公民的国家认同促进文化认同。我们需要的是更多的'我们'和共同性，而不是彼此的'他性'和差异。共同性是可以在历史空间中形成和增加的"。"既然民族平等是中国民族政策的基石，那么平等的民族就应该在国家认同方面完全一致，所以国家认同应该高于各民族的族群认同。民族平等，不是为了维持差异，而是为了构建共同性。……应该通过构造中华民族文化共同的文化基础和文化象征符号的重建，增加民族认同与国家认同的重叠内容，甚至使这两种认同完全一致，形成统一的中华民族。"②我们需要"建构多元文化场域和提炼少数

---

① 韩震：《论国家认同、民族认同及文化认同——一种基于历史哲学的分析与思考》，《北京师范大学学报（社会科学版）》2010 年第 1 期。
② 同上。

民族国家认同的文化基因:中国民族意识,即对中华56个民族文化本原及其共通共生的知觉与民族大家庭的归属;文化观念,即中华民族历史文化符号的接受;国家意识,即对国家主权和国家利益的捍卫"[①]。

四、结论

概而言之,在现实意义上,民族认同与国家认同的关系具有历史、场景、地域、主体(性别、年龄、职业等)、族别的限定性与具体性,是复杂而动态的。同样,这些因素也会导致国家认同、民族认同与文化认同等在不同维度上存在差异。一般意义上,对我们这样一个国家来讲,国家意识和国家认同的逻辑起点就是族群成员的自我意识、生命归属的伦理、乡愁和社会性,进一步上升为群体的归属感、上升为民族意识、上升为文化关怀,再进一步达到国家意识和国家认同。从整个社会发展现状和态势来看,民族认同与国家认同之间的共生性程度远大于两者之间存在的张力与矛盾。具体的历史情境的认同主体,其民族认同(族群认同)感与国家认同感的作用关系不同。根据认同本身的特点和个体认同结构的多重性,民族认同与国家认同反映到个体的心

[①] 孙杰远:《少数民族学生国家认同的文化基因与教育场域》,《教育研究》2013年第12期。

理世界中，其关系形态会受到主体的价值观、心理与性格变化的影响，从而也体现出一种不确定性和动态性。在理论意义上，民族认同与国家认同代表着不同的认同心理或认同现象，其内涵所指具有差别，这种差别是两者关系的基本特征，并且从国家与民族的概念推演中，完全可以得出两种认同现象的包含关系、序列关系。在应然的理论价值取向上，国家认同一般是高于民族认同（族群认同）的，民族认同是小我，国家认同是大我。广义上的民族认同与国家认同具有一体性，两者存在特质差异，国家认同突出政治认同取向，而民族认同则体现为一种根本性的文化认同。文化认同是促成民族认同或族群认同与国家认同关系化的主要中介，普遍的文化共同意识深刻反映出族群的国家认同现状，尤其是国家认同中的文化认同向度，而公民意识才是国家认同最为本质的呈现。

第二章 国家认同的基本样态：自在本源与自觉意识

国家认同是人类普遍的、最高级的认同形式，国家共同体作为人类"想象的共同体"表达出的正是人类结群意识和归属的最高诉求。千年的世界历史图景已雄辩地证明，国家是直至目前为止最具普遍效力的政治组织模式，是人类不断创造文明的强大保障及动力源泉。古代国家到现代国家的演变进程，是国家外延形式或形态不断更新发展的进程，其作为公共权力与政治组织的基本性质并没有变化，这表明国家一经产生之后就成了一种具有永恒意义的存在物。不过，国家存在的根本性支持力量源于一种无形的国家意识或国家认同，国家共同体的历史性流变是促成国家更替的直接因素，而国家共同体作为"想象的共同体"则是国家意识塑造的产物。在民族国家中，国家作为"想象的共同体"与"民族"具有天赋惊人的弥合性，在历史与地理疆域框架之下，国家共同体与民族共同体既是"自觉"与"自在"在国家认同下的"无形物"又是实体。"自觉"与"自在"不仅是国家认同的基本样态，还是国家共同体的基本样态。

第一节　自我意识与生命意识作为
　　　　国家认同的自在本源

"自在"表达的是一种实然与本然状态，它不属于人类主观建构的范畴，但可以在人类主观意识的支持下具有永恒的历史存在感。自我意识是人类的基本意识，生命意识是自我意识的伴随物或重要构成，都是人类的"自在物"，是国家认同的自在本源。国家认同是人类高级自我意识的表达，国家共同体是自我意识在超越了自身之后的一种最终归属，具有自我意识的终极意义。"作为人类与生俱来的自我意识、生命归属的伦理、乡愁、社会性以及由此而产生的群体归属意识、民族意识与文化关怀，共同构成了国家意识与国家认同的逻辑起点。"①

一、自我意识：人类原始的自在本性

人首先是以自我而存在的，自我意识首先表达的是人对个体自我存在感的叩问，这也是人与其他动物最为基本的区别。美国人类学家罗伯特·F. 墨菲认为，自我意识是人的大脑和高度复杂

---

① 孙杰远：《少数民族学生国家认同的文化基因与教育场域》，《教育研究》2013 年第 12 期。

的中枢神经系统的产物,"作为意识思维的副产品,这在某种方面可以说是全部人类意识的一个组成部分和我们本质上孤独的理由。矛盾地看,自我的根本孤立,正是人类社会性的主要源泉,因为世界上的人都通过拓展关系及于其他人而克服孤立"。在墨菲看来,人是文化的动物,而自我意识正是"社会与文化的产物","我们的文化,填充了许多自我想象的内容"。[1] 康德也说:"人能够具有'自我'观念,这使人无限地提升到地球上一切其他有生命的存在物之上,因此,他是一个人。"[2] 群体意识或说自我意识中的群体意识并非天生,在个体自我意识之初主要表达的是个体关于自我的意识,因此起初个体即为个体,是一个人,即便有人说"人的天然孤独感是导致人走向共同体依附的根本原因",但这也是后来的事情,是人进入文化情境之后开始意识到与他者的联系之时才有的现象。当然,这并非意味着人的自我意识中的个体意识与群体意识是隔离或断裂的结构,在人的发育与社会化进程中,这两种意识具有紧密的历史连续性和自我同构感。

自我意识中的自我不是纯粹的自我,而是比较或相对的自我。也就是说,人的自我意识实际产生于人置身于其中的联系物与文化环境。如果说,文化环境出现于人类创造文化之后,那么这里的联系物则从原始意义上的人类的诞生就已存在,比如从母

---

[1] 〔美〕罗伯特·F. 墨菲著,王卓君、吕迺基译:《文化与社会人类学引论》,商务印书馆 2009 年版,第 40—47 页。
[2] 〔德〕康德著、邓晓芒译:《实用人类学》,重庆出版社 1987 年版,第 1 页。

体中降生则必然依附于母体，是一种血缘联系。古希腊智者所提出的"我是谁？"、"我从哪里来？"、"我要到哪里去？"的自在叩问，就蕴藏着人类起初将自己与世界相联系的潜意识以及个体在他者之中反观自我的思考。正是这样一种自我意识，人类使自我普遍性地概念化并将自我与他人相区分，"精神在躯壳之内只能作为孤独的漫游，只有在自身的外部联系，在社会关系中才能找到生命"[1]。也就是在文化环境及与他者比较中才能真正感知自己和发现自己，才能意识到独立的自我，并与社会建立自觉的联系。

关于自我意识，综合各种说法不一的观点，可以确定为两个基本观点。一是认为自我意识是主体对自己身心活动的意识，比如："自我意识是相对于关于外部对象的意识而言的……关于外部对象的意识是主体对外部事物的反映，其客体是外部事物。而自我意识是主体对自身的一种能动反映，认识对象是自己，主体既是意识的主体，又是意识的客体，主客体直接同一。""自我意识是主体对自身的感知、自我分析、自我评价，进而对自身的活动和情绪进行自我控制。"[2] 二是认为自我意识不仅是主体意识到自己，还包括对自己与客观世界的关系的意识。[3] 很多学者倾向于第

---

[1]〔美〕罗伯特·F. 墨菲著，王卓君、吕迺基译：《文化与社会人类学引论》，商务印书馆2009年版，第49页。
[2] 吕爱兰：《自我意识：人类意识的一种独特形式》，《武汉大学学报（人文科学版）》2003年第5期。
[3] 周文彰：《论认识活动中的对象意识、自我意识和实践意识》，《天津社会科学》1989年第5期。

二种观点，比如徐杰舜教授就认为，"所谓自我意识，应该是主体在对象性关系中对自身及其与对象世界的关系的意识"，进而"民族意识，就是一个民族对于自己以及对自己和周围关系的意识"。① 当然，也存在一种较为综合性的观点，即"自我意识是对自我及其周围关系的意识，包括个体对自身的意识和对自身与周围世界关系的意识两大部分"②。无疑,自我意识是辩证统一于人类实践当中的，并不绝然分开，向内与向外是自我意识的两个层面或维度。人类自我意识统一于人类实践，意味着它产生于个体自我实践，这种实践包含最初意义上的生命诉求和后来的社会化诉求。

黑格尔将自我意识分为三个阶段：一是"单个自我意识"阶段，即意识到自身的存在，自身同一性和同其他客观的区别，形成对自身作为一个独立单位的意识；二是"承认自我意识"阶段，其前提是人际关系的产生，人意识到自己是为他人存在，从他人身上认知自己的特点，从而对自身单个性的意识发展转化为对自身特点的意识；三是"全体自我意识"阶段，这时，相互作用的"自我性"掌握了家庭、乡里、国家以至一切美德——爱情、友谊、勇敢、诚实、荣誉的共同原则，不仅意识到自己的差异，而且意识到自己的深刻共同性以至同一性。③ 这是一个感知

---

① 徐杰舜：《民族自我意识是社会文化变迁的内在动力》，《中央民族大学学报（社会科学版）》1997年第4期。
② 孙圣涛、卢家楣：《自我意识及其研究概述》，《心理学探新》2000年第1期。
③ 〔苏〕伊·谢·科恩著，佟景韩、范国恩、许宏治译：《自我论》，生活·读书·新知三联书店1987年版，第31—32页。

自我→承认自我→群体自我的渐进过程,它统一于纵向历史维度与横向社会文化维度所构型的整体人类实践框架之中。如马克思所说:"人不是在某一种规定性上再生产自己,而是生产出他的全面性;不是力求停留在某种已经变成的东西上,而是处在便易的绝对运动之中。"① 根据此,民族自我意识也可分为三个阶段:第一是族体自我意识阶段,其标志是族称的确定;第二是性格自我意识阶段,即在民族交往中确定本民族性格,"一个民族民族性格的形成、发展与演变,与该民族文化系统的形成、发展和演变是同步进行的";第三是社会自我意识阶段,即意识到自己在民族之林中的地位与责任,同时能够在民族比较中激发民族精神、树立民族自尊心。② 认同作为人类自我意识的集中呈现,它将在很大程度上反映出个体自我意识的形式、水平与特点。即是说个体自我意识的演进规律可以折射出个体认同也是从原始的自我认同到共同体认同的发展过程。个体是群体中的个体的现实性,首先建立在个体自身的现实之上,个体在对象物中感知与承认自我的前提是个体已经意识到自己的存在。

人类实践是人类生命活动与文化活动的统一,文化活动是人类生物生命与精神生命的共同实践。从而,人类的自我意识产生于特定文化实践的事实将不可否认,"人的实践活动的展开过程

---

① 《马克思恩格斯全集》(第46卷·上),人民出版社1979年版,第486页。
② 徐杰舜:《民族自我意识是社会文化变迁的内在动力》,《中央民族大学学报(社会科学版)》1997年第4期。

就是个体自我意识的确立过程,同时也是文化形成的过程,个体的自我意识随着人类文化实践活动的丰富而逐步深化"①的事实也将不可否认。以实践为中介,从人类开始认识自己,直到现代积累起来的一切人文知识,都是人类自我认知的成果、人类自我意识自觉反思的结果。②于是,自我意识形成的过程实质为个体逐步建构文化认同的过程,从个体的文化自觉到个体对共同性文化的追求,反映了人类在社会化进程中逐渐从个体走向共同体的普遍本性。同时,我们也可以说,"正是人以自己的'有意识活动',创造着作为文化的时间延续性的人类自身的历史"③。包括文化转型也是在这种意识性力量的支撑作用下形成的,其秘密在于:"一方面,人有着与动物不同的活动器官和肢体,因而人能够用自己的肢体活动和器官活动来'创造'一个现实实在的为人的世界;而另一方面,一个更重要的方面,就是,这种活动总是以人的意识作为文化进步的绝对必要的关键环节的。具体的说,人的每一个文化进步,都是人'有意识地'思考原有的现实生活状况的结果。"④人的自我意识意味着人在自我意识支持下的不断生长与进化,也意味着人作为文化的动物其"新文化属性"的生发与文化创造力的生成。以自我更新为原始冲动的自我意识成了人类不断进化、人类文化不断进步的根本力量,所以才有"文艺复兴

---

① 焦丽萍:《个体自我意识与文化认同》,《理论学刊》2008 年第 8 期。
② 同上。
③ 李鹏程:《论文化转型与人的自我意识》,《哲学研究》1994 年第 6 期。
④ 同上。

使人们抛掉了那个被称为'思想的迷误'的环节,而把人自身的现实作为本真的存在来思想、来考察:对于'我是什么?'的问题的回答,从'上帝仆人'变成了'我自己';从'上帝所造于世上的有罪之人'变成了'有人格尊严、有自由意志、有自我目的的、自在自为的存在者"①。

在历史进步与变迁的大进程中,自我意识成了最为根本性的推动力量。自我意识的存在是人类原始欲望的本然与自在表达,它象征着人类逐渐从无知走向理性、从本能走向伦理、从个体自我走向群体自我。人类实践是文化的实践,也即是人类在自我意识支配的文化创新实践,"人类社会历史的每一次重大发展变化,都不是'从物象到物象'、'从实体结构到实体结构'的直接性的'自我转变'过程,而是人的活动。而人的活动又是以人的意识图像为基础的;人的意识图像中的核心部分,是人的自我意识中的自我文化形象"②。因此,文化转型也可视为从人的自我意识开始的,"首先是人对自己的生命存在的最终意义的重新设定,然后在这个设定的基础上,重新形成新的人性规定和人格形象,重新形成新的伦理准则和新的道德规范,重新形成人对物质事象世界以及文化实体结构世界的崭新关系,从而形成新的世界图景和新的社会理想,即自我意识的嬗变"③。也就是说,文化转型在根

---

① 李鹏程:《论文化转型与人的自我意识》,《哲学研究》1994年第6期。
② 同上。
③ 同上。

本上是人类自我意识的嬗变，这表明人的自我意识不但是人类进步的基础、历史变迁的力量，还是历史自在进程。

马克思主义哲学认为人的自我意识源于人与其实践的互动，或说主体对自身及其实践活动的能动反映，是属于人的（人作为实践主体与认识主体）的机能或属性。"人则使自己的生命活动本身变成自己的意志和意识的对象"，"有意识的生命活动把人同动物的生命活动直接区别开来。正是由于这一点，人才是类存在物"。[①]因此，"自我意识是人的'类特性'"[②]。滕尼斯是马克思主义共同体思想的主要传承者，他在《共同体与社会》一书中对马克思共同体思想进行了深刻的说明。以"人的意志"为基本点，滕尼斯认为，人的意志分为本质意志和支配意志。人的本质意志包含着发展为共同体的条件，而支配意志包含了产生社会的前提。在他看来，共同体是人的本质所在。因为意志是人的最为特别的属性，人生下来就有共同体的本质意志，他说："一切亲密的、秘密的、单纯的共同生活，（我们这样认为）被理解为在共同体里的生活。……人们在共同体里与同伙一起，从出生之时起，就休戚与共，同甘共苦。"[③]如果说这样的共同生活形成了人类最初以血缘、地缘关系为纽带的共同体，那么除此之外的其他

[①]《马克思恩格斯全集》（第42卷），人民出版社1979年版，第96页。
[②] 吕爱兰：《自我意识：人类意识的一种独特形式》，《武汉大学学报（人文科学版）》2003年第5期。
[③]〔德〕斐迪南·滕尼斯著、林荣远译：《共同体与社会：纯粹社会学的基本概念》，商务印书馆1999年版，第53页。

生活则不在原初的共同体之内,即社会,如滕尼斯所说,"社会是公众性的,是世界。人们走进社会就如同走进异国他乡","社会应该被理解为机械的聚合和人工制品",①"共同是古老的,社会是新的"②。由此看来,社会也只是"原始共同体"的产物。这里所谓原始共同体,在滕尼斯看来,正是"建立在有关人员的本能的中意、习惯制约的适应或者与思想有关的共同的记忆之上的血缘共同体、地缘共同体和宗教共同体"③,比如家庭、氏族、族群和民族,它们"是一种持久的和真正的共同生活",是一种原始的或者天然状态的完善的统一体。④ 而马克思在《1857—1858年经济学手稿》中也曾明确地表达了这种"自然性共同体"的思想,他将自然形成的共同体视为部落共同体,即天然共同体——"自然形成的部落共同体(血缘、语言、习惯等等的共同性),或者也可以说群体,是人类占有他们生活的客观条件和占有再生产这种生活自身并使之物化的活动(牧人、猎人、农人等的活动)的客观条件的第一前提。"⑤ 也就是说,人类社会化生产和社会分工的第一前提即为自然共同体。在此,可以看到滕尼斯不但继承

---

① 〔德〕斐迪南·滕尼斯著,林荣远译:《共同体与社会:纯粹社会学的基本概念》,商务印书馆1999年版,第63页。
② 同上书,第54页。
③ 陈东英:《马克思的共同体思想的主要来源和发展阶段》,《哲学动态》2010年第5期。
④ 〔德〕斐迪南·滕尼斯著,林荣远译:《共同体与社会:纯粹社会学的基本概念》,商务印书馆1999年版,前言。
⑤《马克思恩格斯全集》(第46卷·上册),人民出版社1979年版,第472页。

了马克思的共同体思想，也可以看到他对晚年马克思关于文化人类学的思想的发扬。在文化人类学视野里，他更关注的是一种传统意蕴的共同体内涵，而非有着现代社会或后现代社会意味的那种利益共同体或是基于权力的共同体。如鲍曼在《共同体》一书中所说："如果说在这个个体的世界上存在着共同体的话，那它只能是（而且必须是）一个用相互关系、共同的关系编制起来的共同体；只可能是一个有着做人的平等权力，和对根据之一权力行动的平等能力的关注和责任编制起来的共同体。"[1] 这明显反映出了鲍曼对后现代社会的深刻洞察。在这里，共同体有着明显的社会理性色彩与工具理性色彩，它脱却了滕尼斯所谓的天然性，而更像是滕尼斯所认为的那个靠支配意志建立起来的社会，它"产生于众多的个人的思想和行动的计划的协调，个人预计从共同实现某一种特定的目的会于己有利，因而聚合在一起共同行动"[2]。

二、生命意识：人类生命保存的普遍本能

马克思说："动物和它的生命活动是直接同一的。动物不能把自己同自己的生活活动区别开来。它就是这种生命活动。人则使自己的生命活动本身变成自己的意志和意识的对象。他的生命活

---

[1]〔英〕齐格蒙特·鲍曼著、欧阳景根译：《共同体：在一个不确定的世界中寻找安全》，江苏人民出版社2003年版，第186页。
[2]〔德〕斐迪南·滕尼斯著、林荣远译：《共同体与社会：纯粹社会学的基本概念》，商务印书馆1999年版，第iii页。

动是有意识的。这不是人与之直接融为一体的那种规定性。有意识的生命活动把人同动物的生命活动直接区别开来。"①"当人们自己开始生产他所必需的生活资料的时候(这一步是由他们的肉体组织所决定的),他们就开始把自己和动物区别开来。"② 概言之,人类有意识的生产生活实践创造了人类"属人的生命",具有自为特性。人的自我意识中,生命意识表达的是人的生命存在感和认同感,包括对生物生命的保全意识和对精神生命的建构意识,这构成了人的生命进化过程中的自在本能,它的存在表明:"人之为人,不是单纯的生命存在,有意义的生命才是存在的根本,人的生命质量要不断提升,不断超越和提升生命质量是人之生命的永恒追求。"③ 所以,人类不断繁衍和进化的历史进程又是人类不断创造生命意义和提升生命价值的文化史。

在最为基本的意义上,生命意识来源于人类自我意识中对生与死的知识、经验的洞悉。"关于死的确定性及死亡时间来临的不确定性的知识,在全部人类存在中引入了一种深为焦虑的调子","而人类面临死亡的认识恐惧是我们理解生命和自我的伴随物,生存斗争是全部有机生命的共同属性"。④ 对生命的眷恋、对生命延续的追求以及对孕育生命之土地的眷顾,实际上是人的一

---

① 《马克思恩格斯全集》(第42卷),人民出版社1979年版,第196页。
② 《马克思恩格斯全集》(第3卷),人民出版社1979年版,第24页。
③ 王北生:《论教育的生命意识即生命教育的四重构建》,《教育研究》2004年第5期。
④ 〔美〕罗伯特·F.墨菲著,王卓君、吕迺基译:《文化与社会学引论》,商务印书馆2009年版,第47—48页。

种生命的本能,是人类与生俱来的天然情感和一种永恒的精神追溯。人的这种生命意识促使人类必须在自身的生命实践中不断寻求生命栖息和长存的法则与知识,从而人的生命意识在间接意义上变成了"一切关乎生命知识"的意识,它包括了对人的生命本真的追问及生命存在法则的探索,在这样一个追问与探索的过程中,人最开始的纯粹生物生命意识逐渐演化发展为人类整体性生命意识,这种演化发展源自于人类文化实践中对生命知识的逐步创造与领悟以及对人的本质的认知。所谓整体性生命指的就是生命意识中关于生物生命与精神生命、自我生命与他者生命、人类生命与广大自然界之统合。人类关于整体性生命的认知源自于人类生命意识中的生命自觉也即对生命危机的反思,通过这种生命自觉,人类逐渐意识到自身与外界的紧密关联性、生命界限和生命伦理,这促成了人类历史上逐渐庞大而完善的生命知识体系。比如,老子在他的自然哲学中找到了人的生命的归宿,可谓从最为基本的意义上探索了关于人生命本体的知识体系。他指出了"自然的生命,是人之存在的如其本真;人的真实生命之本,根于道原玄德"。"人循道依德,是谓顺生,可得生命的自然长久;背道离德,是谓逆生,不能保全自己的生命。"[①]对于生命保全和人的生存问题,老子提出了"道"的学说,使人的生命与自然界、社会紧密地关联起来,指出只有遵循"大道玄德"才是人

[①] 王英杰:《老子自然主义的生存之道与人的生命自由》,《首都师范大学学报(社会科学版)》2009年第5期。

的生命本真。而马克思也立足自然指出了人的本质是自然界的一部分，他说："自然界，就它自身不是人的身体而言，是人的无机的身体。人靠自然界生活。这就是说，自然界是人为了不致死亡而必须与之处于持续不断的交互作用过程的、人的身体。所谓人的肉体生活和精神生活同自然界相联系，不外是说自然界同自身相联系，因为人是自然界的一部分。"[1] 如果这样的论述与老子的"人的自然本真"中关于人是自然本体的观点是一致的，那么马克思关于人的本质是"劳动"或"社会关系的总和"的观点则与老子的"玄德"具有一致的致思方式，也都是将人置于社会关系结构中进行考察。只不过，马克思更为理性地从人类实践的本质出发，而老子则是从"社会伦理"的角度论述了人的生命长存的合法性。马克思、恩格斯指出"人类实践的本质是劳动"，劳动构成了人与动物的本质区别："可以根据意识、宗教或随便别的来区别人和动物。一旦人开始生产自己的生活资料的时候……人本身就开始把自己和动物区别开来。""这些个人把自己和动物区别开来的第一个历史行动不在于他们有思想，而在于他们开始生产自己的生活资料。"[2] 换言之，"动物仅仅利用外部自然界，简单地通过自身的存在在自然中引起变化；而人则通过他们所作出的改变来使自然界为自己的目的服务，来支配自然界。这便是人同其

---

[1] 〔德〕马克思著、中共中央马克思恩格斯列宁斯大林著作编译局译：《1844年经济学哲学手稿》，人民出版社2000年版，第56—57页。
[2] 《马克思恩格斯全集》（第1卷），人民出版社1995年版，第67页。

他动物的最终的本质的差别，在造成这一差别的又是劳动"①。然而，"劳动"又是基于人的需要得以形成的必然性，马克思在论述劳动是人的本质的时候，还在更为深层次的意义上论述了需要也是人的本质。而这种需要正是产生于人类作为生命存在所本有的生命延续冲动，他说："任何人类历史的第一前提无疑是有生命的个人的存在。因此第一个需要确定的具体事实就是这些个人的肉体组织，以及受肉体组织制约的他们与自然的关系。"②这种需要具有"天然的必然性"③，并且是"作为人的生命活动的内在规定性，都是被意识到了需要"④。

寻求庇护和生命安全感是人类的普遍意识，这是促成人类从孤立走向联合的基本原因。如果说原始族群或部落是起源于人类共同的血缘、地域或经济方式，有着一种天然的纽带关系。那么，国家的形成除了具有权力演变的客观规律——从神权、私权再到国权的历史进化，还有人类自我意识中自在自为的生命保全的诉求。它促逼着人类要不断冲破威胁自身生命安全、生命自由的秩序与法则，重新建构新的秩序和寻求生命联盟，促发可获得更多生命自由和安全保障的机构或组织的产生——它将超越旧有的压迫式、危险性的制度与体制因素。当人们在古老的图腾与神权祈福中不能获得更多生命存在感并同时受制于威胁性权力时，

---

① 《马克思恩格斯全集》（第 4 卷），人民出版社 1995 年版，第 383 页。
② 《马克思恩格斯全集》（第 3 卷），人民出版社 1960 年版，第 23 页。
③ 《马克思恩格斯全集》（第 1 卷），人民出版社 1956 年版，第 439 页。
④ 赵家祥：《马克思关于人的本质的三个界定》，《思想理论教育导刊》2005 年第 7 期。

一种强烈的生命自觉将促使人类奋力创造有利于生命存在与延续的生命法则、伦理及保障机制。这构成了种族战争与族群联盟,并在最后形成了具有公共权力性质的国家形式,它成了人类生命归属的最高组织体,乃至人类历史中的王朝更替、国家换代及国家形式、机制与体制的变更都不间断地深刻地反映着人类的"生命意识嬗变"。

第二节 共同体作为国家认同的自觉意识

就共同体而言,斐迪南·滕尼斯认为其是"原始的或天然的状态",它与人类"与生俱来"的原生情结有关。[1]在历史唯物主义视野下,原始的或天然的共同体形态区别于原始人类以后的历史形成物——作为主观建构的共同体或"想象的共同体"与客观形成是实体联盟。当共同体在历史长河中自在自为地决定着其对于人类延续、文明进步的重大意义时,自觉意识支配下的共同体的诞生逐渐成为决定区域性、文化性、血缘性、政治性关系样态之下的共同命运,它成了个体或群体的自觉归属,同时又客观化为历史自在物。根据马克思主义的观点,当私有利益与公共利益发生矛盾、阶级斗争不可阻挡时,一种维护秩序、保障普遍

---

[1] 〔德〕斐迪南·滕尼斯著、林荣远译:《共同体与社会:纯粹社会学的基本概念》,商务印书馆 1999 年版,前言。

利益的政治共同体——国家就出现了。由于它代表的利益的普遍化使得它一度成为人类普遍想象的存在，也一度成为人类现实的"自由归属"。从而，国家不但成了人类最终极的"想象政治共同体"，还与"人的现实发展"紧密关联。

一、共同体的起源及其自在发展

共同体具有原始性和天然性，同时它也具有历史必然性和现实性。就是说，共同体是人类历史沿革中的客观必然物，它是自在自为和变化发展的。共同体演变的历史进程表明，共同体一方面是促进人类社会转型或文明转型的核心力量，同时人类的演化与文明的进步又在不断地塑造、建构着共同体的新形式。从人的主体性和意识之维来看，如前文所述，文化转型意味着人的自我意识的嬗变，而人的自我意识的嬗变才是文化转型的根本力量，从而共同体的转型无疑是人的自我意识嬗变所致。如是，共同体作为自在物可谓是人类自我意识嬗变的产物。不可否认的是，共同体作为历史现实物，它在根本上是由物质生产中的生产力与生产关系决定的，这是马克思主义的基本立场。所以，共同体在经由千年变更之后，终究回到了马克思主义的"自由联盟"——共产主义之上，得到了普遍认同。

在原始或天然的意义上，共同体是人类基于血缘与地缘的结合体，表明人类天生即为群性动物，如荀子云：人"力不若牛，走不若马，而牛马为用，何也？曰：人能群，彼不能群也"。亚里士多德指出,"人在本性上是社会动物",人和动物都有群居的本能,但人不同于动物,人需要结成家庭、村庄和国家,需要过社会生活。①马克思认为,"最早形成的血缘共同体产生于人猿揖别之初,人类之所以能够从自然界中脱颖而出,关键恰恰在于形成了以血缘关系为基础的原始共同体"②,人类原始本能中的生命意识,促使人类面对自然的险恶生存环境必须"以群的联合力量和集体行动来弥补个体自卫能力的不足"③。

审视共同体的演变历程,以血缘为联系的原始共同体是作为"人类生存手段"的自在存在。它作为一种最为基本的共同体单元,在人类进化进程中发生着无数次的演化与壮大,进而使其自身完成了从手段到目的的转化,成为人类最为普遍的生存方式。如果说,原始共同体是小共同体或共同体雏形,那么,产生于历史各阶段的氏族、族群、部落、民族、国家等共同体形式则是愈演愈大;如果说原始的血缘共同体具有自在的、天然的现实属性,那么伴随着人类历史中主体意识、自我意识的不断旺盛,一种自觉共同体或"想象的共同体"的诞生意味着人类已经超越了物质依附性,而逐步转向一种精神同一、伦理统一与政治同一的共同体趋向。土耳其民族主义思想家齐亚·格卡尔普基于对国家

---

① 赵家祥:《马克思关于人的本质的三个界定》,《思想理论教育导刊》2005年第7期。
② 康渝生、胡寅寅:《人的本质是人的真正的共同体——马克思的共同体思想及其实践旨归》,《理论探讨》2012年第5期。
③ 〔德〕恩格斯著、中共中央马克思恩格斯列宁斯大林著作编译局译:《家庭、私有制和国家的起源》,人民出版社1976年版,第31页。

演化的预测,从社会现实出发论证了共同体的发展历程。他指出:"当我们接受共同体是一个独立的社会现实时,我们只有从社会因素中寻找这一现象产生的原因。"①"人类共同体可以划分为两大谱系,即'原始共同体'和'民族',原始共同体是人类的早期社会类型,其形式是氏族,即人们通过宗教亲缘关系构成的家族群体"②,这又可以进一步划分为四种类型:(1)以氏族为基础的无差别的共同体,即以图腾而构成氏族;(2)以氏族为基础的有差别的共同体,此时出现了组织分裂和阶级等;(3)图腾组织全面退化的种族共同体,种族特质成了共同体的基本标准;(4)衰退的原始共同体。而"民族"也有四种:(1)神学的民族,源自神权的合法性基础与宗教意志的统治;(2)法定的民族,取决于世俗法律的产生和法定的政治权力;(3)文化的民族,文化构成了民族意识的具体表现,"当一个民族在普世文明机构中打上自己民族语言和民族气质的烙印时,它就变成另一个有独立文明的民族即文化民族";(4)曾经独立但在后来失去独立的民族。③

虽然我们不完全认同格卡尔普的观点,比如他在对原始共同体的划分中忽略了天然的血缘依附性共同体的探讨,但对于他

---

① Ziya Gökalp, "The Scientific Study of Communities", in *Turkish Nationalism and Western Civilization: Selected Essays of Ziya Gökalp*, trans & edited by Niyazi Berkes, New York: Comlumbia University Press, 1959, p.116.

② 转引自刘中民:《从原始共同体到民族共同体——齐亚·格卡尔普的土耳其民族主义思想研究(上)》,《西亚非洲》2008 年第 8 期。

③ 同上。

的基本思想是应该给予认可的,尤其是他在整体框架上站在社会现实立场论述的从原始共同体到民族共同体的演化历程。关于原始共同体与民族的属性,他认为前者是基于共同感情和信仰的社会,而后者是基于社会劳动分工的社会,这反映了社会演化逻辑对共同体的决定作用,符合共同体发展的基本历史逻辑。但他进行的"二元性"区分存在缺失,比如民族显然不只是基于社会分工的社会现实,它还是基于民族意识或民族认同建构起来的价值统一体、文化统一体和信仰统一体。不过,格卡尔普的最大贡献还在于他将民族与民族国家结合起来进行的探究,在把原始共同体过渡到民族共同体之后,进一步指出了民族意识与民族国家的统一历史进程,从而在最终意义上论证了民族作为政治共同体的社会必然性问题。他说:"民族必然通过中央集权化、同质性和劳动分工而成为一个民主社会。……它们的政治组织将趋向于宪政,法律将趋向于独立于宗教之外,社会将趋向于民主。宗教的现代化将成为必然,……现代文明不应该为宗教所垄断,以科学为基础的现代文明应能够包容信仰其他宗教的民族。民族……可以成为现代文明的单位。"[1] 从而在很大意义上阐述了现代民族国家的基本性质问题,虽然说他一直没有抛弃宗教范畴而纯粹站在政治共同体的立场讨论现代民族国家的属性问题,但从民族主义出发对现代国家的探索,无疑具有极大的现实意义。

---

[1] 转引自刘中民:《从原始共同体到民族共同体——齐亚·格卡尔普的土耳其民族主义思想研究(上)》,《西亚非洲》2008年第8期。

关于共同体的政治取向也即政治共同体思想，可以大致从希腊时期开始追溯至马克思主义的"真正共同体"。古希腊哲人在个体与共同体的关系中发现了共同体的政治价值取向，柏拉图将掌握了善的"哲学王"推崇为"理想国"的统治者，而亚里士多德在《政治学》的开篇中则坚称："所有城邦都是某种共同体，所有共同体都是为着某种善而建立的（因为人的一切行为都是为着他们所认为的善），很显然，既然所有共同体都在追求某种善，所有共同体中最高的并且包含了一切其他共同体的共同体，所追求的就一定是最高的善。那就是所谓的城邦或政治共同体。"并且，"如果早期的共同体形式是自然的，那么城邦也是自然的"，"由此可见，城邦显然是自然的产物，人天生是一种政治动物"。[1] 卢梭指出，只有社会契约建构的政治共同体才能实现人类自由与平等。费希特继承了这一观点，提出了"意志共同体"的构想。与此类似的是黑格尔，他认为，"由于国家是客观精神，所以个人本身只有成为国家成员才具有客观性、真理性和伦理性"[2]，从而建构起理论性国家概念和理性国家概念。他将国家视为"伦理理论的现实"，"是绝对自在自为的理性东西"。[3] 费尔巴哈在批判黑格尔的绝对思辨性基础上，指出："孤立的，个别的人，不管是作为道德实体或作为思维实体，都未具备人的

---

[1] 颜一编：《亚里士多德选集：政治学卷》，中国人民大学出版社1999年版，第3、6页。
[2] 〔德〕黑格尔著，范扬、张企泰译：《法哲学原理或自然法和国家学纲要》，商务印书馆1961年版，第254页。
[3] 同上书，第253页。

本质。"① "人与人的交往,乃是真理性和普遍性的最基本的原则标准"②,"人的本质只是包含在团体之中,包含在人与人的统一之中,但是这个统一只是建立在'自我'和'你'的区别的现实性上面"③。发展至现代社会,显然这一系列的政治共同体构想都已成为历史痕迹或永久的意识,我们可以承认它们在特殊历史阶段发挥的历史性作用以及它们最终成为的现实。但历史发展事实表明,人类的政治共同体的自觉意识将促使这种共同体最终走向一种现实的、真正的共同体。同时,人在历史长河中的凸显及人的现实理性与法治思维的进化发展,将使得人类的政治共同体更加趋向于一种实在的社会现实,而非"经院"、"伦理"或"虚幻的自由主义"。比如,费希特的法治共同体无疑渗透了充足法律理性,传达了以法律为基础或纽带的共同体的建构。这种共同体观念可以说是中世纪契约精神的产物,它从人的"自我保护"与"自我维权"的角度论证了人类对"法治共同体"的诉求,因为"实现这样的一种权力,依靠这种权力,能够强迫生活在一起的人们接受法权或他们大家必定都想要的东西"④。在这样的共同体当中,"共同体成员在执法方面既是法官,又是法律诉讼的一

---

① 〔德〕路德维希·费尔巴哈著,荣震华、李金山译:《费尔巴哈哲学著作选集》(上卷),商务印书馆1984年版,第185页。
② 同上书,第173页。
③ 同上书,第185页。
④ 〔德〕费希特著,谢地坤、程志民译:《自然法权的基础》,商务印书馆2004年版,第154页。

方"①,同时为保证公平,"共同体成员必须转让公共权力的管理权,把管理权让渡给一个或几个特定的人,他们在公共权力应用上始终管理负责的"②。

然而,真正的以法与权力为基础的政治共同体的建立,意大利的马基雅维利可谓是集大成者。他的《君主论》开启了近代政治思想发展史,以一种法的国家政治共同体意识超越了传统的、封建的、宗教式的虚幻共同体意识,尤其对托马斯·阿奎那"国家政治神的统治"的思想的批判。从而成为马克思言下那个真正开始"用人的眼光来观察国家"③的人,由此实现了国家政治共同体从中世纪到近代的蜕变,"为我们展现一个初具民族国家整体功能的国家形象",指出了分析国家政治共同体的三大要素:其一,国家是体现公民权利和义务的政治共同体;其二,国家是保障各种政治权势力量平衡的政治共同体;其三,国家是权力机构有效运作、发挥整体功能的政治共同体。④

但在马克思、恩格斯看来,马基雅维利虽然从"人开始观察国家",但也没有真正做到从历史唯物主义角度思考国家政治共同体问题。至于黑格尔、费尔巴哈、鲍威尔和施蒂纳等人的观点

---

① 〔德〕费希特著,谢地坤、程志民译:《自然法权的基础》,商务印书馆2004年版,第162页。
② 同上书,第164页。
③ 《马克思恩格斯全集》(第1卷),人民出版社1956年版,第128页。
④ 郭琳:《马基雅维利的国家政治共同体意识》,《上海师范大学学报(哲学社会科学版)》2014年第3期。

则是马克思、恩格斯批判否定的对象,它们连同资本社会的普遍政治共同体在马克思、恩格斯的历史唯物主义哲学审视中统统成为一种"虚假共同体"进而被视为历史尘垢。对于黑格尔的国家观,马克思指出其"表现了现代国家的未完成,表现了现代国家的机体本身的缺陷"①,"黑格尔把国家看作是伦理的实体,实质上是虚幻的。因为,国家只不过是一种'上层建筑',它的性质应该取决于'生产和交往',国家和社会的关系也只能在市民社会的交往中得到解释"②,有人将这种批判过程看作"国家祛魅"③的过程。对于鲍威尔和施蒂纳的国家观,马克思认为,鲍威尔展示了一种自我意识的国家观,施蒂纳则是一种"唯一者"国家观。对于前者,马克思指出,"他的所有努力,只不过是把'绝对精神'的国家变成一种'自我意识'的国家,把国家理想主义变成一种自由主义的国家思想。他对'现实的人及其各种关系'一无所知使得他对'国家'也一无所知"④。对于后者,马克思揭示其内含的小资产者的利己主义诉求和虚假的"同盟",指出"他把国家变成一个人,变成'掌权者',他的'唯一者'的联盟仍然

---

① 〔德〕马克思:《〈黑格尔辩证法〉导言》,载《马克思恩格斯选集》(第1卷),人民出版社1995年版,第9页。
② 转引自石德金:《从"虚幻的共同体"到"真正的共同体":〈德意志意识形态〉的国家观》,《现代哲学》2008年第2期。
③ 参见郁建兴:《马克思的"自由人的联合体"思想新译》,《政治学研究》2000年第2期。
④ 转引自石德金:《从"虚幻的共同体"到"真正的共同体":〈德意志意识形态〉的国家观》,《现代哲学》2008年第2期。

是与'鲍威尔的构思相同的幻想"①。这里的人并不是现实中的人，依然是一种抽象的、虚幻的人。对于资本主义社会形态中的国家的普遍本质，马克思首先从工具主义出发揭示了其虚幻共同体的本质，指出了国家作为统治阶级的工具的事实，即就现代国家作为资本主义国家而言，它"不外是资产者为了在国内外相互保障自己的财产和利益所必然采取的一种组织形式，……是与现代私有制相适应的"②。同时还更为深刻地揭示了资本主义国家形态中的"人的异化"实质，这从根本上反映了国家的"虚幻性"问题。在批判的基础上，马克思发展了赫斯的"共同体思想"，提出了"真正共同体"的观点。

赫斯从货币的本质出发论述了资本主义社会"共同体"的异化，认为资本主义社会中的劳动异化和人的异化是共同体异化的直接原因，而"货币"带来的个人异化则是根本原因，因为货币私有制的产生，使得以"类"为本质的人类成为彼此分离的个体，而重新组合起来的"类"则以脱离原有的介质，取而代之以"货币"为中介的人类联合体，是一种被货币所操纵的异类共同体，他把以货币为中介的人类交往视为非人的交往，"没有这种非人的交往手段，人就根本不能进行交往"③，它显然地表明了"共同体或者国家的本质是货币，人是一个工资的获得者，不

---

① 《马克思恩格斯全集》（第3卷），人民出版社1960年版，第411页。
② 同上书，第170页。
③ 赫斯：《论货币的本质》，载《国际共运史研究资料》（七），人民出版社1982年版，第205页。

过是一个破旧钱袋的追逐人。钱袋是立法者，而不是人"[①]，从而深刻地批判了资本主义社会的社会本质。他还指出，"如果我们不向共产主义过渡，我们就只会彼此使对方毁灭"[②]，"我们所渴盼的那个共同体是有机的共同体，通过强烈情感、必然性的痛苦刺激，作为我们所有力量的发展的最高结果，才能实现"[③]。并且，这样的共同体不是力图实现同质化或一致性的共同体，而是"自由共同体"，它将完全反映为超越了私有资本主义社会的那个平等、公正而自由的共产主义社会。在这里，人们的劳动不再是异化劳动，而是人类与劳动本身实现协调发展的实践过程，这个实践过程中，"自由与平等、个体生活与公共生活的统一，这个过程，这种个体化的类的真正生活，就是自由共同体，就是由类的真理和统一向不同个体的自由现实、又从这种个体的自由现实返回到本质即类的不同表现的统一或社会生活产物的过渡"[④]。但在马克思看来，自由共同体并非是由"强烈的情感、必然性痛苦刺激"为纽带，他从社会实践理性的角度出发来对"自由共同体"进行说明，认为自由人的联合体是利己和利他本性的统一，社会交往理性及人的本性要求人必须相互结合才能达到真正的自由

[①] 赫斯:《论货币的本质》，载《国际共运史研究资料》(七)，人民出版社1982年版，第181页。

[②] 同上书，第180页。

[③] 同上书，第181页。

[④] 转引自侯才:《青年黑格尔派与马克思早期思想的发展》，中国社会科学出版社1994年版，第191页。

解放。所谓的"爱"和道德伦理、教育等都由社会决定,"在共产主义社会中,即在个人的独创的和自由的发展不再是一句空话的唯一社会中,这种发展正是取决于个人间的联系,而这种联系部分地表现在经济前提中,部分地表现在一切人自由发展的必要的团结一致中,最后表现在以当前的生产力为基础的个人多种多样的活动方式中"①。这其实在实质上体现为马克思历史唯物主义哲学的几个基本观点,即关于人的本质是一切社会关系的总和的观点、社会物质实践决定意识形态的观点以及人的全面发展的思想。在马克思的思想体系中,始终贯穿的核心问题就是人的全面发展问题,同时必须将之置于现实的社会条件和社会实践历史中进行考察和讨论。所以,关于共同体,他始终把"人的自由"建立在现实的社会生产基础上,人只有在劳动中才能实现自由,而劳动才是自由的人的联合体得以产生的介质,通过正常劳动建立起来的自由共同体正是一种无产阶级共同体或工人阶级共同体,是政治解放而产生的自由联合,而反过来,"只有在共同体中,个人才能获取全面发展其才能的手段,也就是说,只有在共同体中才能有个人自由"②,从而才能使得人全面占有自己的本质,占有自己同世界的一切关系,他批评道:"资本主义社会通过货币为中介,社会失去共同体本质,已不能实现它的'个性'或'人的

---

① 〔德〕马克思、恩格斯:《德意志意识形态》,人民出版社2003年版,第100页。
② 《马克思恩格斯选集》(第1卷),人民出版社1995年版,第119页。

普遍利益',并沦为'普遍的虚假的共同体'"①,只有在"控制了自己的生存条件和社会全体成员的生存条件的革命无产者的共同体(无产阶级共同体)中,情况就完全不同了。在这个共同体中各个人都是作为个人参加的。它是各个人的这样一种联合(自然是以当时发展的生产力为前提的),这种联合把个人的自由发展和运动的条件置于他们的控制之下"②。在这里,"每一个单独的个人的解放的程度是与历史完全转变为世界历史的程度一致的。置于个人的真正的精神财富完全取决于他的现实关系的财富,……只有这样,单个人才能摆脱种种民族局限和地域局限而同整个世界的生产(也同精神的生产)发生实际联系,才能获得利用全球的这种全面的生产(人的创造)的能力"③。

故而,"如果说,在血缘共同体中,依附于共同体的人是不自由的,而在政治共同体中,处于异化状态下的人所拥有的自由只是虚幻的,那么,只有在真正的共同体中,作为自由的有意识的个体而存在,人才能真正实现自己的自由"④。在马克思的眼中,只有真正实现了人的自由的共同体才是真正的共同体,因为人的自由发展才是马克思和恩格斯毕生奋斗的最终目标。⑤ "共同体中

---

① 〔德〕马克思、恩格斯:《德意志意识形态》,人民出版社2003年版,第63页。
② 同上书,第66页。
③ 同上书,第33页。
④ 康渝生、胡寅寅:《人的本质是人的真正的共同体——马克思的共同体思想及其实践旨归》,《理论探讨》2012年第5期。
⑤ 叶汝贤:《每个人的自由发展是一切人的自由发展的条件——〈共产党宣言〉关于未来社会的核心命题》,《中国社会科学》2006年第3期。

各个人都是作为个人参加的。它是各个人的联合，是把个人的自由发展和运动的条件置于他们的控制之下的联合。"① 但这种共同体，在马克思看来也还是一种长久的愿景，它仍然是一种"想象的共同体"——"个人在现代生产力和世界交往所建立的基础上的联合"——共产主义社会。②

二、自觉性共同体及其价值图景

当马克思的真正共同体似乎成为世界性真理的时候，借助马克思的历史唯物主义哲学，我们很难将其真正的共同体作为我国共同体发展的实在形态。在长远的未来（共产主义时期），我国社会历史文化所能提供的想象更切近目前我国作为典型民族国家的事实。现代意义上，中华民族作为自觉的民族实体是在与西方列强的对抗中产生的，即"想象的共同体"在很大程度上符合当前我国共同体的自觉形态，而真正的共同体则要在民族国家的基础上方能进一步实现。在民族国家，"国家共同体的形式存在，是公民将国家视为想象的共同体。同时国家认同作为一种重要的国民意识，是现代国家合法性基础，也是维系国家存在和发展的

---

① 广松涉：《文献学语境中的〈德意志意识形态〉》，南京大学出版社 2005 年版，第 128 页。
②《马克思恩格斯全集》（第 3 卷），人民出版社 1960 年版，第 516 页。

重要纽带"[1]。在这个意义上，民族国家的政治共同体并非纯粹是意识或意志之外的客观存在，由纯粹的生产力与生产关系决定。国家认同中公民对国家深厚的历史文化积淀、价值观、信念、国家主权等的认同（情感归属、文化皈依、乡愁等）将作为主要力量支撑着一种以文化认同为根本力量的国家共同体的存在。

当本尼迪克特·安德森审慎地将民族界定为"一种想象的政治共同体"时，民族与国家则紧密地联合了起来，现代民族国家的诞生将表示着民族作为文化共同体与国家作为政治组织形式之间的重合性。这里，政治共同体不是以"法理性"为基础的纯粹国家机构，而是一种"感性文化"与"法理性"融合而生的现代政治形式。它不是马克思主义意义上建立于生产关系与物质基础上才能存在的真正共同体，对安德森或众多民族学家、人类学家而言，共同体更是一种主体心灵深处的建构物，即由自我意识、民族意识、文化意识与共同体意识建构起来的一种"无形的力量与家园"。在这里，人的自由全面发展的物质基础与生产关系或许并没有形成，但一种具有向心力和价值同一性的共同体得以建构，它将为共同体成员提供动力支撑和心灵皈依。历史唯物主义是一种客观的、合理的和现实的哲学范式，马克思的哲学在现实上是基于对资产阶级的经济基础、经济模式获得劳动关系的批判，人也是劳动关系网络中的人，现实的人也就是实实在在

---

[1] 孙杰远：《少数民族学生国家认同的文化基因与教育场域》，《教育研究》2013年第12期。

的劳动者。严格来说,马克思的真正共同体内涵中是缺少意志因素的,他提出真正共同体直指资产阶级的异化、生产关系和劳动的异化,最终是为了把异化劳动中的人解放出来,从而获得自由发展的权力与空间。实际上,关于民族与政治的结合、文化传统与"人的自由全面发展"、道德伦理与政治等的关系问题在马克思真正共同体范畴中并没有充分体现,或者说它们都不构成真正共同体范畴的主要内容。可以说,马克思的真正共同体是建立在他的经济原则和理性原则之上的,而关于人的发展并非是"教育意义上、文化意义上、民族意义上"的发展,而是"经济人"的发展。

在宏观上总结西方"共同体"的观点,有几个方面需要注意:西方社群主义的基本观点是,"共同体优先于自我和个人,共同体的善优先于个人的利益、自由和权利。社群主义力图以共同体(或社群)的历史传统说明自我人格和德性的生成及发展,希望恢复一种人性的、社群的道德生活"①。"当代社群主义关注的是在现有的政治制度下如何保存和发展传统的共同体价值,关注的是某一国家、民族的价值,不管现实是否具有剥削性或异化性,而马克思探讨的是整个人类的共同体问题,关心的是在现代资本主义条件下,资本对现实的侵害形成的人和人之间共同体关系的破裂,关注的是经过革命以后的真正共同体的建立。"②也就是说,

---

① 陈东英:《马克思的共同体思想的主要来源和发展阶段》,《哲学研究》2010年第5期。
② 同上。

马克思实际在全人类意义上以真正共同体来对资产阶级社会的异化本质、"虚假政治联盟"本质进行批驳，以此来发展宣扬自己的"共产主义观"。

对于马克思的真正共同体概念，我们同样需要依据马克思主义辩证法加以看待。尤其要把真正的共同体概念置于东方民族国家之上进行验证，更需进行一种"历史人类学本体论"的考察。当前，刚步入社会主义初级阶段是我们的基本国情，然而在根本上，必须正视我们是古老的民族国家，虽然中华民族的自觉实体第二次觉醒于20世纪中叶，但第一次却是发生于夏周时期，中华民族作为自在的民族实体从夏周时期延续了几千年。中国的政治基因与民族基因具有千年历史性的交融特征，这在世界范围内都具有独特性。当前，全球化趋势正加剧中国与世界的文化联系，其间上演着愈演愈烈的文化同化与文化融合，但正是这样的全球性文化局势却逐步引发了我国全体民族成员的文化自觉性，这种文化自觉性又进一步塑造和唤醒国人的民族认同与国家认同——通过深刻的文化认同建构起来。在此意义上，我们离马克思说的真正共同体的距离还无限遥远。对于我国而言，或许真正的共同体指向的更是一种以文化、情感、价值观、信仰的同一性而建构起来的"民族—政治共同体"。

在全球化文化格局趋于交融的背景下，我国要走上马克思所谓的"真正共同体"还需经历两个阶段：一是"民族—政治国家认同"阶段，二是"公民—政治国家认同"阶段，也就是民族国家和公民社会的建立。民族国家的建立与我国社会主义初级阶段的国情相适应，社会主义核心价值观的建设无疑与国民的民族认同、国家认同具有重叠性。但由于当前我国的社会转型与文化转型特征非常显著，且这种转型的方向是朝向西方社会与文化模式去的，这意味着国民正面临着价值观的重塑和文化认同、国家认同与民族认同的重构问题。庆幸的是，很多研究表明，我国国民的普遍文化认同心理中都存在着一种深深的文化自觉意识和民族自我意识，这对于我国 21 世纪乃至更长远的"民族—政治国家认同"发展来讲无疑是有益的。

我国的国家认同是与民族认同、文化认同交融在一起的。这样的认同特点决定了我们不能沿用或移植西方诸多"非民族国家"且经历资本主义社会形态的国家的共同体思想，一种纯经济理性、工具理性和法治理性的国家共同体观念无疑不是目前乃至更长时间之后所能实现的。我国的文化根性、民族特征与中国人的价值取向、普遍性格特征等对我国新世纪国家共同体的存在形式、特点、走向等具有决定性的制约作用。一种想象的共同体才是中国国家共同体的现实反映，它建构于全体国民的基本意识之中，成为一种自觉性的共同体建构。换言之，有形的国家机构与政府组织显然不是中国国家共同体的全部内涵，而无形的想象的共同体才是中国国家共同体的本质，它存在于主体的深层意识中，成为主体对国家、民族的基本价值取向、情感归属与生命之家。

第三章　少数民族文化与国家认同的历史脉络分析

　　民族孕育文化，文化赋予国家以灵魂。国家的产生与发展是民族与文化发展的结果，国家的发展又进一步推动民族与文化的繁荣。民族认同的产生是由民族矛盾所致的民族意识与民族身份的凸显，国家认同的产生则对应由国别所致的国家意识与国家身份的觉醒。任何民族或国家的存在都有其内外因素的历史积淀。根据费孝通对"中华民族多元一体格局"的界定，少数民族文化场域中国家认同的发展可分为自在和自觉两种形态。由自在走向自觉的意识样态转变记录了国家认同的演化历程，而多元一体的中华民族文化场域中自在与自觉形态下的国家认同的具体进程及其效果如何，均是深入研究国家认同必须厘清的问题。

第一节 多元民族文化场域中国家认同的自在发展

多元民族文化场域中国家认同的自在发展，经过了一个漫长的人类历史演变过程，粗略来看，可以分为氏族和部落时代、早期国家时代和成熟国家时代三个阶段。

一、氏族和部落文化中的族群认同

人类原始家庭成员的关系纽带和认同基础是血亲关系，家庭是最早自然形成的组织形式。当以家庭为主要关系的组织扩大到氏族阶段，氏族成员之间的关系纽带就由原来的血亲关系扩大到姻亲关系，这意味着在氏族阶段场域中，人类的认同从最初的家庭式的血亲关系扩大到了氏族式的姻亲关系。在我国的古史传说当中，曾经存在三大氏族集团，这已被大多数学者承认，它们分别是：华夏集团（炎黄集团）、蚩尤集团（即苗蛮集团）和东夷集团。这三个氏族，最终以战争的方式融合，形成了以黄帝为首的大型部落。

当人类社会从氏族阶段发展到部落阶段，认同也出现了早期的抽象含义，即表现在一定的文化符号中。最明显的表现在于每一个部落都有一个特定的名称，这是区别于自身部落和他族部落的一个重要标志。"摩尔根对美洲易洛魁人塞讷卡部落的8个氏族进行考察,发现它们全都以动物的名称命名,分别是狼、熊、龟、海狸、鹿、鹬、苍鹭和鹰。"① 这些动物由于自身某些方面的特征,在被选作氏族的名称的同时,已经超越了动物的一般特征,抽象成为氏族成员认同的图腾,受到全体族人的崇拜。当部落和部落之间在交往的时候,族人之间的认同,不仅从姻亲关系中获得,也从部落中抽象的图腾文化符号中获得。

二、早期国家文化中的王朝认同

当部落发展到一定程度,就必然趋向于灭亡,取而代之的是早期国家的出现。"马克思、恩格斯的国家理论,主张国家由部落发展而来,符合中国实际。中国是个历史极其漫长而从未间断的文明古国。中国部落制必定经历了由低级到高级直至消亡(转化为国家)的完整发展过程,……氏族社会的基础在不断瓦解,阶级社会的基础与秩序在不断构建之中,而当群内聚落发展成金字塔形等级结构时,表明新的社会分层秩序已完全取代了昔日的平等原则,植根于原始共产制的氏族社会,已被建立在私有制基础上的阶级社会所取代。所以,当群体的中心聚落已具都城性质时,部落已转化为国家。"② 这一时期的认同,随着部落的分化和

---

① 《马克思恩格斯选集》(第4卷),人民出版社1995年版,第81页。
② 张学海:《新中原中心论》,《中原文物》2002年第3期。

金字塔形等级结构的出现，早期国家开始出现，抽象的国家概念的认同基本取代了可感知的姻亲关系的认同。

（一）夏商周时期的王朝认同

我们所界定的中国早期国家，包括了夏、商、西周和东周（春秋和战国）两个大的阶段。中国早期国家形成于夏朝的观点，已基本上成为考古学界和史学界的共识。夏朝改变了部落时代的"禅让制"，开创了中国将近四千年的世袭王位之先河。夏朝的行政区域共分为"九州"：冀州、兖州、青州、徐州、扬州、荆州、豫州、梁州、雍州。"九州"也成为早期中国概念意义上的疆域认同，在众多政治和文学作品中被经常使用，而且延续至今。夏朝的后人，常以"华夏"自称，其概念和"九州"一样历久弥新。"九州"和"华夏"都成为中国的代名词。

至殷商时期，国家的因素则明显增强，以文化共同体为基础的国家认同成为这一时期的重要特征。"考古学家认为，综观各地发现的殷商时期的方国遗存，一个以殷帝国为核心的文化共同体已经在黄河、长江中下游的广大地区确立，这种情况是前所未有的。这也为以后的汉族为中心的多民族的文化统一体奠定了坚实的基础。"[①] 商朝也是中国历史上第一个有文字记载的王朝，考古出土的甲骨文和金文记载是目前已经发现的中国最早的成系统

---

① 中国社会科学院考古研究所编：《新中国的考古发现和研究》，文物出版社1984年版，第224页。

的文字符号。这意味着,商朝的国家认同,已经从抽象的国家概念上升到成系统的抽象文字符号,这也是人类发展史的一次巨大进步。

"西周王朝建立之后,持续对四土进行大规模的政治、军事经营,不仅开拓出了辽阔的疆域,而且也使得西周时期的天下政治格局焕然一新。西周王朝是一个拥有'中国'、四土、四国及部分多方、不廷方之地的统一的主权国家(或称领土国家)。西周王朝所开拓出的疆域,构成了历代中原王朝疆域的主体,奠定了以后历代中原王朝统一的政治地理基础;同时,西周王朝通过对四土、四国之地的大批封建以及军事征服,从而使得西周王朝的千里邦畿和辽阔的四土、四国之地已紧密地联为一体,夏、商以来林林总总的国、族一统于周天子的统治之下,从而开创了'溥天之下,莫非王土;率土之滨,莫非王臣'的崭新的政治局面,并在此基础上建立起中国古代统一的中央集权制国家的早期模式。从此,天下一家的观念已深入人心,民族融合以空前的速度进行,从而为中华民族铸造了一种经久不衰的凝聚力。"① 显然,西周时期的王朝认同,具备了统一意义上的中国雏形,王朝的认同自家而上至周天子,构成了中国人几千年的"家天下"观念。

---

① 周书灿:《从早期国家结构的基本形式看秦汉大一统政治的社会基础》,《河北师范大学学报(哲学社会科学版)》2002年第6期。

（二）春秋战国时期的王朝认同

公元前 770 年，周王朝迁都洛邑，历史进入东周（春秋和战国）时期。东周的前半期，诸侯争相称霸，持续了二百多年，称为"春秋时代"；东周的后半期，周天子地位渐失，各诸侯相互征伐，持续了二百多年，称为"战国时代"。[1]春秋时期，东周王室衰微，齐、晋、宋、秦、楚等中原诸侯国互相攻伐和兼并，史称"春秋五霸"。面对外族的入侵，周天子不得不求助于各诸侯国，而各诸侯国也以"尊王攘夷"的口号自卫。战国时期，群雄兼并愈演愈烈，至中期时，秦、楚、韩、赵、魏、齐、燕等成为七个主要大国，史称"战国七雄"。春秋和战国时期的国家认同，也呈现出不同的内涵。秦国利认为，春秋时期"因为同时存在周天子和诸侯国君，忠君的内涵容易模糊，国家观念的二元化，导致对国家的忠诚也可以有不同的解释。臣属从一个诸侯国逃到另一个诸侯国理论上仍然是周天子的陪臣。这可以看作是贵族出奔的理论依据和道义基础"[2]。可见，春秋时期的国家认同是属于二元结构的。而战国时期的国家认同，则呈现出一元的结构。顾炎武认为："春秋时，犹尊礼重信，而七国则绝不言礼与信矣。春秋时，犹宗周王，而七国则绝不言王矣。春秋时，犹严祭祀，重聘

---

[1]《史记·卷四·周本纪第四》：平王立，东迁于雒邑，辟戎寇。平王之时，周室衰微，诸侯强并弱，齐、楚、秦、晋始大，政由方伯。

[2] 秦国利：《春秋时期贵族出奔考论》，《史学月刊》2009 年第 6 期。

享,而七国则无其事矣。春秋时,犹论宗姓氏族,而七国则无一言及之矣。春秋时,犹宴会赋诗,而七国则不闻矣。春秋时,犹有赴告、策书,而七国则无有矣。"① 从这里可以看出,国家认同已经从春秋时期的二元结构(即对日渐衰微的东周与日渐壮大的诸侯国的国家认同并存)转变成战国时期的一元结构(即对单个诸侯国的国家认同)。

春秋战国时期的国家认同,已经逐渐从周天子过渡到各诸侯国国君,但是中国人内心中的"大一统"意识却根植于心。张功认为,战国后期的政治家已经在构建大一统的国家格局,如"《史记》卷83《鲁仲连列传》、《荀子·强国》,《史记》卷78《春申君列传》、《韩非子·初见秦》等文献都记载了鲁仲连、荀况、春申君黄歇、韩非等政治家的国家统一思想"②。这表明,战国时期的各国人民在经历长期的战乱后,强烈渴望实现如西周王朝一般的天下一统局面,这也为秦统一中国奠定了社会思想基础。同时,由于各国相互竞争,人口流动频繁,各族文化也得到充分的交流,出现了中国历史上的一次文化发展高峰。

三、成熟国家文化中的国家认同及结构

对"中国"认同的清晰表述,主要处于成熟国家的时代,即

---

① 顾炎武著、黄汝成集释:《日知录集释》(卷13),岳麓书社1994年版,第467页。
② 张功:《战国后期统一国家设想探析》,《秦汉研究》2009年第3期。

从秦汉王朝开始。这是因为秦王朝第一个成为真正意义上的统一的朝代,而秦汉王朝所构建的君主专制主义中央集权政治框架在中国历史发展上延续了两千余年。

公元前221年,秦始皇统一六国,建构了中国国家统一的新格局,其开创的中央集权和郡县制一直沿用到明清。郡县制作为中国的地方行政制度,其最初的目的是秦王朝巩固中央集权,其深远的意义在于促进了华夏民族的统一和稳定。

中国人的国家认同,由氏族和部落时代、早期国家时代便是自发性的发展,在成熟国家时代便得到清晰的表述,这个演变是一个自在发展的过程。因此,钱穆认为,"秦灭六国,非由秦人统一中国,乃是由中国人自臻于统一。秦二世而亡,而中国人之统一则仍继续。此乃中国人建立了中国,非由中国来产生出中国人"[①]。在成熟国家时代,国家认同的结构呈现出比较清晰的框架,具体可分为疆域认同、政治认同、民族认同、文化认同。

(一)秦汉王朝的疆域认同

1. 秦王朝的疆域认同

秦王朝北击匈奴。匈奴的起源至今仍是众说纷纭,但毫无疑问,在战国末期,这是一个异常彪悍的游牧民族,《史记》提到匈奴民族"逐水迁徙,毋城郭常处耕田之业,然亦各有分地。毋文书,以语言为约束","士力能弯弓,尽为甲骑。其俗宽则随

---

① 钱穆:《中国思想通俗讲话》,生活·读书·新知三联书店2002年版,第98页。

畜，因射猎禽兽为生业，急则习战攻以侵伐"（《史记·匈奴列传》）。司马迁提到"当是之时，冠带战国七，而三国边于匈奴"，这三国便是燕、赵、秦，由于经常受到匈奴南下的侵扰，这三国都曾经在各自的国土北部边境修筑长城，以抵御入侵。秦始皇横扫六国后，继承了原战国时秦、赵、燕三国的北方边疆。为了解除日益强大的北方匈奴的威胁，始皇三十二年（前215年），"始皇乃使将军蒙恬发兵三十万人北击胡，略取河南地"。次年又"西北斥逐匈奴。自榆中并河以东，属之阴山，以为四十四县，城河上为塞。又使蒙恬渡河取高阙、阳山、北假中，筑亭障以逐戎人。徙谪，实之初县"（《史记·秦始皇本纪》），并且"筑长城，因地形，用制险塞，起临洮，至辽东，延裹万余里"（《史记·蒙恬列传》）。《汉书》也记载，"秦灭六国，而始皇帝使蒙恬将数十万之众北击胡。悉收河南地，因河为塞，筑四十四县城临河，徙谪戍以充之"（《汉书·匈奴传》）。秦王朝沿用、修葺和连接了原赵、燕的北边长城，还在阴山北麓新筑了约600公里的长城防范匈奴。于是，秦王朝的长城就包含了今洮河以北整个河套地区，直至辽东半岛在内的广大地域。

秦王朝连通西南夷。"当时分布在黔中郡和巴郡西南部即今云南、贵州西部及四川西南部的少数民族，被统称为西南夷。西南夷主要是濮族，其中也掺杂着一些氐羌人和百越人。濮族，也称巴濮，为上古三苗之后裔，起源于金沙江和濮水（今云南省境内的河底江）流域，并很快发展到巴中（属今四川），在那里便形成了相对独立而强大的部族集团——巴人。周代以后，濮族迁入古荆州,活动于江汉之间,继又转向西南,散居于沅水、延江水、兰苍水、周水等流域(包括云南永昌附近)。"① 早在战国时期,秦惠王就通过修栈道的方式把大量的秦军输送到巴蜀之地,以便控制当地的"夷民"。秦始皇时,将过去的栈道修葺为"五尺栈道",通过栈道与西南夷地区进行经常性的物品交换和文化交流,目的是将皇帝的旨意传输到西南边陲,发展当地的生产力,教化当地的百姓。同时,西南夷地区的制茶文化和技术,也向外传播到中原地区,对整个中华文明的发展具有重要的意义。

秦王朝南征百越。"越族祖先是我国古代三大部落集团之一的三苗氏。越人起初活动在洞庭湖一带,后来其分布范围逐渐向外扩展,并在春秋时建立起一个强大的政权——越国。越国亡后,族人四散,遍布我国东部、南部边疆,不断繁衍生息。战国时,人们因其族势兴盛,数目众多,地区广阔,所以又称百越。在秦朝初年,越族主要有四支或四大部分,即为东越(瓯越)、闽越、南越、西越(西瓯)。其中,西越在今广西东部;南越的活动范围从五岭直达南海,在今广东、广西及贵州与广西连接地带;闽越则在今福建;东越的地盘在今浙江省南部和福建北部的山区(后来内迁到江淮间)。始皇二十五年(前222年),始皇派大将王翦率第五军远征东越,占领了古之震泽,即吴王阖闾弟夫之封地(太湖流域),于该地设会稽郡,命官治理。待秦兼并六国后,又于始皇二十八年(前219年)秋,令屠睢统领大兵

---

① 李进:《秦朝的边疆经略》,《中国边疆史地研究》1997年第3期。

50万，再次进攻百越。第二年（前218年），夺取了闽越地盘，降服其首领，建立了新的行政辖区闽中郡。随之，转伐西越、南越。当时使尉屠睢的50万兵马分为'五军'，一军塞镡城之岭，一军守九嶷之塞，一军处番禺之都，一军守南野之界，一军结余干之水。军马未动，粮草先行，组织军需供应乃是举行战事的必要或必备条件。千里征战，运资转饷十分困难，不得已，负责后勤的使监禄，着手主持开凿运河——灵渠，以通粮道，运送给养。在此期间，主将针对形势，乘机休整军旅，蓄积力量。至始皇三十三年（前214年），又发动新的攻势，与西瓯（骆越）在西南郁平即今广西红水河左岸激战，夺其地，灭其君，设置桂林郡和象郡。继而攻占了交趾一带之南越地，设立了南海郡，最后完成了秦始皇兼并百越的统一大业。此三郡之范围，西接滇越（怒江以左），东至会稽，北起九嶷岭，南临儋耳（今海南省）。括并百越，本是秦始皇权欲利欲的某种满足，但从另一方面讲，百越归秦，有利于当地资源的开发和越人之民族社会的整体性发展。灵渠全长34公里，灵渠的开凿，不仅是当时军需供应通道的完成，而且也是民间交通或地方航运事业的一项重要性建设。它的建成，既解决了当时的兵饷运转问题，也促进了中原地区和岭南地区之间的经济文化交流，成为古代南方的一条交通大动脉。后人曾称其为'三楚两粤之咽喉'，足见其作用之重大。同时，人们还利用灵渠的泄水设施，引溉田地，服务于农业。它对秦朝开边曾有助益，也是秦朝劳动人民改造自然、开发地利的一个英雄的壮举。"① 南征百越之后,"为了保持岭南的稳定,秦始皇命进军岭南的将士留守当地'屯戍'。另外,还从中原向岭南地区大批移民。留守的将士和移民,除少数与中原移民女子结婚外,其余多娶越女为妻。他们为岭南地区带来了先进的文化和农业、手工业技术,为岭南的发展做出了重大的贡献。秦平岭南的战争是秦始皇统一中国战争的重要组成部分。它在历史上第一次正式将岭南纳入了中国的版图,使越族正式成为中华民族大家庭的一员。它对促进汉越民族的融合及岭南社会政治、经济和文化的发展都起着不可忽视的作用"②。

2. 汉王朝的疆域认同

公元前202年,刘邦建立了汉王朝。他主张"无为而治",休养生息,使各地流民重新回到了国家的编户之中。这样,既减少了国家的动乱、增加了社会的稳定,也使百姓重新回到土地上发展农业,推动了社会经济的恢复和发展,使国家的生产力得到迅速恢复。"无为而治"的治国方略在汉惠帝、吕后、汉文帝和汉景帝时期得到更大范围和更高程度的实施,出现了历史上著名的"文景之治"。此时,汉朝达到空前繁荣,人民生活得到极大提高。因此,国民对国家的认同感日渐加深,国家的向心力得到极大的提升。同时,汉朝初期的历代皇帝,面对北方强大的匈奴,均采取了和亲的政

---

① 李进:《秦朝的边疆经略》,《中国边疆史地研究》1997年第3期。
②《秦南征百越:岭南首次纳入中国版图》,南方网,http://www.southcn.com/ent/zhuanti2/qinhan/news/200304200297.htm

策，缓和了匈奴与汉朝的民族关系。

　　汉武帝即位时，国家富裕，匈奴的势力也已强大，其日益扩张形成了对汉朝的包围之势，也使得汉朝周边民族对国家的离心力倾向也日益明显。汉朝与匈奴的和亲政策，虽然带给汉朝良好的外部发展环境，但匈奴还是不时侵扰汉朝边境的居民。于是，汉武帝采用"以攻为守，以战止战"的策略，多次派卫青、霍去病等大将攻打匈奴，歼灭其主力，迫使其远徙漠北。到汉宣帝时，南匈奴二十万人降汉，入居塞内，北匈奴西迁，越过中亚进入欧洲。最终，持续了三百年之久的匈奴民族终于退出亚洲的历史舞台，从而结束了"南有大汉，北有强胡"的局面。对于西域的扩张，在攻打匈奴的同时，汉武帝便派张骞出使西域，使天山南北和中原连成一体，所开辟的长安通往地中海东岸的"丝绸之路"影响深远。同时，汉武帝派兵在从敦煌至盐泽（今新疆罗布泊）的道路上沿途建立亭障，实行屯田，到汉宣帝时，在乌垒（今新疆轮台东）正式设立西域都护，至此，西域三十六国全部纳入中国版图。对于西南夷的扩张，汉武帝派唐蒙和司马相如出使西南夷，说服夜郎、滇、邛都、筰等少数民族归汉，并在那里设置犍为、牂柯、益州等七郡，使西南各族与汉族之间的关系日益密切。汉武帝还沿用了秦王朝的郡县制，在岭南设置南海等九郡，将分散的越人纳入体制中，也使岭南地区纳入中原，奠定了祖国的南疆。汉武帝通过五十年的开拓，使汉王朝的疆域达到空前的广阔，北达贝加尔湖，南抵岭南，东临大海，西抵巴尔喀什湖和葱岭。汉武帝时期是汉朝的极盛时期，也是中国历史上第一次大规模的扩展期,这一次疆域的扩展,为现代中国的广大疆域奠定了初步的基础。

(二)秦汉王朝的政治认同

1. 秦王朝的政治认同

秦始皇统一中国后,结合了法家治国的理念和战国以来各国的官僚制度,在中央政府机构,设立了"三公九卿",即丞相、太尉、御史大夫称为"三公",奉常、郎中令、卫尉、太仆、廷尉、典客、宗正、治粟内史、少府称为"九卿"。无论是"三公"还是"九卿",都由皇帝任免,且一律不得世袭,打破了贵族终身制的传统,激励了人才的向上流动,其变革具有重大的意义。同时,在全国设立了36个郡(后来增至40个),郡设郡守、郡尉和郡监;郡以下设县,有县令(长),尉、丞;县以下设乡、里、亭(刘邦原来就是泗水亭的亭长)。通过这样逐层的政府管理制度,秦始皇建立了广大有序的金字塔式的国家政治网络,将全天下的权力集中到自己手上,作为国家元首,也被称为"始皇帝"。他强化中央对地方的控制和管理,旨在为秦王朝的万世统治提供强有力的保障。很显然,中央集权制度体现了"海内为郡县,法令为一统"的一体化格局,相对于周王朝的地方分权贵族制度来说,具有划时代的意义,它对于维护国家统一和民族团结有着深远的历史意义。

2. 汉王朝的政治认同

汉王朝初期,刘邦采取黄老之术和"汉承秦制"相结合的治国方针，即在国家上层极力推行黄老之术，推行"无为而治"，而在县级以下的政权则采用了秦王朝的各项政治制度，以期国家的稳定。汉武帝即位后，接受了董仲舒的思想，以儒学代替了黄老学说，初步实现治国思想的转变。同时，为了加强皇帝的权威、削弱丞相过大的权力，以便更好地实施自己的战略意图，汉武帝采用"另起炉灶"的策略，选择了一帮有识之士，组成了一个"中朝"班子，使"中书"、"尚书"等机要大臣绕过丞相参与国家大事，并直接听命于自己，撇开了丞相对国事的重大参与权，从而确立了皇帝独一无二的权威地位。

(三) 秦汉王朝的民族认同

1. 秦王朝的民族认同

秦王朝治理边疆少数民族的政策有：①在中央设置"典客"、"典属邦"职官和机构（典客所掌"蛮夷"为"归义"者，即秦王朝周边的少数民族，具有友好往来的性质；典属邦所掌"蛮夷"是"降者"，即是经过征服而降附的仍然有很大势力和政权组织的少数民族或部落，如西南地区的"秦惠王并巴中，以巴氏为蛮夷君长"[《后汉书·南蛮列传》]，这"巴中蛮夷"，就是秦王朝的属邦之一）。②在边疆少数民族聚居地方设立"道"建置（在郡下设"道"，是对于少数民族聚居地区的设置。道是县级行政区划，是县的特殊形态，即边疆少数民族聚居地区设置的"道"，与内地汉族地区设置的"县"，是同一级的行政区划建置）。③对北方强大的匈奴遣军讨伐。④对南方百越进行平定。

⑤制定少数民族法规"属邦律"(秦王朝"属邦律"条文,从它的内容来看,有涉及少数民族聚居地区的道官有输送隶臣妾或收捕人的义务的;有涉及属邦中的少数民族首领犯法可以以爵赎免的;有涉及管束其为奴的少数民族人民不许逃离主长、其子孙也要世代为奴的;还有涉及夷、夏通婚后所生子女的族属问题,以及保护少数民族首领的继承人问题等等。"属邦律"所规范的问题相当广泛,表明秦王朝的民族法制大大地向前推进了一步。秦王朝的"属邦律"是我们这个多民族国家历史上的第一部少数民族成文法律)。⑥对靠内少数民族少量征收(秦王朝对臣属较早的靠近内地的蛮夷,如巴郡、南郡、黔中郡蛮,规定少量征收赋税)。⑦对边远少数民族只贡献方物(边远地区的少数民族,如东边朝鲜,西边临洮、羌中等地的少数民族,因秦王朝实际统治势力所不及,仅有些声威影响而已,故这些边远地区的少数民族,就一年或二年三年贡献些土特产或珍奇物品就罢了)。⑧修筑通往边疆民族地区道路(在少数民族地区修筑"青衣道"、"五尺道"、"新道"、"江东道"、"直道"等,客观上促进了少数民族经济和社会的发展)。⑨移民边疆民族地区屯垦开发等(秦王朝施行移民屯垦政策,或为了分化敌对势力,或为了巩固边疆统治,或为了解决戍边军粮供给,先后向边疆地区进行了多次大规模的移民屯垦。秦王朝施行的移民边疆屯垦政策,不仅解决了当时的戍边驻军和派往官吏的供给,使边疆民族地区得以统治稳定、边防巩固、版图完整,而且带去了先进的生产工具和技术,先进的种植经验,必然会加快边疆民族地区的社会经济发展步

伐。同时，数以百万计的移民与当地民族长期相处，自然产生民族融会，必然会加强边疆民族的向心力和凝聚力）。①

2. 汉王朝的民族认同

汉王朝继承了秦王朝的民族政策，在中央设有专管民族事务的职官，如"典客"、"典属国"；在地方上设置的民族治理机构主要有"道"、"属国"和"初郡"。同时，汉王朝在民族政策方面做出了开创性的调整，如与匈奴和亲政策、大规模移民政策等，使"汉人"作为华夏民族的称谓得到最大范围的认同。

一是汉王朝对匈奴的和亲政策。汉初，刘邦采取与匈奴和亲的政策，避免双方的武装冲突，为汉朝的巩固和发展争取充分的时间与空间。与匈奴的和亲政策，开汉族与少数民族融合的先河。和亲政策自汉高祖、汉惠帝、汉文帝、汉景帝直至汉武帝初年，一直奉行不变，成为汉王朝初期对匈奴政策的主要内容。同时，和亲政策使汉族和匈奴从长期以来的战争状态转化为姻亲缔结关系，为汉民族与少数民族的融合，乃至中华民族的大一统提供了血缘以及文化上的认同。

二是汉王朝对西域各民族的政策。汉朝与西域的交往，始于汉武帝建元三年（前138年）派遣张骞出使西域。"据《汉书》和《后汉书》的《西域传》的记载，汉武帝时西域有36国，西汉哀平以后至东汉，自相分割出50余国。西域的民族分布很复

---

① 龚荫:《秦皇朝民族政策述论》,《西南民族学院学报（哲学社会科学版）》1998年第2期。

杂，各地的经济状况也有较大的差异，其中以畜牧业为主的有婼羌、鄯善、西夜、蒲犁、乌孙等国，以农耕为主的有于阗、莎车、疏勒、龟兹、焉耆等国，兼事农耕与畜牧的有车师前、车师后、蒲类、蒲类后等国。"① 汉通西域后，在西域设立行政机构进行统治。国势强盛的汉王朝，与西域各族进行空前繁荣的交往活动，其民族被西域各族称为"汉族"，军队被称为"汉军"，百姓被称为"汉人"。经过数百年的密切交往，西域各族已经加入到中华民族大家庭中，完全成为汉王朝的一部分，而汉王朝已经成为一个统一的多民族国家，西域各族对汉王朝的认同也达到新的历史高度。

三是汉王朝对百越各民族的政策。汉王朝建立初期，对百越采取了"和集百越"的民族怀柔政策。其基本做法是："以百越各民族地方政权为汉王朝的外诸侯国，任用原越人首领为王，除国王为汉朝天子封爵和按时朝贡外，国王之下的一切臣僚都由国王任命，与汉朝辖区设有边关。这种外诸侯国与汉王朝之间是一种藩属关系，本身具有很大的独立性。"② 南越国由赵佗所建，他是秦王朝恒山郡真定县（今河北省正定县）人，原来是秦王朝南海郡龙川令，秦亡后建立南越国，自立为"南越武王"，采用了秦王朝的制度统领越人，使南越国成为百越的政治文化中心。赵佗后来接受了汉高祖刘邦赐给的"南越王"印绶，归顺汉王朝。至

---

① 汪高鑫：《汉代的民族交往与民族融合》，《学习与探索》2013 年第 1 期。
② 同上。

汉武帝，南越国丞相吕嘉起兵反叛，杀死主张归顺汉王朝的南越王赵兴，后被汉武帝发兵擒杀。汉武帝收服南越，并设置儋耳、南海等九郡，后又设交趾刺史总领，岭南越族自此完全融入中华民族。闽越国由越王勾践后代无诸所建，秦末与众诸侯灭秦，后又联合刘邦击败项羽。汉王朝建立后，无诸被刘邦下诏"为闽越王，王闽中地"(《汉书·卷一·高帝纪下》)，也是汉王朝首封的少数民族异姓诸侯，闽越国由此成为汉王朝的诸侯国。无诸死后，其子孙北并东瓯，南击南越，成为一股威胁汉王朝政权的强大的割据势力。汉武帝击败匈奴后，即刻发兵收服闽越，并且为了消除后患，将闽越部分上层迁往江淮内地，毁其城池宫殿。自此，闽越民族彻底融入中华民族大家庭。

(四) 秦汉王朝的文化认同

1. 秦王朝的文化认同

秦王朝的文化认同研究，当然绕不开对秦文化的梳理，尤其是秦国以法家思想治国，到秦王朝建立后秦始皇"焚书坑儒"专制文化的这一阶段。

公元前 359 年，秦孝公广纳贤才，力排众议，起用商鞅实施两次变法。商鞅变法使秦国变得强大起来，更重要的是，它是一场革命性的变革，因为它从整体上重新构造了秦国的社会结构，使秦国的专制主义文化和制度走在各国前面，并彻底改变了秦人的价值观念，使全体秦人认识到法家思想在富国强兵上的重要性，形成了"以法为教、以吏为师"的法制主义观念。

公元前247年，秦王嬴政即位。为了从文化和思想上对七国进行整合，为建立统一的封建中央集权制寻找理论根据，以便统一后提高国人对秦王朝的认同，吕不韦组织门客编纂了《吕氏春秋》。这是一本经典的杂家著作，"因为它是一次目标明确的成功的思想文化整合的成果。它力图将七国地域文化的精华熔铸在一起，为未来统一的帝国奠定行政的理论基础"①。可以说，《吕氏春秋》是一部杂糅了各家学派，强调"服人以德不以力"的经典杂家著作，为秦统一六国后实行休养生息的政策提供了理论支持。不过，后来《吕氏春秋》被秦王嬴政废弃，也使统一后的秦王朝丧失了文化转型和认同的可能性。嬴政亲政后，极力推崇法家文化。统一六国后，秦始皇不仅从军事上进行开拓，也从文化上进行整合，主要采用"书同文、度同制、车同轨、行同伦"的统一措施。"书同文"，原因在于，战国时期，各国文字均具有地域性，而统一后文字的差异影响了文化和经济的交流，也影响了中央政府法令的有效推行。文字的统一，在使民众对于国家的认同中，无疑起到最重要的作用。为了中央集权统治的需要，秦始皇命李斯等人对文字进行改造和统一。李斯等人以秦人通用的大篆为基础，吸取齐鲁等地的蝌蚪文笔画简省的优点，创造了"秦篆"（后人称"小篆"），且李斯作《仓颉》七章、赵高作《爰历》六章、太史令胡毋敬作《博学》七章作为全国规范字帖，并使之

---

① 孟祥才：《论秦文化对东方六国文化的两次整合》，《烟台大学学报（哲学社会科学版）》2005年第4期。

通用于全国，大大提高了文字的书写效率。这是历史上第一次文字上的大变革，对我国文化的发展起到了重要的推动作用，促使国民形成中华民族的共同心理。度同制的推行，使得全国的经济能够得到有效的融合和发展。车同轨，使得秦始皇能将军队快速地运送到全国各个地方，对维护秦王朝的统一起到了很大的作用。"行同伦"就是端正风俗，建立起统一的伦理道德和行为规范。"书同文、度同制、车同轨、行同伦"的统一措施无疑具有积极的意义，为新生的秦王朝提供了国家认同的文化框架。

统一后，秦始皇招揽了全国各地有名望的知识分子共70余人聚集于咸阳，任命为博士，作为行政顾问。这样以来，就汇集了天下各种流派的思想，包括法家、墨家、儒家、阴阳家、道家、名家、杂家等。在进行文化整合的过程中，秦始皇以法家为主，吸纳了其他学派的思想，意在为统一的中国提供理论依据。然而，"焚书"与"坑儒"两大事件，标志了秦王朝文化整合与认同的失败。

秦始皇在对国民进行文化认同和思想整合的过程中，目的是以原秦国的法家文化为主，兼收其他六国的地域文化为辅，迅速地整合形成一种国民普遍认同的国家文化。但这是一种不切实际的做法，因为自战国以来，各家学派百家争鸣、百花齐放，思想必定是多元的，突然用异域（秦国）的文化去迫使其他地区的人认同，短时间内确实是一件几乎不可能实现的事情，而国家意识的形成，是一个比较长的历程。然而，秦始皇和李斯等人却没有先人的经验借鉴，在横扫天下的头脑发热中，急于对思想和文化进行强硬整合，要求所有国民在对国家的认同心理结构上保持一致，乃至采用"焚书坑儒"这样暴力的军事手段，其结果是使众多汇聚于咸阳准备为新生的秦王朝效力的知识分子非常寒心，以至于朝堂之上无人敢对秦始皇和李斯提出不同的意见。很显然，秦始皇采用政治手段和残暴的军事手段强制推行的文化整合是失败的，不仅没有使国民形成对国家认同的心理结构，反而激起了众人的愤怒，最后使秦王朝离心离德，可以说是中国文化发展史上的一次大倒退。

2. 汉王朝的文化认同

汉朝建立之初，刘邦将秦王朝繁琐的朝仪制度以及严刑峻法一并革除，只保留了极为简单的礼节，为维持国家的稳定以及激发社会的活力起到了关键的作用。叔孙通奏请刘邦，召集门人及众儒士共同制定了适合汉初发展的朝廷礼仪，使朝廷的秩序发生了根本性的变化。叔孙通的这一举措，改变了传统以来君臣席地而坐的习俗，臣子向皇帝行叩拜礼，给刘邦披上了一件神秘的外衣，从仪式上树立了皇帝在朝廷上至高无上的权威，这一两千多年的封建制度文化一直延续至清朝。如果说叔孙通在朝廷上树立了皇帝至高无上的权威，形成了权贵阶层对国家（皇权）的认同，那么陆贾则使社会人士及乡野百姓形成了对国家（朝廷）的认同。刘邦接受了"行仁义而轻刑罚、重义而轻利、任忠贤而远奸佞"的带有强烈儒家文化色彩的为政原则，采用黄老思想为治国之道，使久经战乱的老百姓终于得以休养生息，为汉王朝政权的巩固和发展提供了必要的文化基础，使国民初步形成了对汉王朝的国家认同的心理结构。

"秦汉四百年的历史上,法家学说、黄老学说和汉代新儒家学说依次作为中华民族凝聚力的指导思想,不仅使秦始皇建立了统一的中央集权的封建国家,而且使汉武帝在这一基础之上进一步确立、完善和健全了统一、集权的国家制度;同时,三种不同学说对于封建经济的确立、恢复和发展都分别产生了积极的重要的作用。也就是说,秦汉时期中华民族凝聚力核心的形成和巩固,凝聚力物质基础的建立和发展,都离不开思想文化。"① 可见,自秦汉王朝开始,多元民族文化与国家认同之间的脉络关系日渐趋于成熟,在历经两千多年的风风雨雨后的今天,其性质与结构依然稳定。

第二节 多元一体中华民族文化场域中国家认同的自觉发展

中华民族作为一个自在的民族实体,是沿着氏族和部落时代、早期国家(夏、商、周)时代到成熟国家(秦汉至明清)时代的一个历史进程,具有自发性、随意性和松散性的特征。中华民族作为一个自觉的民族实体,自晚清、中华民国到中华人民共和国,走过了从妥协到革命、从幼稚到成熟、从失败到成功的历程。

---

① 彭年:《秦汉思想文化与中华民族凝聚力》,《中华文化论坛》1999 年第 2 期。

一、以戊戌变法构建君主立宪国家认同的失败

晚清实行闭关锁国政策，对外面世界的急剧变化和发展浑然无知。1840年鸦片战争爆发，外国殖民者使用坚船利炮强行打开了中国的大门，使一直以来以"天朝上国"自居的中华帝国沦为了半殖民地半封建国家。此后，洋务派兴办洋务运动，以期通过"师夷长技以制夷"振兴大清，但是1894—1895年清朝在与日本的甲午战争中惨败，给国人以极大的刺激和震撼，同时也标志洋务运动的失败。康有为、梁启超等维新人士认为，日本这个弹丸小国击败了如此"强大"的中国，主要原因是日本通过明治维新改革，促使国力大大增强。于是，康有为于1895年4月发动在北京应试的1300多名举人联名上书光绪皇帝，叙述当时的严峻形势，提出变法主张，轰动全国，史称"公车上书"。1895年8月，康有为、梁启超等人在北京创办《万国公报》（后改名为《中外纪闻》），宣扬变法思想，并组织强学会。随后在上海创办《时务报》，使之成为维新派宣传变法思想的主要阵地。1897年12月，康有为第五次上书光绪皇帝，陈述西方列强瓜分中国的紧迫形势。1898年1月康有为再次上书光绪皇帝，并于当年4月和梁启超在北京发起成立保国会。6月11日，光绪皇帝在维新人士和帝党官员的积极推动下，颁布《明定国是诏》，宣布变法。

戊戌变法的根本目的在于构建一个像日本一样的君主立宪制国家，使积弱已久的清王朝变得强大，以抵抗西方列强的侵略，

且变法之初也得到实权派慈禧太后的默认。但是，随着变法的进行，实力强大的保守派对变法越发抵触，对变法的认识仅限于将自己手中的权力过渡到另一部分人手里。而且，康、梁等维新派人士冒险密谋刺杀慈禧的行动失败，导致慈禧于1898年9月21日凌晨命令御林军由颐和园直趋紫禁城，囚禁了正准备上早朝的光绪帝，捕杀了谭嗣同等"六君子"，迫使康有为和梁启超分别逃亡至法国和日本，以一场流血的政变结束了103天的维新变法。戊戌变法的失败，意味着康、梁等维新人士没有能在大清朝野建立起君主立宪制国家的认同。虽然导致失败的原因是多方面的，但从康、梁等人的角度来看，最直接的原因在于这些以资产阶级变法为目的的维新人士，始终无法跳出儒家文化的桎梏；而中国资产阶级就是在否定以儒家文化为核心的封建制度的土壤中诞生的，两者之间的理念必然是矛盾的。

作为近代屈指可数的今文经大师，康有为始终坚持孔教立场不动摇，不仅以孔子传承人自居，而且坚信孔子是第一位的。康有为"在融入西方的自由、平等、博爱观念和进化论思想对传统孔教的内容加以重构的同时，他还以佛教和基督教为参照，从形式上对孔教加以改造，将其确立为制度化的宗教；并几次上书皇帝，要求推广孔教，尊孔子为教主"①。他所著的《新学伪经考》和《孔子改制考》等书，是根据赫胥黎和斯宾塞的历史进化理论，力图证明孔子是一个政治改革家，占主导地位近两千多年的

---

① 范玉秋：《康有为孔教运动刍议》，《孔子研究》2003年第6期。

儒家思想也绝非否定人类的进化和发展。

梁启超具有和康有为相类似的出身背景与学习经历，他后来虽然成为现代启蒙运动的先驱，但与自始至终坚持保皇改良的康有为不同，他在逃亡日本期间阅读了大量的著作，并从学理上构建了"民族"、"中国民族"和"中华民族"等思想学说，唤起了中国广大人民对国家前途的思考，堪称中国近代中华民族精神的启蒙者和先驱者。但在戊戌变法之时，康、梁等人从小受传统的儒家文化熏陶，缺乏对当时腐朽的政治体制进行彻底改革抑或像孙中山那样推翻晚清的思想和魄力，丧失了广大人民群众支持变法的社会基础，也由于刺杀慈禧的冒险行动失败而丧失了朝廷的支持，即没有取得大清朝野对变法的认同，从而导致了变法运动的失败。

1901年，梁启超在《中国史叙论》中提到，"吾人所最惭愧者，莫如我国无国名之一事。寻常通称，或曰诸夏，或曰汉人，或曰唐人，皆朝名也。外人所称，或曰震旦，或曰支那，皆非我所自命之名也"①。他在该书首次提到了"中国民族"，并将中国民族的历史划分为三个时代："第一，上世史，自黄帝以迄秦之一统，是为中国之中国，即中国民族自发达、自竞争、自团结之时代也；第二，中世史，自秦统一后至清代乾隆之末年，是为亚洲之中国，即中国民族与亚洲各民族交涉、繁赜、竞争最烈之时代

---

① 《论中国学术思想变迁之大势》，载《梁启超全集》（第三卷），北京出版社1999年版，第449页。

也;第三,近世史,自乾隆末年以至于今日,是为世界之中国,即中国民族合同全亚洲民族与西人交涉、竞争之时代也。"[1]1902年,梁启超在《论中国学术思想变迁之大势》中,先提出"中华"的概念,即"立于五洲中之最大洲而为其洲中之最大国者,谁乎?我中华也;人口之居全地球三分之一者,谁乎?我中华也;四千余年之历史未尝一中断者,谁乎?我中华也;我中华有四百兆人公用之语言文字,世界莫能及。我中华有三十世纪前传来之古书,世界莫能及"[2],而后正式提出"中华民族"的概念,即"齐,海国也,上古时代,我中华民族之有海思想者厥惟齐,故于其间产出两种观念焉:一曰国家观,二曰世界观"[3]。但这里的"中华民族"指的是汉族,也就是梁启超所说的黄族。1903年,梁启超在《政治学大家伯伦知理之学说》中提出大民族主义观:"吾中国言民族者,当于小民族主义之外,更提倡大民族主义。小民族主义者何?汉族于对国内他族是也。大民族主义者何?合国内本部属部之诸族以对于国外之诸族是也。……合汉,合满,合蒙,合回,合苗,合藏,组成一大民族,提全球三分有一之人类,以高掌远跖于五大陆之上。此有志之士所同心

---

[1] 梁启超:《中国史叙论》,载《饮冰室合集:专集之六》,中华书局1989年版,第11—12页。
[2] 《论中国学术思想变迁之大势》,载《梁启超全集》(第三卷),北京出版社1999年版,第561页。
[3] 同上书,第573页。

醉也。"① 显然,梁启超已经深刻地认识到,要救中国于水深火热中,必须将全国各民族团结起来,一致对外。这一观念与孙中山的"五族共和"不谋而合。1905年,梁启超在《历史上中国民族之观察》中,从历史演变的角度分析了中国民族的多元性和混合性,并认为:"中华民族自始本非一族,实由多民族混合而成。"② 自此,梁启超对"中华民族"这个概念进行了完整而准确的定义,即中华民族包括中国境内的所有民族,是多元融合的。"中华民族"一经提出,立即在社会上引起了很大的反响,其意义也是非常深远的,成为民国初期中华民族文化自觉的起点。"中华民族"的提出,不仅有利于团结和发动最广大的人民力量来抵御外敌,而且矫正了"排满"和"夏夷之分"的狭隘的民族思想,促进各民族的团结与和谐,为维护国家统一提供了文化上和思想上的认同。

二、以三民主义理论构建中华民国集体意识的国家认同

孙中山作为近代民主主义革命的先行者,所领导的资产阶级革命运动与康、梁等人发起的维新运动几乎同时,但两者之间的目标、路线和措施却截然不同。孙中山详细考察欧美各国的经济和政治状况,研究了多种流派的政治学说,并与欧美各国进步人

---

① 《政治学大家伯伦知理之学说》,载《梁启超全集》(第四卷),北京出版社1999年版,第1070页。
② 梁启超:《历史上中国民族之观察》,载《新民丛报》1905年,第65—66页。

士接触,创造了具有特色的民生主义理论。在同盟会机关报《民报》发刊词中,孙中山首次提出民族、民权、民生三大主义。同盟会的成立,有力地促进了全国革命运动的发展。1911年10月10日,武昌起义爆发。12月下旬,他被17省代表推举为中华民国临时大总统,组成中华民国临时政府,建立了共和国。孙中山制定和公布一系列改革和进步的法令,1912年3月11日,颁布带有资产阶级共和国宪法性质的《中华民国临时约法》。

孙中山在中国甚至亚洲开创了民主共和制度,而且在于,他从三个阶段对国民的意识进行改造,使"中华民族"深入人心,他创立的"三民主义"使广大人民对中华民族国家的集体认同得到前所未有的提升。这三个阶段所提出的主张和理论,也是不断走向成熟的过程,为反帝反封建提供了统一的思想和理论基础。

孙中山对国民意识的第一次改造,以1894年创立兴中会时提出"驱除鞑虏,恢复中国,创立合众政府"的口号为标志,至清政府被推翻为终点。

孙中山对国民意识的第二次改造,起始于中华民国的成立,以接受立宪派和旧官僚提出的"五族共和"思想为标志。当时,中国依然处在列强的入侵威胁之下,边境地区还存在很大的隐患。日俄等国密谋瓜分中国,将外蒙古分裂出去,大量汉人被驱离和屠杀后,西藏等少数民族地区的部分上层人士在英国的策反下,对于革命党人鼓吹的"驱除鞑虏"也显得颇为不安。这都对中国的版图完整造成了极其严重的威胁。此时,江浙一带加入革命阵营的手握实权的立宪派,面对中国日益危险的分裂形势,提出了"五族共和"的思想顺应时势,接受了"五族共和"的主张,并于1912年1月1日在《临时大总统宣言书》中宣布:"国家之本,在于人民。合汉、满、蒙、回、藏诸地为一国,即合汉、满、蒙、回、藏诸族为一人,是曰民族之统一。武汉首义,十数行省先后独立。所谓独立,对于清廷为脱离,对于各省为联合,蒙古、西藏意亦同此。行动既一,决无歧趋,枢机成于中央,斯经纬周于四至。是曰领土之统一。"①

孙中山对国民意识的第三次改造,乃是系统阐释了"三民主义"思想,并且为"三民主义"深入广大人民的心中做了大力宣传。1924年,国民党第一次全国代表大会后,孙中山发表了关于中国革命的一系列演讲,以自由、平等、博爱为宗旨,以民有、民治、民享为内核,重新阐释了"三民主义"理论体系,包括"民族主义"、"民权主义"和"民生主义"等三个部分。

"民族主义"是孙中山针对国内民族问题与对外中华民国在国际间地位而提出的,它的具体内容大致有以下几个部分。第一,主张民族自救:就内求统一言,国内各族,团结一致,在平等基础上,把汉、满、蒙、回、藏五族,同化成一个中华民族,组成一个民族国家,统一具全体中国人的希望,能够统一,全体人民便能享福,否则便要受害。就外求独立言,其意义在求中国之自由平等。在过去最重要的便是唤起民众,联合世界上以平等

---

① 中国第二历史档案馆编:《中华民国史档案资料汇编》(第二辑),江苏古籍出版社1991年版,第1页。

待我之民族共同奋斗。于今，则是要认清国家命运操之在我；要庄敬自强，处变不惊，慎谋能断。要坚持国家与国民独立不饶之精神；要斗志不斗气。第二，主张国内各民族一律平等：国内各民族在法律上受同样的保护和约束，亦即在法律之前一律平等；享同样的权力，尽同样的义务；各民族人民的政治权力与基本自由，不因种族之不同而有差别；根据自中国固有的王道文化精神。第三，主张世界各民族一律平等：主张世界上任何民族不受其他民族的控制和压迫，各个民族都有平等的地位和同等的权力；西方民族主义之所以变质的原因，即以优秀民族自居，歧视别的民族，并以物竞天择理论，侵略、压迫其他民族；世界各民族间虽有文化上、性格上、体质上、物质上、环境上与颜色上的差别，但不能因此就认为有优劣之分，因为讲到聪明才智，便不能说有什么之分别。第四，主张济弱扶倾：于一般衰弱而落后的弱小民族，应尽力济助他们，扶持他们，使他们能从危亡中兴盛起来；中华民国实践济弱扶倾政策的具体表现……民族主义是争取各民族地位一律平等的想法，不论是中国境内的种族，还是外国的种族，这样的主张是相当仁道的一种思想。①

"民权主义"是孙中山对于人民基本权利的主张，主要包括他的自由观、平等观、民权观，以及人民与政府之间的权利义务关系。民权主义的重要主张，有以下几点：第一，合理的自

---

① 孙中山学术研究资讯网，http://sun.yatsen.gov.tw/content.php?cid=S01_03_03_01，引用时间：2014年5月20日。

由。孙中山认为个人对自由的滥用，会对团体造成极大的破坏作用，因此主张自由是有限度的。他认为自由的意义是指一个小单位，在一个大团体中，能够活动，来往自如，便是自由。他也反对极端个人主义的自由，或为所欲为毫无限制的自由，因此主张为所欲为有限制的自由，且要有礼与法的规范。所以三民主义的自由是要与理性、法治相调和，一个人的自由以不侵犯他人的自由为范围，才是真的自由，个人不可太过自由，国家要得完全自由；亦即民权主义主张合理的自由，要限制个人自由，以保持人人自由，牺牲个人的自由，以求得国家的自由。第二，真正的平等。三民主义中认为平等的精义在于，天生人类之聪明才力有三种不平等，即先知先觉的发明家、后知后觉的宣传家、不知不觉的实行家。因此需要发挥服务的道德心，使三种不平等成为平等；此即聪明才智越大者，服千万人之务；聪明才智略小者，服十百人之务；全无聪明才智者，服一人之务。其目的就在发展人性中的互动、合作、服务、牺牲的道德力量，以补人类天生不平等的自然缺陷。第三，充分的民权。三民主义的民权主义主张采取直接民权，就是人民直接行使选举权、罢免权、创制权和复决权四种政权。而直接民权指的是人民以集会或投票的方式，行使选举、罢免、创制、复决四种政权，来直接管理国事。直接民权行使之方法，以地方自治为基础，并以县为单位。而每县的国民代表代表人民行使政权，使只尽其能，不窃其权。因此，民权主义中是以间接民权的形式来行使直接民权，本质仍是直接民权，亦即以直接民权的精神，由地方贯彻到中央。第四，万能的政府：孙中山认为,建立五权分立的政府理由是政府是为人民谋幸福的,能力越大,则所谋求的幸福也越大。在方法上,主张依行政、立法、司法、考试、监察五种制权分立的原则,所组成的政府,才是完全的政府机关。此外,为使政府万能,就必须实现专家政治的理想,因为政府是一大部人事机器,为求其万能,除了使其结构完备外,还要考虑其组成分子的优异。因此除了在制度上一方面使人民有充分的控制政府管理国事的权,一方面政府要有治理政事,造福全民的能,另外,民权主义的架构中特别把考试权独立起来,其主要目的,就在实现专家政治的理想。①

"民生主义"是解决中华民国民生经济问题的重要主张,尤其是在处理土地问题与资本问题方面,孙中山有非常独到而深刻的见解。有关民生主义的重要主张与内容,大致如以下的介绍:第一,土地问题:在土地问题上,三民主义中提出两个解决方案,一是都市平均地权,二是农村耕者有其田。都市平均地权是为消除少数人操纵土地所有权的不合理现象,消除土地投机业,使土地归国民共享,因此民生主义第一方法就是平均地权,平均地权同时还有促进工商业发达的积极作用。农村耕者有其田是为了避免耕地被少数地主所垄断,而为种田的农民所有,且农民都能得到自己劳苦耕种的结果,因此提出耕者有其田。一方面他可以实现社会公道,一方面又可以增加农业生产。第二,资本问题:

---

① 孙中山学术研究资讯网,http://sun.yatsen.gov.tw/content.php?cid=S01_03_03_02,引用时间:2014年5月20日。

在资本问题上，民生主义中主张以节制私人资本与发达国家资本来解决。首先，节制私人资本，一方面在防止资本家垄断，另一方面在使社会财富分配平均，全面普享文明福祉。要达到此一目标，民生主义中提出的解决办法有以下几项：一是限制私人企业经营的范围，凡独占性或规模过大之企业，由国家经营管理使私有资本不能操纵民生；二是社会与工业之改良，如实施劳工保险、保护工会等，都是以保护劳工的方法，来间接节制私人资本；三是直接征税，用累进税率，多征资本家的遗产税和所得税；四是分配之社会化，由人民组织团体或地方政府，如英国的消费合作社，分配民生必需品，可防止商人资本集中，在劳工薪资方面实行股份制或提成制，有节制资本与促进共同繁荣和发展生产力的作用。其次，发达国家资本，即发展国家实业的意思。发达国家资本，在于促进生产工业化，以改变经济结构，并改善人民生活。而发达国家资本的理由，在于实行工业化以求富、实行社会化以求均。至于要如何发达国家资本呢？以实业计划为根据之蓝图，是由交通而矿业而工业。这三大实业有独占性，且为私人之力所不能办者，当由国家经营管理之。最后，发展经济主张。在经济发展上，民生主义主张公私有财产并存，国民营企业兼顾。一是公私有财产并存：在私有财产的主张上，农地主张耕者有其田，一般土地主张不必尽归国有，但为公共所须者则可国有；在资本方面主张改良资本制度，不可遽予推翻。在公有财产的主张上，认为大公司、大资本，尽为公有之社会事业；而国有即民有，国家以所生之力，举便民之事，大家共享其利。二是国、民营企业兼顾：在民营企业方面，主张事务可委诸个人或较国家经营为宜者，应任个人为之，具体方法则是由国家奖励，以法律保护之，并且由政府致力改变投资环境，以促进其发展。在国营企业发展上，则主张包括食、衣、住、行、民生工业、煤铁、水力、矿、天然富源、城市土地、交通，独占垄断性事业，如银行、铁道、航路等，都由国营企业来发展，以使一国经济发达均衡而迅速。①

孙中山的三民主义是中国近代史上一个非常重要的融合了政治、文化和经济的革命符号。孙中山使国民对朝廷和王权的认同转变到对国家和人民的认同，而且在于通过三民主义构建了"中华民族国家"的现代国家蓝图，激发了国民对建设"中华民族国家"的美好憧憬和集体认同。"孙中山晚年的最大建树，是把'联俄、联共、扶助农工'三大政策引入三民主义，形成新三民主义。这是从孙中山走向毛泽东，从三民主义论走向新民主主义论的历史桥梁和思想桥梁。"②孙中山的三民主义，也被中国共产党继承和发扬，成为国共两党合作驱逐日寇的政治认同基础，为中国革命的最终胜利提供了理论基础和政治保障。

---

① 孙中山学术研究资讯网，http: //sun.yatsen.gov.tw/content.php?cid=S01_03_03_03，引用时间：2014年5月20日。
② 王东：《创建中国特色的现代化新理论——兼论孙中山、毛泽东、邓小平的思想轨迹》，《北京大学学报（哲学社会科学版）》1994年第4期。

三、以新民主主义理论构建中华人民共和国集体意识的国家认同

中国共产党领导中国人民进行的新民主主义革命，经历了国民革命时期（1924—1927年）、土地革命时期（1927—1937年）、抗日战争时期（1937—1945年）和解放战争时期（1945—1949年）四个阶段。

1921年7月23—31日，中国共产党第一次全国代表大会在上海召开，宣告了中国共产党的成立。于是，国民党和共产党便成为影响近现代中国发展历史的最重要的两个大党。毛泽东曾经说过"中国的革命，自从1924年开始，就由国共两党的情况起着决定的作用"。期间，国共两党历经两次合作，但最终却走向兵戎相见。这固然是政治上的纷争，但更深层次的乃是民心所向的缘故，即广大人民群众的政党认同从国民党转向共产党，最终导致其国家认同也从中华民国急速转向中华人民共和国。

共产党对孙中山"联俄、联共、扶助农工"新三民主义的认同和发展，则是吸取和坚守了其精髓，将马克思主义融入新三民主义中，发展成为新民主主义，并与国民党各派的伪三民主义进行了斗争，以毛泽东为首的共产党人，根据国内革命、抗日战争和国共内战的不同形势，依次提出了工农共和国、人民共和国、民主共和国、三民主义共和国、新三民主义共和国、新民主主义共和国、民主联合政府、中华人民共和国等建国方略，为新中国的成立奠定了理论基础。

1. 从三民主义到新三民主义的认同转变

1919年，五四运动爆发，推动了马克思主义在中国的广泛传播，各共产主义小组在全国各地纷纷成立。1921年，在共产国际的帮助下，中国共产党第一次代表大会召开，正式宣告中国共产党的成立。孙中山在挽救共和的护法运动失败后，敏感地意识到十月革命有可能给中国带来的变化，尤其是五四运动爆发后，上海工人发起的"六三罢工"使他看到了中国工人阶级的巨大力量。而且，孙中山早在1919年便开始和共产国际与苏俄方面的人士接触，并接受了中国共产党和国际无产阶级的帮助。1924年1月中国国民党第一次全国代表大会在广州召开，孙中山以总理身份担任会议主席，共产党人李大钊、毛泽东、谭平山、瞿秋白、林祖涵等出席，李大钊等5人被指定为大会主席团成员。大会经过认真讨论和激烈争论，全票通过了《中国国民党第一次全国代表大会宣言》《中国国民党章程》等重要文件。《宣言》核心的内容是孙中山对旧三民主义作了全新的解释与阐述，形成了包括联俄、联共、扶助农工在内的新三民主义思想体系。

孙中山在三民主义的基础上重新解释了新三民主义，使其呈现出新的时代特征：在民族主义上，主张对外反抗帝国主义的侵略、对内主张各民族一律平等；在民权主义上，主张人民平等，并享有选举、创制、复决、罢免权；在民生主义上，主张"节制资本"和"平均地权"，反对私人资本操纵国计民生，反对土地被少数人占有。孙中山的新三民主义，是国共两党共同认同的政治基础，是国共两党第一次合作的桥梁，为国民大革命的爆发奠定了基础，也是日后中国共产党新民主主义理论的重要来源之一。

2. 从新三民主义到新民主主义认同转变

（1）国民革命时期

"国民革命"的口号是1906年孙中山在《中国同盟会革命方略》中最早提出来的。1923年，中国共产党的三大解决了与国民党的合作问题。1924年1月，在共产党的帮助下，国民党实行改组，采用了国民革命的口号，并将之写入政纲之中。国民党一大后，开始了声势浩大的国民大革命。此后，孙中山在《北伐宣言》和《北上宜言》中多次阐述国民革命的目的，进一步明确了国民革命对内反抗军阀、对外反抗帝国主义的性质。1924年9月，中共中央在第三次关于时局的主张中提出："目前解救中国的唯一道路，只有人民组织起来，在国民革命的旗帜之下，推翻直系，解除一切军阀的武装，尤其要在根本上推翻外国帝国主义在中国一切既得的权力与势力。"[①] 于是，国民革命即从国共两党的共同目标成为全国人民革命斗争的旗帜。1927年7月15日，汪精卫公开宣布和共产党决裂，随即对共产党员和革命群众进行屠杀，还提出"宁可枉杀千人，不可使一人漏网"的血腥反革命口号。于是，国民大革命失败，国共合作也破裂，中国人民反帝反封建的任务还没有完成，中国人民依然生活在封建势力和帝国主义的双重压迫之下，中国的社会性质也还没有改变。

---

① 何沁：《"国民革命"析》，《教学与研究》1988年第5期。

共产党不仅积极宣传新三民主义,而且开始运用马克思主义来解释和发展新三民主义。同时,共产党认识到国民党开展纯军事斗争的局限性,认识到农民在革命斗争中的潜在巨大能量。1927 年,毛泽东深入到湖南的湘潭、衡山、长沙、湘乡等县,调查农民在国民革命中的活动情况,写下了著名的《湖南农民运动考察报告》,对地主豪绅阶级和国民党反动派对农民运动的攻击给予了坚决的回击,对党内陈独秀在农民问题上的机会主义方针做出了尖锐的批判,充分肯定了农民在中国革命中的地位和作用。① 历来只被看作配合无产阶级的、思想落后的农民,被毛泽东论证为无产阶级不可缺少的同盟军,使全中国的广大农民认同共产党的主张并纷纷加入到党的阵营,这具有深远的历史意义。

(2) 土地革命时期

土地革命时期,共产党不仅从武装和思想战线上与国民党进行了斗争,而且,毛泽东在革命根据地大兴调查之风,论证了农民在革命中的地位和作用,创造性地使马克思主义和中国革命相结合。毛泽东始终以广大人民群众的认同为出发点,构建了"工农共和国",并根据国内外的情势变化,将之发展到"人民共和国"和"民主共和国",为抗日民族统一战线的形成奠定了基础。

秋收起义失败后,毛泽东正确地分析中国的特殊国情,果断

---

① 郭群英、苏咏喜:《论国民革命时期毛泽东的农民观》,《学术探索》2003 年 S1 期。

放弃攻打中心城市的计划，率领部队向国民党统治力量薄弱的农村进军，建立了井冈山革命根据地，这也是中国第一个农村革命根据地。毛泽东在革命根据地开展了土地革命，大兴调查之风。

> 对于中国共产党人来说，调查研究是使马列主义与中国实际相结合的一个根本方法。土地革命战争时期，毛泽东先后进行了宁冈调查、永新调查、寻乌调查、兴国调查、分田后的富农问题调查、东塘等处调查、赣西南土地分配情形调查、江西土地斗争中的错误调查、分青和出租问题调查、水口村调查等一系列农村调查，这些调查，涉及苏区的政治制度、经济关系、阶级状况、土地历史、商业交通、文化教育、宗祠族权、家庭伦理、世俗习尚、风土民情等社会生活的各个方面，是了解中央苏区的社会历史背景、革命斗争、党的方针政策的不可或缺的文献资料。……调查研究活动的开展，为党制定正确的土地革命路线和政策提供了现实的可能性。中国革命的基本问题是农民问题，马列主义与中国实际相结合的实质是与中国农民运动的结合，中国农民问题的实质是土地问题。毛泽东是最早将马列主义与中国农民运动的实践结合起来，制定正确的土地革命路线的领导人。为了开展土地革命斗争，毛泽东从建立井冈山根据地开始就做了一系列农村调查，总结土地革命中的经验和教训，并以此为依据制定了《井冈山土地法》《兴国土地法》《土地法》《苏维埃土地法》《中华苏维埃共和国土地法》《苏维埃共和国

中央政府关于土地斗争中一些问题的决定》等文件，规定了土地革命中一系列方针和政策，基本形成了一条符合中国实际的土地革命路线，并相继解决了土地革命中'原耕总合分配'的土地分配办法，总结了土地革命中划分阶级成分的经验教训，制定了科学的分析阶级成分的方法。这是毛泽东通过调查研究将马克思主义与土地革命实际相结合的一个重要成果，它为民主革命中划分农村阶级成分提供了科学的依据。①

毛泽东以农民问题为核心，以调查研究为主要方法，开辟了马克思主义中国化的历程，有力打击了王明"左"倾冒险主义的路线，也为红军的发展和中国革命的道路指明了前进的方向。1935年1月，遵义会议召开，确定了毛泽东在中共党内的领导地位，这一会议对于中国革命以及中国历史的进程产生了重大的影响。

土地革命中后期，毛泽东就开始思考要创造一个什么样的国家，才能够得到全国广大人民的认同的问题。而这一时期，经历了由"工农共和国"到"人民共和国"再到"民主共和国"的发展过程。

第一，"工农共和国"：国民大革命失败后，中共中央于1927

---

① 王员：《土地革命战争时期毛泽东对马克思主义中国化的贡献》，《江西社会科学》2006年第9期。

年8月召开紧急会议,认为"完成中国的民族解放及资产阶级民权革命之任务,现在已经完全放到工农运动身上,只有工农的民权独裁,才能履行这一任务"①。1927年9月9日,毛泽东在湖南东部和江西西部领导工农革命军(红军)发动了秋收起义,之后提出了建立苏维埃政权的口号。1927年11月,中共中央通过了《中国现状与共产党的任务决议案》,提出"现时革命阶段之中,党的主要口号就是苏维埃——无产阶级领导之下的工农民权独裁制性质的政权,只能在苏维埃制度的形式里建立起来"②。1931年11月7日,中华苏维埃第一次全国代表大会在江西瑞金县叶坪村召开,宣告了中华苏维埃共和国的成立,毛泽东当选为苏维埃共和国政府主席,大会通过了《中华苏维埃共和国宪法大纲》,其中规定:"中国苏维埃政府所建立的是工人和农民的民主专政的国家。苏维埃全部政权是属于工人、农民、红军兵士及一切劳苦民众的,在苏维埃政权下,所有工人农民红军兵士及一切劳苦民众都有权选派代表掌握政权的管理。只有军阀、官僚、地主、豪绅、资本家、富农、僧侣及一切剥削人的反革命分子是没有选派代表参加政权和政治上自由的权利的。"③

第二,"人民共和国":1931年,日本发动震惊中外的"九一八事变",帝国主义灭亡中国的野心暴露无遗。中日民族

---

① 《中国共产党的政治任务与策略的议决案》,载《中共中央文件选集》(第3册),中共中央党校出版社1991年版,第282页。
② 中共中央书记处编:《六大以前》,人民出版社1980年版,第925—926页。
③ 《中共中央文件选集》(第7册),中共中央党校出版社1991年版,第464—465页。

矛盾成为中国社会的主要矛盾，抗日救亡成了中国人民的首要任务。1935年12月，瓦窑堡会议召开，提出将建设"工农共和国"过渡为"人民共和国"的主张。毛泽东对这一改变做出了解释：

> 我们的政府不但是代表工农的，而且是代表民族的，这个意义，是在工农共和国的口号里原来就包括了的，因为工人、农民占了全民族人口的百分之八十至九十。我们党的第六次全国代表大会所规定的十大政纲，不但代表了工农的利益，同时也代表了民族的利益，但是现在的情况使得我们要把这个口号改变一下，改变为人民共和国。这是因为日本侵略的情况变动了中国的阶级关系。不但小资产阶级，而且民族资产阶级，有了参加抗日斗争的可能性。①

第三，"民主共和国"：面对日寇的残暴入侵，为了建立抗日民族统一战线，1936年5月5日，共产党以中华苏维埃人民共和国中央政府主席毛泽东、中国人民红军革命军事委员会主席朱德的名义向南京国民政府和全国发出《停战议和一致抗日通电》。8月25日，毛泽东代表中共中央发表了《中国共产党致中国国民党书》，郑重宣言："我们赞助建立全国统一的民主共和国，赞助召集由普选权选举出来的国会，拥护全国人民和抗日军队的抗日救国大会，拥护全国统一的国防政府，我们宣布：在全中国统一

---

① 《毛泽东选集》（第一卷），人民出版社1991年版，第158页。

的民主共和国建立之时，苏维埃区域即可成为全中国统一的民主共和国的一个组成部分，苏区人民的代表将参加全中国的国会，并在苏区实行与全中国一样的民主制度。"① 显然，共产党将"人民共和国"改为"民主共和国"，是为了争取蒋介石国民党集团的一致抗日。

1937年2月，国民党召开第五届三中全会，宋庆龄、何香凝、冯玉祥等提出《恢复孙中山先生手订联俄、联共、扶助农工三大政策案》，杨虎城、李宗仁等也提出抗日救国、爱国运动等方案，会议经过激烈讨论，最终通过了国共两党合作抗日的决议。这次会议使对峙十年的国共两党走向第二次合作，也标志着以三民主义为政治基础的抗日民族统一战线初步形成。

（3）抗日战争时期

抗日战争时期，为了取得国民党的一致抗日，以毛泽东为代表的中国共产党把"民主共和国"具体化为"三民主义共和国"，后来又演变为"新民主主义共和国"。在抗日即将胜利之际，共产党又提倡建立"民主联合政府"，实现中国广大人民群众的和平统一愿望，强调了资产阶级的领导和无产阶级的参与，体现了共产党人实事求是的精神。

1938年10月，毛泽东在党的六届六中全会的政治报告《论新阶段》中谈论"民主共和国"时提出"三民主义共和国"，他谈道："我们所谓民主共和国就是三民主义共和国，它的性质是

---

① 《毛泽东选集》（第一卷），人民出版社1991年版，第429页。

三民主义的。按照孙中山先生的说法，就是一个'求国际地位平等，求经济地位平等'的国家。第一，这个国家是民族主义的国家。……第二，这个国家是一个民权主义的国家。第三，这个国家是一个民生主义的国家。我们所说民主共和国，就是这样一个国家，就是真正的三民主义的中华民国，不是苏维埃，也不是社会主义。"① "三民主义共和国"是在加速建立抗日民族统一战线的需要下提出的，目的是为了充分体现孙中山革命的三民主义思想，消除国共两党的敌对状态，使国民党和广大人民群众更容易接受。

1939年5月，毛泽东在纪念五四运动20周年时指出，中国革命仍然是资产阶级性质的民主主义革命。同年12月，毛泽东在《中国革命和中国共产党》中开始使用"新民主主义"这一新概念。"现阶段中国革命的性质，不是无产阶级社会主义的，而是资产阶级民主主义的。但是已不是旧式的一般的资产阶级民主主义的革命，而是新式的特殊的资产阶级民主主义的革命，'我们称这种革命为新民主主义的革命。''这种新民主主义的革命，和历史上欧美各国的民主革命大不相同，它不造成资产阶级专政，而造成各革命阶级在无产阶级领导之下的统一战线的专政。''这种新民主主义的革命也和社会主义的革命不相同，它只推翻帝国主义和汉奸反动派在中国的统治，而不破坏任何尚能参加反帝反封建的资本主义成分。''这种新式的民主革命，虽然在一方面是替资本主义扫清道路，但在另一方面又是替社会主义创

---

①《中共党史参考资料》（第8册），人民出版社1979年版，第206—207页。

造前提。'"①1940年1月,毛泽东发表《新民主主义论》的演讲,正式提出了"新民主主义共和国"的概念,并将之与旧式的、欧美式的资产阶级专政的资本主义共和国,以及苏联式的、无产阶级专政的社会主义共和国相区别:"国体——各革命阶级联合专政,政体——民主集中制。这就是新民主主义政治,这就是新民主主义的共和国,这就是抗日统一战线的共和国,这就是三大政策的新三民主义的共和国,这就是名副其实的中华民国,这就是今天'建国'工作的唯一正确的方向。"②

1945年4月24日,毛泽东在中国共产党第七次全国代表大会上作了《论联合政府》的政治报告,总结了抗日战争的历史经验和解放区的建设经验,提出了废除国民党"一党专制"、系统阐述了建立"民主联合政府"、实现新民主主义政治、发扬党内民主等思想。"民主联合政府"的提出,描绘了中国建设的美好蓝图,立刻引起了海内外的轰动,给中国反帝反封建带来了新的希望,社会各界人士纷纷拥护共产党的主张。同时,在整个抗日战争时期,中国共产党也完成了对国民革命和自身理论的基本建构,在抗日战争的宣传中获得了最广大人民群众的认同,从而为解放战争的胜利奠定了舆论基础。

(4)解放战争时期

1945年8月15日,抗日战争取得最后的胜利。蒋介石在国

---

① 《毛泽东选集》(第二卷),人民出版社1991年版,第647—648页。
② 同上书,第677页。

内国际的呼吁和平建国的舆论压力下,电邀毛泽东去重庆共商国是。双方于10月10日签署了《政府与中共代表会谈纪要》(《双十协定》),就和平建国基本方针、召开整治协商会议讨论和平建国方案、政治民主化、党派平等合法化等问题取得一致意见,但对中共解放区政权撤并和人民军队整编等核心问题未能达成协议。1945年11月9日和11日,国民党政府军事委员会分别召开军事会议和复员整军会议,决定了进攻共产党解放区,计划在6个月内击溃八路军和新四军主力,然后分区进行清剿,以"根绝匪患"。1946年6月,国民党出兵围攻鄂豫边的宣化店,进攻中原解放区。11月在南京召开将共产党排除在外的"国民大会"并通过《中华民国宪法》。1947年2月,国民党限令共产党从南京、上海、重庆等地撤回常驻代表,彻底破坏国共两党的关系,和平建国主张在内战的枪炮声中化为灰烬。

1947年10月10日,中共中央正式颁布《中国土地法大纲》,明确规定:"废除封建性及半封建性剥削的土地制度,实行耕者有其田的土地制度,……乡村农民大会及其选出的委员会,乡村无地少地的农民所组织的贫农团大会及其选出的委员会,区、县、省等级农民代表大会及其选出的委员会为改革土地制度的合法执行机关。"① 通过对土地制度进行大刀阔斧的改革,实现了三民主义"耕者有其田"的理念,并彻底改革了乡村政权结构。此举使亿万农民获得政治上和经济上的解放,调动了占中国人口大多

---

① 《中共中央文件选集》(第13册),中共中央党校出版社1987年版,第723页。

数的农民的积极性。自此,中国共产党通过与各民主党派、无党派民主人士建立最广大的反对国民党独裁统治的统一战线,以及解放农民、调动农民积极性等有力措施,为解放战争积蓄了最广泛、最深厚的人民力量,彻底实现了中国共产党领导的无产阶级的人民大众的反对帝国主义、封建主义和官僚资本主义的革命。

1947年10月10日,解放战争转入战略进攻,共产党及时发表了《中国人民解放军宣言》,明确提出了"打倒蒋介石,解放全中国"的口号。1949年6月15日,中国人民政治协商会议第一届筹备会在北平胜利召开,各民主党派人士、无党派民主人士围绕着新政协召开的问题,提出了许多中肯的意见和建议,并与共产党商讨和确定了新中国的国旗、国徽、国歌、纪年和首都的选址等重大问题。1949年6月30日,毛泽东为纪念中国共产党成立28周年撰写了《论人民民主专政》一文,根据马克思主义国家学说,结合中国的实际情况,论述了即将成立的"中华人民共和国"的国家性质,丰富了新民主主义革命理论,提出了共产党领导的工农联盟的人民民主专政:"我们现在的任务是要强化人民的国家机器,借以巩固国防和保护人民利益。以此作为条件,使中国有可能在工人阶级和共产党的领导之下稳步地由农业国进到工业国,由新民主主义社会进到社会主义社会和共产主义社会。"①1949年9月21—30日,中国人民政治协商会议第一届全体会议在北平召开,通过了由周恩来主持起草的《中国人民政

---

① 《毛泽东选集》(第四卷),人民出版社1996年版,第1476页。

治协商会议共同纲领》，并选举了中央人民政府主要领导，其中中央人民政府副主席 6 人中，非共产党人士有 3 人；委员 56 人中，非共产党人士有 27 人，充分体现了新中国各民主阶级联合执政的国家性质。1949 年 10 月 1 日，中华人民共和国的成立，标志了我国新民主主义革命的胜利，新中国开始向社会主义革命过渡，中华民族也开始进入新的历史篇章。

民族文化和国家认同的脉络分析，是一个历史性的动态过程，也是一个永恒的话题。中华民族的形成和发展，是一个由自在到自觉的过程。1997 年费孝通又对"中华民族多元一体格局"理论做了进一步的阐述。民族文化中的国家认同，也是由自在至自觉的过程，经历了自在的多元民族文化发展阶段的氏族和部落文化中的族群认同、早期国家文化中的王朝认同（夏商周时期的王朝认同、春秋战国时期的王朝认同）、成熟国家文化中的国家认同（秦汉至明清的国家认同）和自觉的多元一体中华民族文化发展阶段的中华民国认同和中华人民共和国认同。国家认同不仅是一个动态的发展过程，也是一个复杂的集体意识，其中最重要的莫过于民族文化的认同。民族文化的认同是国家认同的基础，即对本民族文化的认同是对中华民族文化认同的基础。在经济全球化、世界多元化的今天，作为具有 56 个兄弟民族组成的多民族国家，构建在共同的文化和集体意识基础上的中华民族认同，是一项重要和紧迫的任务。

第四章 民族认同、国家认同与文化认同的原生态分析

第一节 民族认同、国家认同和文化认同的关联性分析

民族认同、国家认同和文化认同有着原生态的关联性,为了把脉这种关联性,以广西作为一个区域案例,采集当地各民族学生对此的看法以及文化融合、社会自觉、教育方式对国家认同的影响。与此同时,采集了青海的部分数据与之进行对比分析。

一、调查样本来源与基本特征

调查数据分别来源于广西和青海,其中广西地区共发放问卷2800份,回收问卷2736份,有效问卷2663份,问卷有效率为95.1%;青海地区的调查,共发放问卷900份,回收问卷893份,有效问卷861份,问卷有效率为95.7%。基于此数据运用SPSS 19.0和AMOS 17.0软件进行分析处理。

为了详细了解广西地区调查样本的基本情况,对广西的样本

做了如表 4-1 的统计。

表 4-1　广西地区调查样本基本情况

类别		份数	百分比（%）
地区	民大	1525	57.3
	柳州	250	9.4
	贵港	684	25.7
	恭城	204	7.7
	合计	2663	100
职业身份	学生	2632	98.8
	教师	31	1.2
	合计	2663	100
性别	男	1369	51.4
	女	1294	48.6
	合计	2663	100
民族	汉	950	35.7
	壮	1266	47.5
	苗	91	3.4
	侗	15	0.5
	瑶	227	8.5
	其他	114	4.4
	合计	2663	100
掌握的语言	汉语	1975	74.2
	汉语、英语	204	7.7
	汉语、壮语	109	4.1
	客家话	111	4.2
	其他	264	9.8
	合计	2663	100

由表 4-1 可知，广西地区包括民大 1525 份、柳州 250 份、贵港 684 份、恭城 204 份；其中调查对象包括学生和教师，学生作为主要调查对象，比例为 98.8%，男女比例均衡；调查对象大部分是壮族和汉族，比例分别为 47.5%、35.7%，然后是瑶族，比例为 8.5%，其他民族占 4.4%；掌握的语言以汉语为主，比例为 74.2%，掌握客家话的比例为 4.2%，同时掌握多种语言的以汉语、英语和汉语、壮语这两种结合为主，比例为 11.8%，掌握其他多种语言结合类型（掌握三种或三种以上、掌握其他语言）比例为 9.8%。

1. 效度分析

使用 AMOS17.0 软件，运用验证性因子分析（Confirmatory Factor Analysis）的方法，使用最大似然法（Maximum Likelihood）来检验基于主次维度构成的模型的拟合情况，总量表的主次维度题目构成见表 4-2，初始理论主次维度模型见图 4-1。

表 4-2 总量表的主次维度结构

主维度	次维度	题项
A 民族认同	A1 民族认同确认	A06、A05、A10、A15、A07、A11、A12、A14、A09
	A2 民族认同行动	A08、A13、A04、A01、A02、A03
B 国家认同	B1 国家积极认同	B06、B08、B03、B07、B14、B12、B02、B13、B01、B09、B05
	B2 国家认同比较	B17、B16、B15
	B3 国家消极认同	B10、B11、B04
C 文化认同	C1 多文化认同	C02、C01、C04、C05、C03
	C2 中华文化认同	C07、C08、C09、C06

续表

主维度	次维度	题项
D 文化融合	D1 文化融合途径	D03、D02、D04、D01、D05、D06、D07
	D2 文化融合经历	D08、D11、D10、D09
	D3 文化融合意愿	D13、D14、D12
E 社会自觉	E1 多民族自觉理解	E04、E05、E06、E07
	E2 社会自觉认知	E11、E10、E09、E08
	E3 个体社会自觉行为	E01、E02、E03
F 关联教育	F1 学校教育	F01、F02、F03
	F2 自我教育	F04、F05、F06
	F3 社区活动	F07、F08、F09
	F4 家庭教育	F11、F12、F13

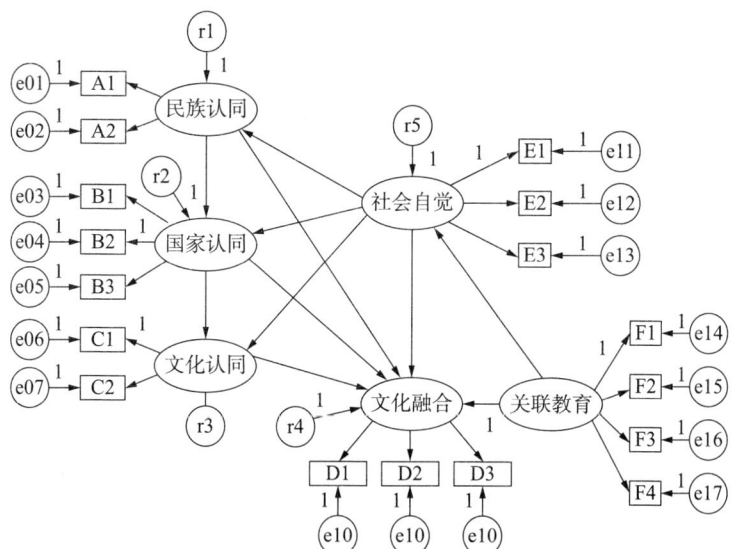

图 4-1 量表的初始理论模型

图 4-1 为表 4-2 量表的理论模型，共包含 6 个主维度、17 个次维度，下面为模型的拟合优度检验指标说明与结果。

表 4-3 拟合度的综合说明

检验指标	判断标准
卡方值	一般以卡方值检验的 P＞0.05 作为判断，即模型具有良好的拟合度
GFI	越接近 1 表示模型的适合度越好，通常采用 GFI＞0.9
RMR	越接近 0 表示模型的拟合度越好，通常采用 RMR＜0.05
RMSEA	越接近 0 表示模型的拟合度越好，通常采用 RMSEA＜0.1
AGFI	越接近 1 表示模型的适合度越好，通常采用 AGFI＞0.9
NFI	越接近 1 表示模型的适合度越好
CFI	越接近 1 表示模型的适合度越好
IFI	越接近 1 表示模型的适合度越好

表 4-4 模型拟合度检验

卡方	P 值	GFI	RMR	RMSEA	AGFI	NFI	CFI	IFI
2945.327	0.000	0.886	0.127	0.099	0.839	0.904	0.907	0.907

根据表 4-3 的说明，对表 4-4 的模型拟合度结果分析可得：建立的模型的卡方值为 2945.327，P 值为 0.000，但是由于卡方检验会受到样本量的影响，当样本量较大时，显著性值（P 值）会有接近 0 的倾向，考虑到本书在使用的大量数据进行分析，因此本书不考虑卡方检验的拟合结果，而采用其他的拟合指数。结合其他的拟合指数可知：GFI 为 0.886，接近于 0.9，表明模型的拟合度较好；虽然 RMR 值为 0.127，大于 0.05，以及 AGFI 为 0.839，小于 0.9，但是 RMSEA=0.099＜0.1，且 NFI、CFI、IFI

的值分别为 0.904、0.907、0.907，均大于 0.9，从整体上表明了模型的适合度较好，即总量表的结构效度较好。

2.信度分析

表 4-5 信度检验

主维度	民族认同	国家认同	文化认同	文化融合	社会自觉	关联教育	总量表
Cronbach's Alpha	0.904	0.868	0.896	0.924	0.917	0.933	0.952

由表 4-5 可知，各个主维度（即分量表）以及总量表 Cronbach's Alpha 均大于 0.75，表明问卷具有较高的一致性，信度可靠。

二、民族认同、国家认同和文化认同的关联性分析

1.民族认同、国家认同和文化认同的总体表现

表 4-6 民族认同、国家认同和文化认同描述性统计结果

	分量表总分最小值	分量表总分最大值	样本最小值	样本最大值	样本均值	样本标准差
民族认同	15	60	16	60	47.38	8.66
国家认同	17	119	33	119	90.16	15.52
文化认同	9	36	9	36	29.97	4.71
文化融合	14	56	14	56	44.29	6.94
社会自觉	11	44	11	44	36.33	5.60
关联教育	12	48	12	48	37.92	6.41

由表4-6可知：对于样本最小值与最大值，除了民族认同、国家认同维度的样本最小值、最大值与量表总分最小值、最大值不一致外，其余各维度的样本最小值、最大值均分别与量表总分最小值、最大值一致，表明了这四个维度的调查样本的得分在定义范围内均有分布。

对于样本均值，民族认同、国家认同、文化认同、文化融合、社会自觉、关联教育这六个维度的样本均值分别为47.38、90.16、29.97、44.29、36.33、37.92，均比较接近于量表总分，表明各维度的得分均比较高，从而表明了调查样本在各维度的水平均比较高。

通过标准差的值可以看到国家认同的标准差远大于其他维度，为15.52，说明其波动性较大，而文化认同的标准差最小，仅为4.71，在所有的维度得分中波动性最小。标准差介于这两个维度标准差范围内的有民族认同、文化融合、社会自觉、关联教育，它们的标准差分别为8.66、6.94、5.60、6.41，表明这些维度的得分波动性相对处于中等水平。

2.民族认同、国家认同和文化认同的差异性分析

（1）性别为影响因素的民族认同、国家认同和文化认同的差异性分析

由表4-7的结果显示可知，性别在文化融合和关联教育上没有显著差异；在民族认同、国家认同、文化认同、社会自觉存在显著差异，显著性概率分别为0.029、0.000、0.038、0.004，在民族认同、国家认同、文化认同、社会自觉这四个维度的得分，

女受访者得分均高于男受访者的得分。

表 4-7 性别在民族认同、国家认同和文化认同上的总体情况

维度	性别	平均分	标准差	F 值	P 值	排序
民族认同	男	46.98	9.403	4.768	0.029	女＞男
	女	47.71	7.814			
国家认同	男	87.97	16.207	47.923	0.000	女＞男
	女	92.13	14.736			
文化认同	男	29.75	5.033	4.316	0.038	女＞男
	女	30.14	4.501			
文化融合	男	44.12	7.278	1.060	0.303	
	女	44.40	6.666			
社会自觉	男	36.01	5.881	8.380	0.004	女＞男
	女	36.64	5.289			
关联教育	男	37.88	6.695	0.052	0.820	
	女	37.94	6.114			

（2）民族为影响因素的民族认同、国家认同和文化认同的差异性分析

表4-8的结果显示可知，民族在民族认同上没有显著差异；在国家认同、文化认同、文化融合、社会自觉、关联教育存在显著差异，显著性概率分别为 0.005、0.000、0.000、0.000。在国家认同层面上，汉族的得分最高，其次是瑶族、壮族，其他民族的得分最低；在文化认同、文化融合、社会自觉、关联教育层面上，汉族得分最高，其次是壮族、其他民族，瑶族得分最低。

表 4-8　民族在民族认同、国家认同和文化认同上的总体情况

维度	民族	平均分	标准差	F 值	P 值	排序
民族认同	汉	47.63	8.558	0.628	0.597	
	壮	47.31	8.976			
	瑶	47.18	6.934			
	其他	47.63	8.558			
国家认同	汉	90.97	15.512	4.233	0.005	汉＞瑶＞壮＞其他
	壮	90.00	15.275			
	瑶	90.60	15.188			
	其他	85.62	17.994			
文化认同	汉	30.23	4.772	6.668	0.000	汉＞壮＞其他＞瑶
	壮	29.98	4.621			
	瑶	28.80	4.219			
	其他	29.20	5.409			
文化融合	汉	44.56	7.095	12.443	0.000	汉＞壮＞其他＞瑶
	壮	44.52	6.787			
	瑶	41.74	5.790			
	其他	43.04	8.080			
社会自觉	汉	36.72	5.704	11.577	0.000	汉＞壮＞其他＞瑶
	壮	36.38	5.490			
	瑶	34.51	5.052			
	其他	35.07	6.093			
关联教育	汉	38.11	6.560	8.562	0.000	汉＞壮＞其他＞瑶
	壮	38.08	6.305			
	瑶	35.93	5.297			
	其他	37.04	7.365			

（3）父亲民族为影响因素的民族认同、国家认同和文化认同的差异性分析

表4-9 父亲民族在民族认同、国家认同和文化认同上的总体情况

维度	民族	平均分	标准差	F值	P值	排序
民族认同	汉	47.42	8.576	0.154	0.927	
	壮	47.31	8.981			
	瑶	47.76	6.856			
	其他	47.21	7.678			
国家认同	汉	91.25	15.595	6.063	0.000	汉＞瑶＞壮＞其他
	壮	89.49	15.296			
	瑶	91.87	14.709			
	其他	85.47	17.287			
文化认同	汉	30.12	4.803	4.161	0.006	汉＞壮＞其他＞瑶
	壮	29.96	4.582			
	瑶	28.98	4.169			
	其他	29.00	5.713			
文化融合	汉	44.23	7.125	7.063	0.000	汉＞壮＞其他＞瑶
	壮	44.56	6.759			
	瑶	42.07	6.050			
	其他	43.28	7.787			
社会自觉	汉	36.55	5.755	7.595	0.000	汉＞壮＞其他＞瑶
	壮	36.37	5.410			
	瑶	34.70	5.196			
	其他	34.83	6.348			

续表

维度	民族	平均分	标准差	F值	P值	排序
关联教育	汉	37.95	6.591	5.214	0.001	壮＞汉＞其他＞瑶
	壮	38.09	6.187			
	瑶	36.20	5.201			
	其他	36.88	7.832			

表4-9的结果显示，父亲民族在民族认同上没有显著差异；国家认同、文化认同、文化融合、社会自觉、关联教育存在显著差异，显著性概率分别为0.000、0.006、0.000、0.001。在国家认同层面上，汉族得分最高、其次是瑶族、壮族，其他民族得分最低；在文化认同、文化融合、社会自觉层面上，汉族得分最高，其次是壮族、其他民族，瑶族得分最低；在关联教育层面上，壮族得分最高，其次是汉族、其他民族，瑶族得分最低。

（4）母亲民族为影响因素的民族认同、国家认同和文化认同的差异性分析

表4-10的结果显示，母亲民族在民族认同和文化认同上没有显著差异；国家认同、文化融合、社会自觉、关联教育存在显著差异，显著性概率分别为0.010、0.001、0.000、0.001。在国家认同层面上，瑶族得分最高，其次是汉族、壮族，其他民族得分最低；在社会自觉层面上，汉族得分最高，其次是壮族、其他民族，瑶族得分最低；在文化融合、关联教育层面上壮族得分最高，其次是汉族、其他民族，瑶族得分最低。

表 4-10 母亲民族在民族认同、国家认同和文化认同上的总体情况

维度	民族	平均分	标准差	F值	P值	排序
民族认同	汉	47.40	8.512	0.427	0.734	
	壮	47.41	8.932			
	瑶	47.10	7.071			
	其他	46.49	8.967			
国家认同	汉	90.65	15.591	3.772	0.010	瑶＞汉＞壮＞其他
	壮	89.56	15.481			
	瑶	91.17	14.414			
	其他	85.83	17.803			
文化认同	汉	30.10	4.887	2.520	0.056	
	壮	29.85	4.717			
	瑶	29.08	3.605			
	其他	29.79	5.735			
文化融合	汉	44.36	7.213	5.904	0.001	壮＞汉＞其他＞瑶
	壮	44.39	6.908			
	瑶	42.22	5.067			
	其他	43.41	7.279			
社会自觉	汉	36.56	5.748	8.522	0.000	汉＞壮＞其他＞瑶
	壮	36.37	5.548			
	瑶	34.49	4.515			
	其他	35.24	5.451			
关联教育	汉	38.01	6.577	5.697	0.001	壮＞汉＞其他＞瑶
	壮	38.02	6.387			
	瑶	35.99	4.697			
	其他	37.67	6.792			

(5)父亲职业为影响因素的民族认同、国家认同和文化认同的差异性分析

表 4-11 的结果显示,父亲职业在民族认同、文化融合、关联教育上没有显著差异;国家认同、社会自觉存在显著差异,显著性概率分别为 0.048、0.016。在国家认同、文化认同层面上,个体户得分最高,其次是务农、其他职业,工人的得分最低;在社会自觉层面上,其他职业得分最高,其次是个体户、工人,务农得分最低。

表 4-11 父亲职业在民族认同、国家认同和文化认同上的总体情况

维度	职业	平均分	标准差	F 值	P 值	排序
民族认同	务农	47.80	8.440	2.462	0.061	
	个体户	47.50	7.975			
	工人	46.28	8.506			
	其他	47.10	10.242			
国家认同	务农	90.67	15.213	2.965	0.031	个体户>务农>其他>工人
	个体户	91.06	14.824			
	工人	88.18	15.906			
	其他	88.92	16.259			
文化认同	务农	29.83	4.502	2.796	0.039	个体户>务农>其他>工人
	个体户	30.11	4.733			
	工人	29.57	5.079			
	其他	30.52	4.924			

续表

维度	职业	平均分	标准差	F值	P值	排序
文化融合	务农	44.03	6.585	2.502	0.058	
	个体户	44.30	6.951			
	工人	44.08	7.498			
	其他	45.12	7.968			
社会自觉	务农	36.03	5.385	3.552	0.014	其他>个体户>工人>务农
	个体户	36.70	5.846			
	工人	36.09	5.771			
	其他	36.99	6.077			
关联教育	务农	37.73	6.154	2.031	0.108	
	个体户	37.85	6.598			
	工人	37.92	6.889			
	其他	38.65	7.058			

（6）母亲职业为影响因素的民族认同、国家认同和文化认同的差异性分析

表4-12的结果显示，母亲职业在民族认同、国家认同上没有显著差异；文化认同、文化融合、社会自觉、关联教育存在显著差异，显著性概率分别为0.011、0.002、0.002、0.022。在文化融合层面上，其他职业的得分最高，其次是工人、个体户，务农的得分最低；在文化认同、社会自觉层面上，其他职业得分最高，其次是个体户、工人，务农得分最低。

表 4-12 母亲职业在民族认同、国家认同和文化认同上的总体情况

维度	职业	平均分	标准差	F 值	P 值	排序
民族认同	务农	47.68	8.453	1.628	0.181	
	个体户	47.70	8.016			
	工人	46.56	8.402			
	其他	46.92	10.308			
国家认同	务农	90.38	15.351	1.908	0.126	
	个体户	91.34	14.841			
	工人	88.29	16.280			
	其他	89.43	16.523			
文化认同	务农	29.74	4.540	3.690	0.011	其他>个体户>工人>务农
	个体户	30.31	5.126			
	工人	30.05	4.908			
	其他	30.56	5.027			
文化融合	务农	43.91	6.605	4.808	0.002	其他>工人>个体户>务农
	个体户	44.63	7.251			
	工人	45.15	7.172			
	其他	45.16	7.901			
社会自觉	务农	35.99	5.384	4.871	0.002	其他>个体户>工人>务农
	个体户	36.75	5.849			
	工人	36.63	5.483			
	其他	37.07	6.138			
关联教育	务农	37.70	6.143	3.221	0.022	工人>其他>个体户>务农
	个体户	38.12	6.555			
	工人	38.68	6.520			
	其他	38.58	7.135			

(7)家庭所在地为影响因素的民族认同、国家认同和文化认同的差异性分析

表 4-13　家庭所在地在民族认同、国家认同和文化认同上的总体情况

维度	所在地	平均分	标准差	F值	P值	排序
民族认同	城市	47.53	9.787	3.453	0.032	农村>城市>乡镇
	乡镇	46.39	8.349			
	农村	47.55	8.297			
国家认同	城市	87.48	16.982	14.117	0.000	农村>乡镇>城市
	乡镇	88.97	15.201			
	农村	91.26	15.110			
文化认同	城市	30.19	5.526	1.641	0.194	
	乡镇	30.07	4.748			
	农村	29.80	4.480			
文化融合	城市	45.16	8.096	6.606	0.001	城市>乡镇>农村
	乡镇	44.05	6.821			
	农村	43.97	6.543			
社会自觉	城市	36.86	6.373	3.728	0.024	城市>农村>乡镇
	乡镇	36.14	5.572			
	农村	36.16	5.291			
关联教育	城市	38.79	7.078	8.199	0.000	城市>农村>乡镇
	乡镇	37.33	6.330			
	农村	37.75	6.146			

表 4-13 的结果显示,家庭所在地在文化认同没有显著差异;民族认同、国家认同、文化融合、社会自觉、关联教育存在显著差异,显著性概率分别为 0.032、0.000、0.001、0.000。在民族认同层面,农村得分最高,其次是城市,乡镇得分最低;在国家认同层面,农村得分最高,其次是乡镇,城市得分最低;在文化融合层面上,城市得分最高,其次是农村,乡镇得分最低;在社会自觉、关联教育层面上,城市得分最高,其次是农村,乡镇得分最低。

(8)班级类型为影响因素的民族认同、国家认同和文化认同的差异性分析

表 4-14 班级类型在民族认同、国家认同和文化认同上的总体情况

维度	类型	平均分	标准差	F 值	P 值	排序
民族认同	汉语班级	47.57	9.767	5.076	0.006	双语班级＞汉语班级＞民族语班级
	民族语班级	46.41	8.338			
	双语班级	47.60	8.280			
国家认同	汉语班级	87.56	16.880	22.995	0.000	双语班级＞民族语班级＞汉语班级
	民族语班级	89.20	15.122			
	双语班级	91.45	14.959			
文化认同	汉语班级	30.23	5.455	15.215	0.000	汉语班级＞民族语班级＞双语班级
	民族语班级	29.98	4.559			
	双语班级	29.87	4.434			
文化融合	汉语班级	45.19	8.087	0.435	0.647	
	民族语班级	44.04	6.761			
	双语班级	44.02	6.487			

续表

维度	类型	平均分	标准差	F值	P值	排序
社会自觉	汉语班级	36.92	6.362	15.483	0.000	汉语班级＞双语班级＞民族语班级
	民族语班级	36.15	5.576			
	双语班级	36.17	5.280			
关联教育	汉语班级	38.80	7.073	0.106	0.900	
	民族语班级	37.35	6.337			
	双语班级	37.76	6.136			

表 4-14 的结果显示，班级类型在文化融合和关联教育上没有显著差异；民族认同、国家认同、文化认同、社会自觉存在显著差异，显著性概率分别为 0.006、0.000、0.000、0.000、0.000。在民族认同层面，双语班级得分最高，其次是汉语班级，民族语班级得分最低；在国家认同层面，双语班级得分最高，其次是民族语班级，汉语班级得分最低；在文化认同层面上，双语班级得分最高，其次是民族语班级，双语班级得分最低；在社会自觉层面上，汉语班级得分最高，其次是双语班级，民族语班级得分最低。

（9）学历水平为影响因素的民族认同、国家认同和文化认同的差异性分析

表 4-15 的结果显示，学历水平在民族认同、国家认同、文化认同、文化融合、社会自觉、关联教育存在显著差异，显著性概率分别为 0.002、0.000、0.000、0.000、0.009、0.000。在民族认同、文化融合、关联教育层面，初中得分最高，其次是本科，高

中得分最低；在国家认同、文化认同、社会自觉层面，高中得分最高，其次是本科，初中得分最低。

表4-15 学历水平在民族认同、国家认同和文化认同上的总体情况

维度	类型	平均分	标准差	F值	P值	排序
民族认同	初中	48.64	7.067	6.339	0.002	初中＞本科＞高中
	高中	46.80	7.474			
	本科	47.90	9.585			
国家认同	初中	87.12	13.412	61.947	0.000	高中＞本科＞初中
	高中	95.47	12.533			
	本科	88.25	16.626			
文化认同	初中	28.89	4.751	10.572	0.000	高中＞本科＞初中
	高中	30.26	3.472			
	本科	30.05	5.350			
文化融合	初中	44.94	7.430	11.360	0.000	初中＞本科＞高中
	高中	43.29	5.207			
	本科	44.71	7.597			
社会自觉	初中	35.45	5.814	4.728	0.009	高中＞本科＞初中
	高中	36.55	4.315			
	本科	36.28	6.111			
关联教育	初中	38.61	6.328	8.799	0.000	初中＞本科＞高中
	高中	37.17	5.426			
	本科	38.27	6.886			

（10）广西和青海少数民族学生的民族认同、国家认同和文化认同的差异性分析

表 4-16 广西和青海在各主维度上的差异性分析

维度	省份	平均分	标准差	F值	P值	比较结果
民族认同	广西	47.38	8.657	71.24	0.000	青海>广西
	青海	50.82	7.103			
国家认同	广西	90.16	15.524	6.79	0.009	广西>青海
	青海	88.20	15.742			
文化认同	广西	29.97	4.706	27.67	0.000	广西>青海
	青海	28.78	4.482			
文化融合	广西	44.29	6.944	22.46	0.000	广西>青海
	青海	42.73	5.995			
社会自觉	广西	36.33	5.602	79.68	0.000	广西>青海
	青海	33.96	4.855			
关联教育	广西	37.92	6.412	0.38	0.541	
	青海	38.11	4.919			

表 4-16 结果显示，广西和青海两个省份在民族认同、国家认同、文化认同维度上的差异极其显著，而在关联教育维度上则差异不显著。再结合均值比较结果发现：在民族认同维度上，青海地区得分显著高于广西地区；而在国家认同、文化认同、文化融合、社会自觉维度上，广西地区得分均显著高于青海地区。

3.民族认同、国家认同和文化认同的相关性分析

为了考察民族认同、国家认同、文化认同、文化融合、社会自觉、关联教育这六个维度之间的相关性，这里采用 Spearman 相关系数进行分析，利用 SPSS19.0 统计软件，分别计算出六个维度之间的相关系数。

表 4-17 民族认同、国家认同和文化认同的相关性分析

		民族认同	国家认同	文化认同	文化融合	社会自觉	关联教育
民族认同	b	1					
	Sig						
国家认同	b	0.496**	1				
	Sig	0.000					
文化认同	b	0.284**	0.490**	1			
	Sig	0.000	0.000				
文化融合	b	0.277**	0.359**	0.742**	1		
	Sig	0.000	0.000	0.000			
社会自觉	b	0.198**	0.421**	0.710**	0.743**	1	
	Sig	0.000	0.000	0.000	0.000		
关联教育	b	0.305**	0.373**	0.663**	0.774**	0.743**	1
	Sig	0.000	0.000	0.000	0.000	0.000	

注：其中 b 表示各变量之间的相关系数，Sig 表示变量间的显著性概率。
* 表示 Sig < 0.05，即差异性显著；** 表示 Sig < 0.01，即差异性非常显著。

表 4-17 显示，各维度之间的显著性概率 Sig 的值都小于显著性水平 0.01，说明六个维度之间存在非常显著的相关性。此外，由相关系数可看出：关联教育与文化融合之间的相关程度最高，相关系数达到了 0.774；其次是文化融合与社会自觉、社会自觉与关联教育的相关程度，它们的相关系数均为 0.743；最后是文化认同与文化融合、文化认同与社会自觉的相关程度，相关系数分别为 0.742、0.710。

第二节 民族认同、国家认同和文化认同的表征方式

文化融合途径是个体进行中华文化认同的基础，在参与不同民族文化活动过程中丰富了文化融合经历，从而产生较强烈的融合意愿，为民族认同、国家认同和文化认同奠定基础。本节利用因子动因分析的方法结合案例分析，从文化融合途径、文化融合经历、文化融合意愿三个维度探讨民族认同、国家认同和文化认同下的文化融合（具体如表 4-18 所示）。

表 4-18 文化融合的次维度结构

主维度	次维度	题项
D 文化融合	D1 文化融合途径	D03、D02、D04、D01、D05、D06、D07
	D2 文化融合经历	D08、D11、D10、D09
	D3 文化融合意愿	D13、D14、D12

由表 4-18 可以看出，民族认同、国家认同和文化认同下的文化融合表征方式以文化融合途径、文化融合经历和文化融合意愿三个次维度呈现，依次编码为 D1、D2 和 D3。其中，D1 文化融合途径指受访者了解中华民族以达到文化融合目的的方式，如通过阅读、电视、网络等，该维度由 D03、D02、D04、D01、D05、D06、D07 组成；D2 文化融合经历指受访者在生活学习中

感知中华文化的切身体会，如参加中华传统文化活动、学习生活中受中国传统文化影响等，该维度由 D08、D11、D10、D09 组成；D3 文化融合意愿指受访者对中华文化有积极的情感倾向，如接受不同民族文化活动、愿意过不同民族节日等，该维度由 D13、D14、D12 组成。

一、民族认同、国家认同和文化认同下的文化融合途径

各民族平等、共同繁荣是我国处理民族关系问题的重要目标，民族之间文化的融合是其题中之义。[①] 纵观历史，从印刷术的发明到如今电视网络的普及，从简单的衣食住行到丰富的自身经历，各式各样的文化融合途径将汉族的伟、壮族的美、瑶族的娇、侗族的饶……杂糅成多姿多彩的中华民族文化。

（一）地区、民族文化融合途径差异性分析

1. 广西和青海文化融合途径差异性分析

表 4-19　广西和青海在文化融合途径上的差异性分析

次维度	地区	平均分	标准差	F 值	P 值	比较结果
D1	广西	22.11	3.802	1.108	0.293	
	青海	21.92	3.248			

---

① 李永政、王李霞：《文化融合与民族大学生国家认同教育》，《民族学刊》2014 年第 5 期。

由表 4-19 可知，广西和青海在文化融合途径上没有显著性差异。传媒、建筑、饮食等是文化融合的重要途径，而经济的发展则是民族文化融合途径的一个非常重要前提，青海省在新中国成立后，积极发展，经济总量不断增加，科技含量不断提升，社会贡献不断增大。据有关数据显示，2017 年青海省 GDP 总量为 2642.80 亿元，同比增长 7.3%，人均地区生产总值 44348 元，比上年增长 6.4%。而广西在经济发展上也突飞猛进，势头不减。《2017 年广西壮族自治区国民经济和社会发展统计公报》显示，2017 年全区 GDP 总量为 20396.25 亿元，比上年增长 7.3%，人均地区生产总值 41955 元。由此，两省不相上下的经济状况在一定程度上决定了它们在文化融合途径上相差无几。

2. 广西代表性民族文化融合途径差异性分析

表 4-20　广西代表性民族在文化融合途径次维度上的差异性分析

次维度	民族	平均分	标准差	F 值	P 值	比较结果
D1	汉	22.37	3.887	10.328	0.000	汉＞壮＞其他＞瑶
	壮	22.19	3.684			
	瑶	20.91	3.358			
	其他	21.71	4.002			

表 4-20 的结果显示，代表性民族（汉族、壮族、其他民族、瑶族）在文化融合途径上存在显著性差异，显著性概率均为 0.000，其中汉族得分最高，其次是壮族，再次是其他民族，瑶族得分最低。

汉族文化与其他少数民族文化融合历史悠久，秦始皇统一岭南前，华夏先民便与越族先民交往密切，秦始皇统一岭南后，将南征的数十万军队留守岭南，并移民"与越人杂处"，此后的历代，都有中原汉族迁居岭南。广西各族先民与南迁的汉族通过通婚、杂居、经济交往和生产技术的相互学习，从而促进汉族文化与其他少数民族文化的融合。中华人民共和国成立以来，尤其是1958年广西壮族自治区成立，广西壮汉文化融合成为中华民族文化融合的典范。如今，区政府及有关部门也在大力推动着汉族文化与其他少数民族文化的融合，出台各项政策继承、保护、发展各民族传统优秀文化；加强少数民族语言广播、电影、电视节目的译制；开发具有标志性民族文化特色的民族文化产业；在保障少数民族使用、发展本民族语言文字权利的同时，推广使用普通话和规范汉字。丰富的文化融合途径成就了现今绚烂多彩的广西文化。因此，在文化融合途径方面，汉族的得分最高。

此外，侗、苗等少数民族自身也积极寻找文化融合与发展致富之道。例如，三江县是广西柳州市最北面的一个少数民族聚居县，境内的老百姓都有打油茶的习俗，特别以侗族、苗族为甚。当地人一天至少要喝三餐油茶，早上起来先喝油茶再出工，中午收工回来先喝油茶再吃午饭，晚餐也先喝油茶再做饭。相似的饮食文化是侗、苗两族文化融合的重要纽带。

而瑶族是个山居民族，其村落大多位于海拔1000米左右的高山密林中，一般建在山顶、半山腰和山脚溪畔，甚至在广西西部某些石山区、十万大山中心区和云南边疆上的某些保留原始氏族残余的少数瑶族地区,有"刀耕火种"的生产习俗。所谓"刀耕火种",指在每年阴历十、十一月份,同一个共耕单位的瑶族群众,上山用刀斧把选定要开垦的荒山上的草木砍倒,等到第二年春砍倒的草木已被晒干时,选择一个晴朗天气放火烧山,留下厚厚的一层草木灰作为肥料,然后男女配合,男子打洞,女子点播。这种耕种方式是一种靠天吃饭的游耕方式。当山地肥力下降,不再适合作物生长时,就必须重新寻找另外一块山地进行刀耕火种。恶劣的自然条件、低水平的生产方式制约了瑶族经济发展的速度,大部分文化传播的工具无法普及,因而其在文化融合路径方面不及汉族、壮族和其他民族丰富。

(二)地区、民族文化融合途径具体分析

1. 广西和青海文化融合各途径平均分分析

表4-21 广西和青海在文化融合途径次维度上的各题平均分

地区	样本数N	D01	D02	D03	D04	D05	D06	D07
广西	2663	3.196	3.152	3.130	3.134	3.209	3.164	3.127
青海	508	3.219	3.051	3.138	3.093	3.159	3.134	3.128
结果对比		青海>广西	广西>青海	青海>广西	广西>青海	广西>青海	广西>青海	青海>广西

由表4-21可知,在文化融合途径的表征方式D01(通过阅读书籍、杂志、报纸或其他材料了解中华民族)的调查中,青海平均分高于广西。在D02(通过各民族饮食了解中华民族)的调查

中，广西平均分高于青海。在 D03（通过各民族建筑了解中华民族）的调查中，青海平均分高于广西。在 D04（通过社交活动了解中华民族）的调查中，广西平均分高于青海。在 D05（通过电视节目了解中华民族）的调查中，广西平均分高于青海。在 D06（通过网络了解中华民族）的调查中，广西平均分高于青海。在 D07（通过我自身经历了解中华民族）的调查中，青海得分高于广西。总的来说，广西和青海在融合民族文化的途径上各有各的优势，文化融合的途径整体相差不大。

例如，位于青海省平安县西南 30 多公里处的洪水泉乡洪水泉村的伊斯兰教活动场所洪水泉清真寺，该寺庙的每一根木、每一块砖都蕴藏着民族文化融合的历史。大殿的殿脊正中是三只具有藏传佛教风格的彩塑砖雕宝瓶；大殿的隔扇条环板上，刻着由法轮、宝伞、莲花、法螺等组成的藏传佛教"八瑞相"；礼拜殿的柱头顶端的龙子椒图，殿脊、殿角、屋顶之上的螭吻的龙子等，象征着中华文化的"龙"在寺里寺外随处可见；此外，暗八仙、菊竹梅兰、琴棋书画等不少独具汉文化特色的雕刻图案在其墙壁上也多有呈现。

而广西卫视的品牌节目《寻找金花》，是广西卫视的一个寻找美、发现美、挖掘美、表现美的节目，在寻找"金花"的过程中，为观众展示民族地区特有的风情画卷，人的美，景的美，文化的美。通过网络、电视等传播手段，让更多的人领略到各民族的美丽，进而更好地促进民族文化的融合发展。

2. 广西代表性民族文化融合途径平均分分析

表4-22 文化融合途径次维度广西各民族平均分

民族	样本数N	D01	D02	D03	D04	D05	D06	D07
汉族	950	3.212	3.175	3.169	3.137	3.217	3.191	3.169
壮族	166	3.209	3.160	3.136	3.176	3.220	3.164	3.127
苗族	91	3.374	3.319	3.264	3.198	3.297	3.297	3.341
侗族	15	3.133	3.333	3.133	3.267	3.600	3.533	3.133
瑶族	227	3.035	2.974	2.912	2.943	3.097	3.044	2.907
其他民族	114	3.088	3.061	3.053	2.947	3.114	3.035	3.061
比较结果		苗>汉>壮>侗>其他>瑶	侗>苗>汉>壮>其他>瑶	苗>汉>壮>侗>其他>瑶	侗>苗>壮>汉>其他>瑶	侗>苗>壮>汉>其他>瑶	侗>苗>汉>壮>瑶>其他	苗>汉>侗>壮>其他>瑶

由表4-22可以看出，广西各民族在D01（通过阅读书籍、杂志、报纸或其他材料了解中华民族）的调查中，苗族得分最高，其次是汉族、壮族、侗族、其他民族，瑶族得分最低。在D02（通过各民族饮食了解中华民族）的调查中，侗族得分最高，其次是苗族、汉族、壮族、其他民族，最后是瑶族。在D03（通过各民族建筑了解中华民族）的调查中，苗族得分最高，其次是汉族、壮族、侗族、其他民族，瑶族得分最低。在D04（通过社交活动了解中华民族）的调查中，侗族得分最高，其次是苗族、壮族、汉族、其他民族，瑶族得分最低。在D05（通过电视节目了

解中华民族）的调查中，侗族得分最高，其次是苗族、壮族、汉族、其他民族，最后是瑶族。在D06（通过网络了解中华民族）的调查中，侗族得分最高，其次是苗族、汉族、壮族、瑶族，最后是其他民族。在D07（通过我自身经历了解中华民族）的调查中，苗族得分最高，其次是汉族、侗族、壮族、其他民族，瑶族得分最低。

由对比数据可以看出，侗、苗两族在文化融合途径调查得分上处于比较领先的位置，说明了侗、苗两族在文化融合上，所采取的途径更为丰富。以油茶产业为例，侗、苗两族以推广油茶这一民族文化特点为契机，大力积极向其他民族分享本民族的优秀油茶文化，并在不断接触其他民族文化时选择性地吸收精华，从而不断改良油茶文化，进而借以油茶产业推动本民族经济的发展。

3.青海代表性民族文化融合途径平均分分析

表4-23 文化融合途径次维度青海各民族平均分

民族	样本数N	D01	D02	D03	D04	D05	D06	D07
汉族	59	3.542	3.373	3.458	3.441	3.441	3.424	3.373
藏族	291	3.093	2.931	3.024	2.990	3.041	3.024	3.069
回族	57	3.474	3.140	3.298	3.193	3.386	3.368	3.316
其他民族	101	3.248	3.158	3.188	3.129	3.208	3.149	3.050
比较结果		汉>回>其他>藏	汉>其他>回>藏	汉>回>其他>藏	汉>回>其他>藏	汉>回>其他>藏	汉>回>其他>藏	汉>回>藏>其他

由表 4-23 得知，青海各民族在 D01（通过阅读书籍、杂志、报纸或其他材料了解中华民族）的调查中，汉族平均分最高，其次是回族、其他民族，藏族平均分最低。在 D02（通过各民族饮食了解中华民族）的调查中，汉族平均分最高，其次是其他民族、回族，藏族平均分最低。在 D03（通过各民族建筑了解中华民族）的调查中，汉族平均分最高，其次是回族、其他民族，藏族平均分最低。在 D04（通过社交活动了解中华民族）的调查中，汉族平均分最高，其次是回族、其他民族，藏族平均分最低。在 D05（通过电视节目了解中华民族）的调查中，汉族平均分最高，其次是回族、其他民族，藏族平均分最低。在 D06（通过网络了解中华民族）的调查中，汉族平均分最高，其次是回族、其他民族，藏族平均分最低。在 D07（通过我自身经历了解中华民族）的调查中，汉族平均分最高，其次是回族、藏族、其他民族平均分最低。

从对青海各少数民族文化融合途径的调查分析中，可以看出，回族的各项得分一直名列前茅。伊斯兰教作为青海回族信仰的纽带，经过国内外众多信仰伊斯兰教的穆斯林和非穆斯林民族数百年迁徙定居、繁衍生息，融汇组合，回族已经成为一个包容性强、文化融合途径丰富多样的少数民族。尽管穿汉（藏）服、讲汉（藏）语、取汉名、读汉文，但在婚丧礼仪、饮食禁忌等方面，回族依然坚持自己的民族特点，保留传统，融而不化、合而不流。

二、民族认同、国家认同和文化认同下的文化融合经历

中华民族的历史是各民族文化融合共生的历史,也正是这些丰富的民族文化融合经历,才成就了现今"百家争鸣,百花齐放"的多元中华民族文化。每一个民族的文化都不是孤立存在的,它们相互渗透、相互影响,从而丰富了各族人民文化融合的经历,为各民族的文化注入活力之源。

(一)地区、民族文化融合经历差异性分析

1. 广西和青海文化融合经历差异性分析

表 4-24 广西和青海在文化融合经历各次维度经历上的差异性分析

次维度	地区	平均分	标准差	F值	P值	比较结果
D2	广西	12.59	2.194	16.387	0.000	广西>青海
	青海	12.16	2.015			

由表 4-24 可知,广西和青海在文化融合经历上存在显著性差异,显著性概率均为 0.000,且广西得分均高于青海得分。据相关数据统计,2016 年,广西高中阶段毛入学率为 87.5%,而青海高中阶段毛入学率则为 81.98%。学校教育是受访者接受不同文化的重要方式,也是个人文化融合主要经历之一,因此,从学校教育场域看,广西受访者文化融合的经历比青海丰富。

2. 广西代表性民族文化融合经历差异性分析

表 4-25　广西代表性民族在文化融合经历次维度上的差异性分析

次维度	民族	平均分	标准差	F 值	P 值	比较结果
D2	汉	12.73	2.193	13.751	0.000	汉＞壮＞其他＞瑶
	壮	12.63	2.188			
	瑶	11.79	1.801			
	其他	12.22	2.307			

由表 4-25 的可知，代表性民族（汉族、壮族、瑶族、其他民族）在文化融合经历上存在显著性差异，显著性概率均为 0.000，其中汉族得分最高，其次是壮族，再次是其他民族，瑶族得分最低。

汉族作为中华民族的主体民族，汉族受访者从小在中华文化的熏陶中成长，中华文化无时无刻不在汉族受访群体中发生作用，其文化融合经历丰富不言而喻，因此汉族受访者在文化融合经历方面得分最高。

壮族作为稻作文化载体之一的民族，继承了稻作文化外向型、开放性、包容性的特点，对其他兄弟民族的优良传统文化具有较强的吸收和融合能力。在语言文字方面，壮语的语法主体跟汉藏语系汉语族语言近似，与泰国语、老挝语、傣族语、掸族语等语言有着十分密切的亲缘关系，其底层词汇和发音系统除了与侗台语族其他语言接近之外，还与汉语族的粤语也比较接近。此外，独具壮族特色的"方块壮字"则是壮族先民在长期的生产生活斗争中仿效汉字六书构字方法创造并不断发展形成的一种民族文字。在饮食方面，壮族和汉族一样日食三餐，以大米为主食，肉类蔬菜为副食。而在全球化发展的今天，受西方文化的影响，西餐逐渐在南宁、柳州、百色等壮族聚居的城市盛行。在宗教信仰方面，壮族和其他少数民族相似，多为自然崇拜和祖先崇拜。例如信奉所有的婴儿皆为花婆神所赐，因而供奉花婆神以求生育和庇佑孩子。此外，壮族的宗教也深受佛教和道教的影响，其中壮传道教便是富有壮族文化特色的本土宗教。在建筑方面，既有壮族传统居住形式——干栏，汉式平房也比较普遍。服饰方面，布料逐渐由洋布洋纱代替土布土纱，且由繁趋简，并趋同于汉族。婚恋方面，古老的依歌择配、不落夫家及从妻居等婚俗被现代自由恋爱、文明婚礼所取代。在丧葬方面，其丧葬仪式细节与汉族和其他民族大体相似，但受汉族"入土为安"伦常观的影响，一些地方自觉地采取了一次葬方式，改变了过去"多丰于丧，而啬于葬"的传统做法。由此可见，开放、兼容的民族性格，丰富了壮族文化融合的经历，因而壮族受访者在文化融合经历方面得分也较高。

相较之下，瑶族由于该族聚居地较为集中，地理位置上不利于其他族群文化的传播，受汉族及其他民族的文化渗透少，缺乏相应的传播媒介对中华文化进行有效的宣传。对瑶族受访者来说，自身与中华文化相接触的经历相对于其他民族受访者而言较少。

(二)地区、民族文化融合经历具体分析

1. 广西和青海文化融合经历具体题项分析

表 4-26　广西和青海在文化融合经历次维度上的各题平均分

地区	样本数 N	D08	D09	D10	D11
广西	2663	3.046	3.378	3.077	3.087
青海	508	3.022	3.146	2.955	3.041
比较结果		广西>青海	广西>青海	广西>青海	广西>青海

由表 4-26 可知,在文化融合经历次维度 D08(对中华民族良好感情来源于自身经历)、D09(我参加了一些中华传统文化活动,帮助我更了解中华民族)、D10(我的生活经历和身边其他民族学生差别不大)、D11(我的学习、生活很大程度上受到中华民族传统文化的影响)的调查中,广西各项得分均高于青海。

青海是个地广人稀的省份,据青海省 2015 年全国 1% 人口抽样调查主要数据统计,全省常住人口中,汉族人口为 307.26 万人,占 52.29%;各少数民族人口为 280.34 万人,占 47.71%,少数民族人口比例仅低于西藏和新疆。少量的人口加之受过去自给自足生产方式的制约而形成的内敛敦厚、保守务实的民族性格,导致青海省人民与外界的物质交流和文化交流较少,因此,青海省在关于文化融合经历的调查中得分较低。

2. 广西代表性民族文化融合经历平均分分析

表 4-27　文化融合经历次维度广西各民族平均分

民族	样本数 N	D08	D09	D10	D11
汉族	950	3.079	3.394	3.084	3.148
壮族	166	3.050	3.389	3.111	3.081
苗族	91	3.242	3.385	3.187	3.132
侗族	15	3.067	3.600	3.133	3.000
瑶族	227	2.784	3.304	2.837	2.868
其他民族	114	3.096	3.237	3.026	3.053
比较结果		苗＞其他＞汉＞侗＞壮＞瑶	汉＞壮＞苗＞侗＞瑶＞其他	苗＞侗＞壮＞汉＞其他＞瑶	汉＞苗＞壮＞其他＞侗＞瑶

表 4-27 结果显示，广西各族受访者在 D08（对中华民族良好感情来源于自身经历）的调查中苗族得分最高，其次是其他民族、汉族、侗族、壮族，瑶族得分最低。在 D09（我参加了一些中华传统文化活动，帮助我更了解中华民族）的调查中汉族得分最高，其次是壮族、苗族、侗族、瑶族，其他民族得分最低。在 D10（我的生活经历和身边其他民族学生差别不大）的调查中，苗族得分最高，其次是侗族、壮族、汉族、其他民族，最后是瑶族。在 D11（我的学习、生活很大程度上受到中华民族传统文化的影响）的调查中汉族得分最高，其次是苗族、壮族、其他民族、侗族，最后是瑶族。

数据的总体状况表明，苗族受访群体拥有着不错的文化融合经历。例如，广西融水苗族自治县是广西苗族群体的聚居地，位于广西北部，与环江毛南族自治县、罗城仫佬族自治县、三江侗族自治县接壤，历年来与周围兄弟民族友好相处。其所操语言与桂林、柳州相似，皆为西南官话"桂柳话"。由此在生活体验上，该地区人民与周边地区人民无异。

3. 青海代表性民族文化融合经历平均分分析

表4-28 文化融合经历次维度青海各民族平均分

民族	样本数N	D08	D09	D10	D11
汉族	59	3.373	3.373	3.034	3.373
藏族	291	2.948	3.127	2.928	2.986
回族	57	3.088	3.070	2.965	3.158
其他民族	101	2.990	3.109	2.980	2.941
比较结果		汉>回>其他>藏	汉>藏>其他>回	汉>其他>回>藏	汉>回>藏>其他

由表4-28可知，青海各族受访者在D08（对中华民族良好感情来源于自身经历）的调查中汉族得分最高，其次是回族、其他民族，藏族得分最低。在D09（我参加了一些中华传统文化活动，帮助我更了解中华民族）的调查中汉族得分最高，其次是藏族、其他民族，回族得分最低。在D10（我的生活经历和身边其他民族学生差别不大）的调查中，汉族得分最高，其次是其他民

族、回族,最后是藏族。在 D11(我的学习、生活很大程度上受到中华民族传统文化的影响)的调查中汉族得分最高,其次是回族、藏族,最后是其他民族。

总体上看,藏族在文化融合经历这一维度上相较于其他民族得分排名较后,一方面源于藏族居住的地理位置,另一方面源于藏族人民的家庭文化氛围。在地理位置上,青海藏族,所分布的地域多数是自然环境高寒的边远贫困地区。严酷的自然环境使他们在人与自然、社会的互相砥砺、交融过程中,形成了独具高原特色的文化底蕴和相对保守的思想观念。这是导致青海藏族人民与其他民族文化沟通交流经历少的根本原因。此外,在藏族人民的家庭文化氛围影响上,家庭成员之间、族际之间全部以本民族语言进行交流,这给与其他民族文化的沟通交流造成了一定程度的障碍。故青海藏族的文化融合经历相对匮乏。

三、民族认同、国家认同和文化认同下的文化融合意愿

内部驱动力是各民族文化进行融合的重要前提,民族文化融合、发展的动机愈加明确和强烈,各民族的政治凝聚力、向心力才会愈强。历史实践也告诉我们,文化上封闭的消极情绪会令一个民族的文化发展陷于不利处境。在各民族文化竞相发展的今天,只有保持积极的文化融合意愿才能带领本民族文化占据有利条件。

(一)地区、民族文化融合意愿差异性分析

1. 广西和青海文化融合意愿差异性分析

表 4-29 广西和青海在文化融合意愿上的差异性分析

次维度	地区	平均分	标准差	F值	P值	比较结果
D3	广西	9.59	1.686	133.332	0.000	广西＞青海
	青海	8.64	1.726			

由表 4-29 可知,广西和青海在文化融合意愿上存在显著性差异,显著性概率均为 0.000,且广西得分均高于青海得分。广西作为中国少数民族最多的省份,其民族构成比青海丰富,汉族群体比青海庞大且分布广,这就使得广西受访群体有更多的机会体验到多元一体中华文化的魅力,而事实也证明广西各族群文化受彼此文化的影响颇为深远,因此广西受访者在文化融合意愿相较于青海而言更为强烈。

2. 广西代表性民族文化融合意愿差异性分析

表 4-30 广西代表性民族在文化融合意愿次维度上的差异性分析

次维度	民族	平均分	标准差	F值	P值	比较结果
D3	汉	9.59	1.703	16.271	0.000	壮＞汉＞其他＞瑶
	壮	9.70	1.619			
	瑶	9.04	1.649			
	其他	9.07	1.831			

由表 4-30 可知，代表性民族（汉族、壮族、瑶族、其他民族）在文化融合意愿上存在显著性差异，显著性概率均为为 0.000，其中壮族得分最高，其次是汉族、其他民族，瑶族得分最低。

相比较于其他的少数民族，由于壮族"大杂居，小聚居"的民族分布特点显著，受中华文化渗透大，壮族群体对中华文化的体验感良好，对中华文化认可度较高，使得广西壮族人民在文化融合意愿上强烈于其他民族。

以壮族"三月三"歌圩节为例，作为一场壮、汉、侗、苗等民族共享的节日盛典，已经成为广西最亮丽的一张文化名片。广西各族人民，尤其是壮族人民，深切体验到"美人之美，各美其美，美美与共，天下大同"的多元一体中华民族文化的魅力。

其一，凝聚了民族意识和民族精神，弘扬了民族文化，提高了民族自信，促进了民族团结。壮族"三月三"歌圩节举办期间，各族人民济济一堂，将各个民族独具特色的民族文化活动一一呈现。如独具壮乡风情的山歌擂台赛、千人竹竿舞、抛绣球、抢花炮等活动，技艺精湛的各族绣娘民族服饰刺绣表演，以及刘三姐歌谣、壮族嘹歌、侗族大歌、苗族飞歌等特色鲜明的广西各族民间艺术，这些都是民族文化中的"瑰宝"，充分体现了各民族的精神气质与文化魅力，在表演过程中其令人叹为观止的视觉感观与艺术价值使各族人民更深刻地认识自己的民族文化，民族自豪感油然而生。

其二，促进了服务产业升级转型，推动了壮族地区经济的发展。壮族"三月三"歌圩节吸引了众多外地人士来到广西,当地从事旅游、商贸、服务等行业的人收入增加,改善了他们的日常生活,一定程度上使各民族的经济差距缩小。据统计,2018年三月三歌圩节期间南宁市旅游总消费达19.32亿元,是当地财政收入的重要部分。

这一活动,既为壮族地区的经济带来了可观的收入,又在与各族文化的交流中促进了自身民族文化的发展,向世界展现了广西多元民族文化融合共生的魅力。因此,广西壮族受访者在文化融合意愿的调查中得分最高。

而由于瑶族对本民族文化传承保护得较好,使得瑶族受访群体对本民族文化持有较高的文化自信,而多元一体的中华文化对于瑶族受访者来说吸引力偏低,因此瑶族受访者的文化融合意愿也较低。

(二)地区、民族文化融合意愿具体分析

1.广西和青海在文化融合意愿平均分分析

表4-31 广西和青海在文化融合意愿次维度上的各题平均分

地区	样本数N	D12	D13	D14
广西	2663	3.221	3.198	3.171
青海	508	3.004	2.815	2.825
比较结果		广西>青海	广西>青海	广西>青海

由表 4-31 可知，在广西和青海文化融合意愿的次维度 D12（我愿意参加其他民族的文化活动）、D13（我愿意过各种节日，无论它是不是我所属民族的节日）、D14（我可以和不同民族的人生活在一起，并且接受他们的民族文化）的调查中，广西各项得分均比青海高。

广西区内有 12 个世居民族，对外与东盟各国往来密切。凭借自身优越的地理条件——绵长的海岸线和广阔的内陆水域，在渔业方面占据着无可比拟的优势，为广西与各地的渔业合作提供了基础。广西以敏锐的视角充分发现这一机遇，积极利用自身的优势推动区内经济的发展，主动进行文化的交流融合，举办具有广西特色的渔业周。活动期间以"渔"会友，举办全国龟鳖评比大赛、桂台渔业交流合作恳谈会暨项目对接会、名特优水产畜牧产品展示会、台湾百大水产精品展销专区启动仪式、中国—东盟钓鱼大赛等一系列重头活动，极大地推动了广西各族人民经济的发展，使广西各族人民增强了自身民族的文化自信，为广西各族人民积极进行文化融合交流提供了一次次机会，让广西各族人民以更加昂首挺胸的姿态向世界展示了广西文化的多样性。

广西区利用地理位置等自身优势条件举办各种交流活动，让区内的众多少数民族有机会参与进来，既发展了经济又推动了文化上的交流融合，这也是广西区受访者在文化融合意愿上得分较高的重要因素之一。

2. 广西代表性民族文化融合意愿平均分分析

表 4-32 文化融合意愿次维度广西各民族平均分

民族	样本数 N	D12	D13	D14
汉族	950	3.236	3.163	3.183
壮族	166	3.246	3.258	3.193
苗族	91	3.220	3.330	3.319
侗族	15	3.533	3.267	3.400
瑶族	227	3.026	3.013	3.000
其他民族	114	3.167	3.096	3.009
比较结果		侗＞壮＞汉＞苗＞其他＞瑶	苗＞侗＞壮＞汉＞其他＞瑶	侗＞苗＞壮＞汉＞其他＞瑶

由表 4-32 可知，广西各民族受访者在 D12（我愿意参加其他民族的文化活动）的调查中，侗族得分最高，其次是壮族、汉族、苗族、其他民族，瑶族得分最低。在 D13（我愿意过各种节日，无论它是不是我所属民族的节日）的调查中，苗族得分最高，其次是侗族、壮族、汉族、其他民族，最后是瑶族。在 D14（我可以和不同民族的人生活在一起，并且接受他们的民族文化）的调查中，侗族得分最高，其次是苗族、壮族、汉族、其他民族，瑶族得分最低。

文化融合意愿各个表征方式调查的总体结果显示，瑶族在文化融合意愿维度上，各题得分均最低，主要源于瑶族受访群体对本民族文化持有较高的文化自信，文化融合意识不够强。以金秀瑶族自治县为例，金秀瑶族自治县位于广西桂林、柳州、梧州、南宁四个城市的中心交汇点，地处桂中东部的大瑶山，属于南亚热带向中亚热带的过渡地带，因而，金秀瑶族自治县生物资源十分丰富。同时，金秀瑶族自治县还是典型的山区林业县，在很长的时间里，金秀瑶族人民都遵循着"靠山吃山"的思想观念，过着小富即安的日子，对于其他民族文化的融合缺乏一定的关注和意识，导致了广西瑶族在文化融合途径这一块的调查中显示出较低的认识。

3. 青海代表性民族文化融合意愿平均分分析

表4-33 文化融合意愿次维度青海各民族平均分

民族	样本数N	D12	D13	D14
汉族	59	3.373	3.169	3.119
藏族	291	2.880	2.770	2.763
回族	57	3.140	2.561	2.754
其他民族	101	3.069	2.881	2.871
比较结果		汉>回>其他>藏	汉>其他>藏>回	汉>其他>藏>回

由表4-33可知，青海各民族受访者在D12（我愿意参加其他民族的文化活动）的调查中，汉族得分最高，其次是回族、其他民族，藏族得分最低。在D13（我愿意过各种节日，无论它是不是我所属民族的节日）的调查中，汉族得分最高，其次是其他民族、藏族，最后是回族。在D14（我可以和不同民族的人生活在一起，并且接受他们的民族文化）的调查中，汉族得分最高，其

次是其他民族、藏族，回族得分最低。

总体来看，青海汉族的文化融合意愿要比其他民族强烈。青海的汉族主要分布在河湟地区和柴达木盆地工矿业开发区，而青海汉族文化主要以河湟文化体系为代表。在青海河湟地区，"社火"歌舞表演是青海汉族最为普遍的民间文化娱乐活动，融合了青海道教、藏传佛教、伊斯兰教等宗教文化以及汉族传统民间神话传说和英雄人物。在"社火"表演中有藏族传统的锅庄舞、新疆舞蹈以及回族歌舞，也有装扮玉皇大帝、王母娘娘、八仙的高跷巡游。各民族各种文化相互吸收、相互促进、相互融合、相互借鉴使得"社火"活动成为青海河湟地区的文化名片。

以上本节对民族认同、国家认同和文化认同的表征方式的具体分析，主要强调了文化融合途径、文化融合经历、文化融合意愿三个维度，通过对广西和青海地区各组调查数据的对比分析，可以看出，我国各少数民族采用了各式各样的途径与方法，在发展自身文化传统的同时，不断融入到多姿多彩的中华民俗文化中。

总的来说，文化本身是多元的，少数民族对中华文化融合的途径多少与否、经历丰富与否、意愿高低与否并不具备利弊评价，不过这也从侧面说明了要促进各民族对中华文化的融合，首先要提高中华文化的吸引力，与之同时多渠道宣扬中华优秀文化，让更多的少数民族群体有更多机会体验多元一体中华文化的魅力。

第三节 文化融合状态下民族认同、国家认同、文化认同的特征分析

一、民族认同、国家认同、文化认同的关联性特征

（一）民族认同、国家认同、文化认同与社会自觉的次维度相关性分析

表4-34 民族认同、国家认同、文化认同各次维度与社会自觉次维度的相关性分析

主维度	次维度		E1	E2	E3
A	A1	b	0.185**	0.202**	0.246**
		Sig	0.000	0.000	0.000
	A2	b	0.069**	0.127**	0.118**
		Sig	0.000	0.000	0.000
B	B1	b	0.304**	0.322**	0.391**
		Sig	0.000	0.000	0.000
	B2	b	0.187**	0.103**	0.185**
		Sig	0.000	0.000	0.000
	B3	b	0.231**	0.159**	0.236**
		Sig	0.000	0.000	0.000
C	C1	b	0.532**	0.528**	0.616**
		Sig	0.000	0.000	0.000
	C2	b	0.603**	0.628**	0.680**
		Sig	0.000	0.000	0.000

由表 4-34 的分析结果可知，民族认同、国家认同、文化认同各次维度与社会自觉次维度均呈现出非常显著的相关性。结合相关系数值来看有如下结论：

首先，文化认同各次维度与社会自觉的各次维度的相关程度相对较高。其中，文化认同的 C2 维度与社会自觉的 E1、E2、E3 维度的相关系数值分别为 0.603、0.628、0.680，文化认同的 C1 维度与社会自觉的 E1、E2、E3 维度的相关系数值分别为 0.532、0.528、0.616。

其次是国家认同 B1 维度与社会自觉各维度的相关性，国家认同 B1 维度与社会自觉的 E1、E2、E3 维度的相关系数值分别为 0.304、0.322、0.391。

最后是民族认同 A1 维度与社会自觉各维度的相关性，民族认同 A1 维度与社会自觉的 E1、E2、E3 维度的相关系数值分别为 0.185、0.202、0.246。

（二）民族认同、国家认同、文化认同与关联教育的次维度相关性分析

表 4-35　民族认同、国家认同、文化认同各次维度与关联教育次维度的相关性分析

主维度	次维度		F1	F2	F3	F4
A	A1	b	0.286**	0.259**	0.265**	0.264**
		Sig	0.000	0.000	0.000	0.000
	A2	b	0.214**	0.212**	0.233**	0.225**
		Sig	0.000	0.000	0.000	0.000

续表

主维度	次维度		F1	F2	F3	F4
B	B1	b	0.357**	0.358**	0.341**	0.351**
		Sig	0.000	0.000	0.000	0.000
	B2	b	0.108**	0.064**	0.018	0.028
		Sig	0.000	0.001	0.358	0.146
	B3	b	0.165**	0.112**	0.072**	0.092**
		Sig	0.000	0.000	0.000	0.000
C	C1	b	0.493**	0.511**	0.482**	0.488**
		Sig	0.000	0.000	0.000	0.000
	C2	b	0.580**	0.590**	0.592**	0.590**
		Sig	0.000	0.000	0.000	0.000

由表 4-35 分析可知，除了国家认同 B2 维度与关联教育次 F3、F4 维度没有显著相关性以外，民族认同、国家认同、文化认同各次维度与关联教育次维度都呈现出非常显著的相关性。结合相关系数值来看有如下结论：

首先，文化认同各次维度与关联教育的各次维度的相关程度相对最高。其中，文化认同的 C2 维度与关联教育的 F1、F2、F3、F3 维度的相关系数值分别为 0.580、0.590、0.592、0.590，文化认同的 C1 维度与关联教育的 F1、F2、F3、F3 维度的相关系数值分别为 0.493、0.511、0.482、0.488。

其次是国家认同 B1 维度与关联教育的各次维度的相关程度。其中，国家认同 B1 维度与关联教育的 F1、F2、F3、F3 维度的相关系数值分别为 0.357、0.358、0.341、0.351。

最后是国家认同 A1 维度与关联教育的各次维度的相关程度。其中，国家认同 A1 维度与关联教育的 F1、F2、F3、F3 维度的相关系数值分别为 0.286、0.259、0.265、0.264。

二、民族认同、国家认同、文化认同下的文化融合表征

（一）关于认同总水平、社会自觉、关联教育以及文化融合的结构方程模型

根据先前的理论基础，在 AMOS17.0 软件中建构一个结构方程模型，采用最大似然法进行模型参数估计，得到的结果分别如下：

表 4-36　模型拟合度检验

卡方	P 值	GFI	RMR	RMSEA	AGFI	NFI	CFI	IFI
1429.569	0.000	0.928	0.048	0.093	0.890	0.941	0.943	0.943

由表 4-36 的模型拟合度检验结果可知：GFI 为 $0.928 > 0.9$，表明模型的拟合度好；$RMR < 0.05$，$RMSEA < 0.1$，表明模型的拟合度好；AGFI 为 0.890，虽然小于 0.9，但是 NFI、CFI、IFI 的值分别为 0.941、0.943、0.943，均大于 0.9，整体上表明了模型的适合度较好。

由表 4-37 可知，各路径系数估计值在 0.001 水平上均是显著的，表明建立的模型的各个路径都是有效的。

表 4-37 模型中各参数估计结果

			标准化系数	非标准化系数	S.E.	C.R.	P
E	←	F	0.857	0.917	0.024	38.033	***
B	←	E	0.835	0.965	0.021	45.685	***
D	←	F	0.462	0.463	0.031	14.742	***
D	←	E	0.174	0.163	0.042	3.833	***
D	←	B	0.356	0.289	0.028	10.263	***
ZT3	←	B	0.944	1.000			
ZT2	←	B	0.541	0.573	0.021	27.761	***
ZT1	←	B	0.332	0.352	0.021	16.647	***
ZD3	←	D	0.767	1.000			
ZD2	←	D	0.851	1.109	0.024	46.802	***
ZD1	←	D	0.885	1.154	0.024	48.977	***
ZF1	←	F	0.764	1.000			
ZF2	←	F	0.836	1.095	0.024	45.438	***
ZF3	←	F	0.856	1.122	0.024	46.705	***
ZF4	←	F	0.829	1.086	0.024	44.976	***
ZE1	←	E	0.817	1.000			
ZE2	←	E	0.843	1.032	0.021	50.220	***
ZE3	←	E	0.813	0.995	0.021	47.796	***

（注：*** 表示在 0.001 水平上是显著的）

最终得到的标准化路径系数如图 4-2：

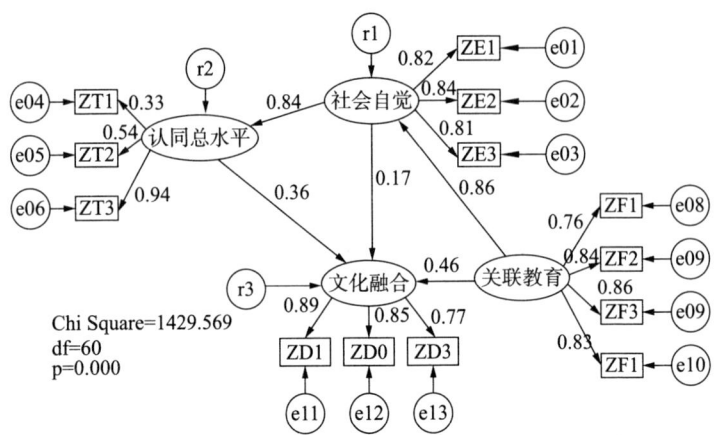

图 4-2　社会自觉、认同总水平、关联教育以及文化融合的结构方程模型

根据图 4-2 的显示，结合表 4-37 的结果可知，图上所有路径系数均在 0.001 水平上显著。可以看到：关联教育对社会自觉和文化融合的影响大小分别为 0.86、0.46，社会自觉对认同总水平和文化融合的影响大小分别为 0.84、0.17，认同总水平对文化融合的影响大小为 0.36。

下面分别详细介绍关联教育、社会自觉、文化认同总水平这三个因素对文化融合的影响程度。

关联教育的影响有：关联教育对文化融合的直接影响大小为 0.46；社会自觉中介变量的影响大小为 0.46×0.86=0.396；本书不再考虑二重中介变量的影响，即图中的文化认同总水平中介变量的影响，故关联教育对文化融合的总影响为 0.46+0.396=0.856。表明关联教育对文化融合的影响既有直接效应，又有间接效应，而直接效应较大。

社会自觉的影响有：社会自觉对文化融合的直接影响大小为 0.17，文化认同总平中介变量的影响大小为 0.84×0.36=0.144，故社会自觉对文化融合的总影响为 0.17+0.144=0.314。表明社会自觉对文化融合的影响既有直接效应，又有间接效应，而直接效应较大。

对于认同总水平的影响，由于无中介变量的影响，故认同总水平对文化融合的影响大小为直接影响，即影响程度为 0.36。

（二）关于民族认同、国家认同、文化认同的结构方程模型

为了进一步了解民族认同、国家认同、文化认同三者之间的结构和影响关系，这里采用了与上述相同的分析方法，即结构方程模型，并利用最大似然法进行模型参数估计，得到的结果分别如下：

表 4-38 模型拟合度检验

卡方	P 值	GFI	RMR	RMSEA	AGFI	NFI	CFI	IFI
1753.768	0.000	0.956	0.027	0.044	0.634	0.963	0.964	0.964

根据表 4-38，利用与上文的模型拟合度分析指标可知：GFI 为 0.956＞0.9，表明模型的拟合度好；RMR＜0.05，RMSEA＜0.1，表明模型的拟合度好；AGFI 为 0.634，虽然小于 0.9，但是 NFI、CFI、IFI 的值分别为 0.963、0.964、0.964，均大于 0.9，整体上表明了模型的适合度较好。

表 4-39 模型中各参数估计结果

			标准化系数	非标准化系数	S.E.	C.R.	P
B	←	A	0.207	0.337	0.025	13.302	***
C	←	B	0.292	0.296	0.027	10.860	***
C	←	A	0.128	0.212	0.022	9.510	***
ZA2	←	A	0.466	1.000			
ZA1	←	A	1.534	3.290	0.494	6.654	***
ZB3	←	B	0.759	1.000			
ZB2	←	B	0.832	1.097	0.052	20.916	***
ZC2	←	C	0.771	1.000			
ZC1	←	C	0.886	1.149	0.057	20.126	***
ZB1	←	B	0.183	0.241	0.029	8.345	***

（注：*** 表示在 0.001 水平上是显著的）

由表 4-39 可知，各路径系数估计值在 0.001 水平上均是显著的，表明建立的模型的各个路径都是有效的。

最终得到的标准化路径系数如图 4-3：

根据图 4-3 的显示，结合表 4-39 的结果可知，图上所有路径系数均在 0.001 水平上显著。可以看到：民族认同对国家认同的影响大小为 0.21，国家认同对文化认同的影响大小为 0.29，民族认同对文化认同的直接影响大小为 0.13，国家认同中介变量的影响大小为 $0.21 \times 0.29 = 0.0609$，故民族认同对文化认同的总影响为

0.13+0.0609=0.1909。表明民族认同对文化认同的影响既有直接效应，又有间接效应，而直接效应较大。

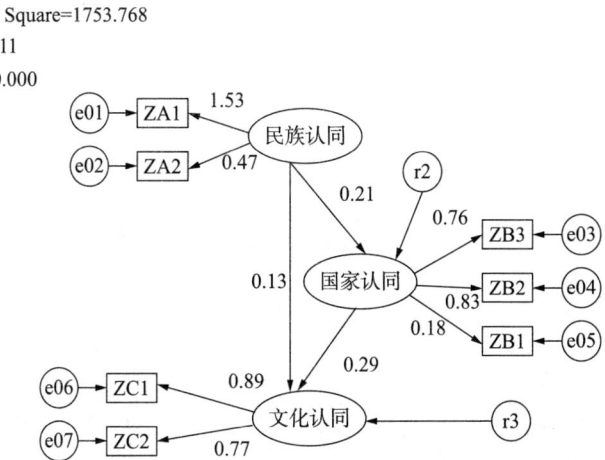

图 4-3　民族认同、国家认同、文化认同的结构方程模型

第五章　少数民族学生国家认同与文化认同的发生机制

第一节　基于文化认同的少数民族学生国家身份认同

一、少数民族学生文化认同的发生机制

（一）民族文化认同的教育路径

教育是文化认同的根本途径，是推动文化和人类发展进步的大动脉。教育人类学认为"教育是一种文化传递过程，人生活于文化之中，人的发展是接受文化传递，适应文化变迁的过程，而文化变迁与教育变迁具有一致性"[①]。即文化是教育的本体，教育是人类文化发生和发展的一种生命机制，文化通过教育得以传承，人是教育的主体，所以人、文化与教育共生。体现在文化认同属性上，教育的本质即为对民族精神、民族文化认同、文化自豪感的养育和促成。具体表现为两种传承形式：

---

① 冯增俊：《教育人类学教程》，人民教育出版社2005年版，第244页。

1. 规范化教育形式

规范化教育即学校教育。在教育人类学看来,"学校是一个聚汇、传递文化的高级文化体,教育的主要形式是,以不同的文化为主体的学校对人产生不同的整合作用"[1]。或者说,学校是一个汇集不同生命个体、生命群体的生命场。这个场域中不同的生命与文化交融并整合。故而,又应当关注教育过程的个性化因素,个体均是某种文化的载体,在了解个体差异的基础上,更能够获取对文化的尊重与传承。同时,学校教育的规范性和选择性又决定了其在文化认同功能上的特殊性和局限性。学校教育有其目的性、程序性和组织性,在现代教育范式下体现为一种系统、序列的传授模式。如果说这种模式是有效的,则主要体现为对经典文化的传承和发扬上,而这种有效性又体现为教育的文化选择属性和教育价值取向性。在少数民族教育中,应该选择能够体现民族性的文化,如民族史诗、传说、童话、民谣等,由此赋予学生民族文化的在场感、存在感和归属感。

2. 随境式教育形式

宏观上,随境式教育泛指学校教育以外的教育形式,具体到少数民族文化场域,即是一种家庭教育、自我教育和社会教育的集合。在民族文化认同中随境式教育发挥着核心的作用,这种教育发生并融合于民族的生长环境,滋生于民族文化和民族生活的

---

[1] 夏江敬、曾令华:《大学的底蕴——校园文化的积淀与创新》,南海出版社2003年版,第55页。

各个环节、各个时期,伴随民族性的养成和民族文化的发展,并作为文化传统和精神诉求熔铸于民族心理。

从文化认同的角度看,这种生活和教育本身就是文化的传承过程。在现实文化场域中,生活本身就是一个文化载体,其承载了本民族的文化特性。个体的生长,实质上就是一个民族文化因子的发育和逐步成熟,是一个自然和天然的过程,是一种濡化过程,即"习惯系统在日常生活教育中发挥教育作用的具体形式"[①]。这种习惯系统就是杜威所说的"经验的连续性"(experiential continuum),社会个体首先就是对这种经验的适应,并逐步形成自己的文化习惯,包括个人习惯和群体习惯,后者就是本民族群体所沿袭既久的风俗、礼仪、惯例等;个人习惯寓于这种群体习惯中,是个体在自身的生活实践中接受日常生活教育而形成的。作为濡化结果,它是民族习惯体系的现实体现;作为个人日常生活框架中的调节规则体系,它又表现出个体的性格差异。正如本尼迪克特所言,"个体生活的历史中,首要的就是对他所属的那个社群传统上手把手传下来的那些模式和准则的适应。落地伊始,社群的习俗便开始塑造他的经验和行为"[②]。如果说这种塑造模式是教育的话,那它可以分为两种——自我教育和家庭教育,自我教育是一种涵化或濡化,而

---

① 项贤明:《日常生活中的教育与非日常生活中的教育》,《首都师范大学学报(社会科学版)》2000年第3期。
② 〔美〕露丝·本尼迪克特著、王炜等译:《文化模式》,生活·读书·新知三联书店1988年版,第4页。

家庭教育更是一种教化。前者是内在动力,后者是有直接意识和目的的行为。

在多文化交锋背景下,这种内在动力表现为高度的文化自觉和文化认同,不但是对本民族的文化认同与自觉,也是对其他族群文化的认同与接纳,更是对国家深厚的历史文化沉淀、价值观、信念、国家主权等的认同。费孝通说:"文化自觉的意义在于生活在一定文化中的人对其文化有'自知之明',自知之明是为了加强文化转型的自主能力,取得决定适应新环境、新时代文化选择的自主地位。"① 而文化认同,则集中体现为对本民族文化的身份认同和同一性认同。前者即对本民族的民族性的认同,具有独特性。后者即对一种坚定的和独特的忠实于自身的方式的信念和持有——"首先是我们作为个人与我们自己的语言、地方、地区和民族共同体及其特殊价值观念(伦理的,美学的,等等)的自发认同;是我们吸收历史、传统、习俗和生活样式的方式;是我们接受、分享或置身于一种共同命运的感觉;是这样一种使我们置身于共同自我中的方式。"② 此外,又是基于强烈而深厚的民族文化归属感和自豪感,对他文化的尊重和吸收,对国家文化、经济与政治的高度认同。

---

① 费孝通:《关于"文化自觉"的一些自白》,《学术研究》2003年第7期。
②〔美〕欧文·拉兹洛编,戴侃、辛未译:《多种文化的星球:联合国教科文组织国际专家小组的报告》,社会科学文献出版社2001年版,第154—155页。

(二) 民族文化认同的非教育路径

非教育路径即教育选择之外的其他形式，可理解为教育形态之外的非教育文化认同形态，根基于当下少数民族文化场域中旅游文化的迅猛崛起和发展，从而将非教育路径聚焦于经济文化发展，是必然的，也是现实的。

旅游开发在民族文化场域中可以被理解为族民逐步走向现代化的过程。从文化角度来说，表面上民族物质文化在现代性的冲击下发生形态上的变化，而在精神层面上，传统淳朴的族民也逐步融入市场经济思维中，对民族性的精神层面开始反思与推广。文化认同的内源性动力只能源于文化持有者群体的文化自觉，在旅游开发下的少数民族文化场域中，文化认同的根本使命在于唤起族民的文化自觉，这种自觉在旅游经济形态下表现为对本民族文化的保护、尊重和认同，又是对他族群文化及主流文化的吸收借鉴，是基于民族自豪和认同下的文化融合与文化互惠、文化涵化。

旅游人类学认为，旅游过程也是游客与东道主进行文化接触、碰撞的过程，"不管人们愿意还是不愿意，只要发生文化接触，其社会文化就会发生变化"[1]。在少数民族文化场域中，需要正视旅游开发对民族文化的认同功能，并视其为一种有效的传承路径。事实上，已有较多研究证明了其合理性，如维卡尼·亚当斯（Vicanne Adams）

---

[1] R. Nash, *Anthropology of Tourism*, Kidlingdon: Pergamon, 2001, p.26.

在研究了尼泊尔夏尔巴人为登山旅游者提供服务的过程后,指出旅游非但没有破坏他们的传统文化,反而加强了它们的传承和延续。我国很多学者也得出了类似结论,如覃德清在对漓江流域民族村镇的长期考察中发现,文化保护的关键是要恢复民族记忆以及与民族身份相适应的思维方式、价值观念和生活习惯,适当的旅游开发可以推进这一过程的发展,从而为乡间"小传统"文化的传承提供支持。同样,广西龙胜梯田文化区,在旅游开发中使本民族文化得以觉醒与传播,并促成了多民族、多种类文化的融合与生长。

（三）少数民族学生文化认同发生的机制

教育路径中涵括规范化教育形式和随境式教育形式,规范化的教育形式依托学校教育为载体,借助课程实现文化的传承、传播和交融,通过文化体验等多种途径实现内生式的文化自觉,形成积极的文化心态,最终达到少数民族学生的文化认同;随境式教育形式则从家庭教育、自我教育、社区教育等途径提高生活化、民俗化的文化实践,会对少数民族学生产生文化认知,进而对少数民族学生文化认同发生产生重要影响。而非教育路径主要以旅游开发为主,旅游开发在民族文化场域中可以被理解族群逐步走向现代化的过程,从文化角度来说,一方面,民族物质文化的变迁,受到现代性的冲击发生形态上的变化;另一方面,在精神层面上,传统淳朴的族民也逐步融入市场经济思维中,少数民族精神层面特有的民族特性开始消化和再造。因此,少数民族学生文化认同的发生不是简单意义上的文化元素传递与延续,而是基于多元文化背景下的民族自觉、多民族交融和族群多元文化和谐共生，孕育出少数民族学生融合和文化传承的，这就需要梳理并形成适切的传承路径——教育路径及非教育路径。

综上所述，少数民族学生的文化认同发生机制是指在教育与非教育两种途径下，以一系列内外结合的文化活动为载体，而促使民族（族群）共同体对自己所属民族（族群）文化的深刻认知、自豪感、归属感和文化意义上的判断。其中教育途径是民族学生文化认同发生的有效引导途径。

二、少数民族学生国家身份认同的文化机理

（一）文化基因是国家认同的文化纽带与价值表征

1. 民族身份的复制与文化内核的传承

文化基因的内容起始于文化负荷者早期的无意识，发展于与他文化互动中的自觉凝练、修正与抽象，是现代民族国家认同的重要影响因素。作为人类自觉创造的成果，文化起源于人类的生命活动的创造，起源于人类对周围自然环境和社会环境的选择与适应。它一方面是人类精神活动的投射与隐喻，人类历史痕迹的烙印与赋意；另一方面也是对人类共同体的凝聚与身份认同以及人类行为的规范与教化。文化基因作为文化的复制器和中间媒介，让文化传递和传承机制研究有了一个新的视角。文化基因的基本作用与功能，主要表现在文化内部成员的身份标志以及成员间的凝聚力、文化的传承与传播，规范人的行为、规制社会的走

向，其核心是维系各成员对共同体的认同。

20世纪50年代，美国人类学家克罗伯和克拉克洪设想，不同文化中是否具有像生物世界里生物基因那样的基本而又整齐划一的文化基因。1976年，英国习性学家理查德·道金斯出版了《自私的基因》，杜撰了一个新概念"谜米"（meme），以说明文化传承中的基本单元。英国学者苏珊·布莱克摩尔在其作品《谜米机器》中写道，与生物基因一样，谜米是一种自私的复制因子，其功能和作用可以和基因相类比。"基因的自私在于想方法复制自己，谜米的自私也在于想方法复制自己，它以占据人们的大脑空间和形成语言的方式使人不由自主地传递文化。"[1]

文化基因与生物基因不同，生物基因属于生物遗传，而文化基因属于非生物遗传，而且是要靠特定文化场域中的人、社会以及各种文化现象，比如文化场域中的器物、建筑、活动、节日、习俗等来传承。有学者认为，文化基因的传播可以在不同地区、民族和社会中毫无干系的任何人之间进行，而且均会是如生物基因一样的丰盛繁衍和忠实地自我复制。[2]

以黑衣壮人的"保命保福"仪式为例，这是一种为儿童祈福保平安的系列象征性行为。仪式在家中的神台前进行，神台上供奉着花台圣母、祖先和灶王，仪式间渗透了黑衣壮人的自然观和人生观，折射的是黑衣壮人对自然神的信仰与崇拜，反映出黑衣

---

[1] 谢晓蓉：《生物传递基因与文化传播谜米》，《河西学院学报》2003年第4期。
[2] 潘一禾：《文化与国际关系》，浙江大学出版社2005年版，第3页。

壮人关于人与神、人与人、人与自然的关系的体察和信仰。正是在这代代相传的仪式中，黑衣壮人的族群身份得以复制与确认，文化传统得以延续。

2.民族自豪感与凝聚力的建立与维系

文化基因包括特定文化中具有复制性特征的基本元素，如宗教、信仰、价值观等，这些观念传统的形式代代相传，如传统的建筑、服饰、仪式、习俗、节日等。这些共同的信仰、共同的价值观，对内保证了特定群体的凝聚力与认同感，在重构人类情感经验方面，有着不可替代的作用，实质上就是一种社会性遗传；对外，文化基因则规定了本民族的身份标识以及与他民族文化交往时的身份归属。

在桂西北的大石山区，生活着广西12个世居民族之一的毛南族。在长期的历史迁徙中，为适应不断变化的生活环境及群体生活的需要，形成和创造了毛南族特有的文化，这种文化不仅仅是适应自然、生命活动的需要，更是群体生活需要的反映。从信仰来看，主要表现为祖先崇拜和多神崇拜。毛南人崇拜的诸神分为家神和外神两种，家神有祖宗、灶王、财神（又称土地神）、三界公、婆王（即圣母娘娘）、社王、观音等。在诸神中最受崇拜的是祖先，家家户户的厅堂都高挂着祖宗牌位，牌位用红纸贴在木板上，逢年过节都要用酒肉敬奉，祖宗神位是毛南人的生命根基，任何时候都不可忘本。这种对神灵的崇拜与敬畏在诞生礼俗中的求子、还愿以及各种禁忌约束中随处可见。受"万物有灵"观念的影响，毛南人还有着多种自然崇拜，如把某些奇山怪石尊称为"圣母石"、"圣母山",更把村寨中的大树、古树当作"树神"来供奉。正是这些共同的信仰与规约,塑造了毛南族人想象的共同体的建立,增强了对本族的归属感和认同感,维护了社会生活的正常秩序。

本尼迪克特说,各种文化的多样性可以无限制地记述下去。某些文化特质相互之间没有任何内在联系,在历史上也各不相干,却融合成了不可分解的一体,从而为某种行为提供了契机,而这种行为在没有此类特质融合的地区是不存在的。[①] 这里提到的融合元素其实质便是"各种文化"当中蕴含的共同的文化基因。

根据对文化基因的内涵的界定,少数民族学生国家认同的文化基因包括三方面:中华民族意识,即对中华 56 个民族大家庭的归属;文化观念,即中华民族历史文化符号的接受;国家意识,对国家主权和国家利益的捍卫。

(二)多元一体格局塑造少数民族学生国家认同的教育场域

个体的国家认同的建构,既是一个个体的主观心理活动,也是个体社会化过程,是对社会生活规则的了解、遵守与内化,对想象的共同体的归属和认可,并从而树立起捍卫国家主权和民族利益的主体意识。

中国是一个多民族国家,实现对中华民族共同体的认同,实

[①] 庄锡昌、顾晓鸣、顾云深等编:《多维视野中的文化理论》,浙江人民出版社 1987 年版,第 124 页。

际上是一个多元一体理念的构建与确立的过程。从历史的经验以及学者们的研究成果看,历史文化认同是当下世界文化格局下少数民族学生国家认同的教育场域建构的核心,是扩大特定历史文化场域与教育场域的重叠。因为表征一个民族精神世界与文化核心的文化基因之所以得以传递的载体是特定文化场域中的人与社会,而人的本质是文化动物。

个体国家认同的形成,有两条基本途径,一是日常生活中通过亲身体验而自然获得,二是教育场域中有目的、有计划的系统影响而完成的。而教育场域,则是个体国家认同形成的主要的、专业化的途径。针对当下我国少数民族学生国家认同的特点,提出少数民族学生国家认同形成的教育场域建构:

1. 多元互动的文化场域构建

国家认同以文化为根基。公民将国家作为想象的共同体,依托于对国家符号的理解和认同,依托于对包括政治的、历史的和文化的归属和接纳。

多元互动的文化场域构建首先应当是中华民族传统文化心理场的顺应基础上的多元并存的文化场域。中华民族文化心理场是融人文情怀与自然风景为一体的民族文化心理场,经历代帝王及百姓大众的锤炼,成为今天的特有样态。张诗亚教授在《强化民族认同:数码时代的文化选择》一书中谈到,在中国文化里,从来是把天地跟人、人事、礼仪认作是一体的,"天人合一"又衍生为"天人感应"。这种融人文情怀与自然风景为一体的民族文化心理场和民族文化样态包括了四个层次:第一个层次:人的宇宙模型中人文与自然的融为一体；第二个层次：历代帝王们的行迹在有意无意促成人文与自然的融合；第三个层次：以"士"为代表的知识阶层所拥有的"天人观"；第四个层次：历代帝王及百姓，由吉庆礼仪、乡里习俗以及与之密不可分的创世神话和民间传说所传达和展示的自然风貌和人文情怀的融合。

构建与传统文化心理场相容的文化心理场，核心就是顺应自然，天人感应。达成各民族共同的认同基础，这是少数民族学生国家认同与文化融合的教育场域构建的心理基础。

多元并存的文化场域，是感知不同文化和建立跨文化联系的敏感场所，为各民族学生提供接触、了解的平台。多元互动的文化场域的构建，有助于增强少数民族学生的中华民族意识，体验到对中华56个民族大家庭的归属感。

其次，多元互动的文化场域，应当具有开放性与跨文化性特点。多元互动的文化场域中，各种文化与观念是一种交织并存的状态，在这个文化多元的时代，一种文化的生存与壮大必须保持开放、宽容的态度，必须保持本民族的自尊心与自豪感。要使本民族的文化得以传承首先要做的就是对本民族的文化进行深入反思、审视，掌握自己文化的精髓和实质，并在接触多种文化的基础上，发现和确立自己的位置。[1]并且在各种文化的互动过程中，达成相互的认识、沟通、理解以及多元融合。在多元互动的文化

---

[1] 徐莉、陈时见：《论民族育儿教育中传统与现代的断裂与对接——以广西融水苗族自治县民族幼儿教育为例》，《学前教育研究》2005年第4期。

场域中，不同文化间的关系是发展变化的，多元互动的文化场域中各种文化之间是一种相互交往而带来的跨界性与融合性，彼此分享各自的优秀传统，实际是一种你中有我、我中有你的相互同化与顺应的过程。

正是在这样的场域中，培养起学生的跨文化能力。利用各种载体、习俗、仪式、节日等形式，感知文化的多样性，了解中华各民族的历史成就与丰富内涵，增进文化间的互动与文化理解，不同少数民族学生在他者中认识自己，学会平等地对待文化差异，尊重、理解并接纳文化间的差异，学会交往，学会协作、适应、认知与共处，并由此形成中华民族共同体的相同文化特征的认识，共同建构内在的中华民族文化特质，促进中华民族凝聚力的生成。

2. 中华民族共同文化符号的凝练及其在教育场域中的渗透

在一项由国家社科基金重大项目"我国文化软实力发展战略研究"课题组组织的，关于中国当代大学生观念中中国文化符号的调查中发现：排前十的中国文化符号是汉语（汉字）、孔子、书法、长城、五星红旗、中医、毛泽东、故宫、邓小平、兵马俑。从中明显地看出，当代大学生对中国历史更重视，而中国当代社会的新的文化现象与符号不多，各少数民族的文化符号以及国家意识并不明显。这实际上折射出大学生们生活的环境尤其是所受的教育的缺失。

国家认同的形成，离不开对中华民族共同文化符号的接受。对各民族共同文化要素的提炼，是理性地让学生认识到中华民族大家庭中各少数民族的共同性，从而能够体验到对国家共同体的归属感。

　　文化以其普遍性、长久性、渗透性和弥散性成为民族认同的原生基础。在文化承载形态中，一定有着某种合理的、适宜的文化成分与现代社会文化因子相契合。每一种文化的存在，都有其适应的土壤与养分，都有其存在的理由与价值。具体表现为每一个民族都有其代表性的文学艺术、节庆典礼、文化仪式、生活习俗、教育习俗等，这些都是各民族特定历史与文明的积淀，在这个民族中具有独特的意义且能在社会发展中维持相对的稳定性，并营造出一个富含民族精神和物质底蕴的社会性个体成长空间，使个体的民族文化特质在这个特定的文化场域中潜移默化。这些具有代表性的文学艺术、节庆典礼、文化仪式、生活习俗、教育习俗等是各民族特有的文化元素，更是中华民族大家庭的共同财富。从中提炼出各民族共同认同的文化符号，是增强中华民族凝聚力、强化民族认同的重要途径。

　　以文化仪式为例，作为历史的痕迹和文化的积淀，文化仪式一头连接着历史，一头承载着未来。美国学者贝格森将仪式分为微型、中型和大型三个层次：微型仪式（Micro-rites），指的是一个人类群体的语言符码，也就是经过统一规范后的仪式化用语，如问候语、礼貌用语等；中型层次的仪式（Meso-rites），相当于集团内部的个人在日常生活中所必须遵守的行为规范，如一日三餐的进食时间等；大型仪式（Macro-rites），指的是与日常生活相区别的集体的庆典仪式。

仪式是一套象征性符号，具有象征性和历史再现性等特点，仪式还具有表演的性质，是在具体的空间、公共场合里举行，具有大众性、参与性、公开性和现场感，它源于生活、高于生活，是一种生活哲学和生活艺术。由于以上特点，使得仪式具有多重功能，包括承载信仰、文化记忆、审美愉悦、民族凝聚等。所以，有学者说："仪式首先是社会群体定期重新巩固自身的手段。……当人们感到他们团结了起来，他们就会集合在一起，并逐渐意识到了他们的道德统一体，这种团结部分是因为血缘纽带，但更主要的是因为他们结成了利益和传统的共同体。"①

各民族共同文化要素的提炼，可以从传统与现代、大传统与小传统两个视角展开。传统与现代指的是中国历史进程直至当今的优秀的文化基因，大传统与小传统是借鉴了雷德菲尔德的观点。他在1956年，针对新的世界文化格局下不同文化间关系的变化，于《乡民社会与文化》一书中提出"大传统"（great tradition）与"小传统"（little tradition）的概念。大传统指的是精英文化，小传统指的是乡民的生活文化，以此强调不同文化间应当互动互补、和谐共荣。

费孝通讲"中华民族的多元一体格局"时涉及中华民族的建构过程："中华民族是指现在疆域里具有民族认同的十几亿人民……中华民族作为一个自觉的民族实体是近百年来中国和西

---

① 〔法〕爱弥尔·涂尔干著，渠敬东、汲喆译：《宗教生活的基本形式》，商务印书馆2011年版，第530页。

方列强对抗中出现的,但作为一个自为的民族实体是经过几千年的。中华民族的主流是由许多分散孤立的民族单位,经过接触、混杂、联结和融合,同时也有分裂和消亡,形成的一个你来我去、我来你去、你中有我、我中有你,而又各具个性的多元统一体。"这种多元一体的文化格局,为各民族共同文化要素的提炼提供了基础。

3. 国家政治取向的内化与教育导引

如果说,多元互动的文化场域构建与各民族共同文化要素的提炼着重从个体内在的情感与自觉理性角度强调国家认同的形成,那么国家政治取向的内化则是外在的、基于对国家权力普遍认同的、公民的权力与义务以及法律法规的限定与规约。

有研究表明,国家权力是国家认同的重要影响因素。生活在中越边境的中国的壮族和越南的侬族、岱族,族源相同、语言和文化习俗相通或相近,被民族学界称为"跨界民族"或"同一个民族"。然而,研究发现,壮族边民并未把自己与另一侧种族文化同源的越南侬族和岱族想象成"同一个民族",而是看作差异显著的不同群体。而对从未蒙面的西藏藏族和新疆维吾尔族成为想象中的"中国人"共同体的一部分。阿尔弗雷德·格罗塞提出:"疆域、边界的界定往往能够产生身份认同。获得共同治理、接受共同教育、参与或应对相同的权力中心,单单这一事实便超越了共同归属的表象,产生并强化着一种共同身份的情感。还有什么比西方殖民者在非洲任意划分的、切断族群归属的边界更加人为呢?然而,当新独立国家依照此边界获得独立之后,无论其内在如何不稳定,仍然都维持了下来。这不仅是因为这些国家的政府总有国土稳定完整萦绕于怀，还因为联合国也希望其成员国保持长期稳定，更因为一种国家归属情感也随着时间同样发展出来。"①

(三) 少数民族学生国家身份认同的文化机理

少数民族学生国家认同的文化基因，受到诸多因素的影响。与生命体类似，它的存在与发展依赖于特定教育的自然与人文场域，需要国家主导的教育能量的输入、多元文化信息的流动。国家认同教育经历由有无计划向系统化、无意识到自觉性、初级向高级、简单向复杂方向的不断沿革与调适。国家的认同是一种自然与人文的认同，共生性的社会系统、教育系统可以促进个体以族群认同文化的多元共生及文化的共通属性，使之转换成个体或群体的行为生态，并通过各种具体途径传承下去。

国家认同的文化基因的双螺旋长链为两条基本链，一条为自然链，一条为人文链，反映的是少数民族学生对国家的自在认同与对国家的文化认同。自然与人文两个维度的认同是少数民族学生国家认同基因孕育和形成的物质之基、能量之源。

这里所说的"自然链"指的是少数民族学生认可其生活的自然场域，是中华民族生活场域不可分割的重要组成部分。各民族生活的地域山水相依，紧密相连，头顶同一片蓝天，脚踏同一片

---

① 〔法〕阿尔弗雷德·格罗塞著、王鲲译：《身份认同的困境》，社会科学文献出版社2010年版，第12页。

大地，大家在祖祖辈辈共同生活的地方共同为民族强盛而努力。而"人文链"则是指各种凝练而成的文化符号，文化符号的载体具有多元化、多样性的特征，比如民族服饰、民族器物、民族建筑、民族图腾等，通过人文的交织相融，促进少数民族学生对彼此文化的理解尊重，并认识到自身文化与中华民族文化的部分与整体的关系，并将其上升为对国家的认同。

我们将国家认同的文化基本影响要素分为四大因子即"天"、"地"、"人"、"事"的影响（如图5-1所示），可将其视作碱基，排列在双链的内侧。"天"，代表着国家、民族的投入。"天"是影响自然和人文场域的重要因素。西南许多地区的生产、生活对天气和气候的依赖程度很高。如在巴马的东山乡，近些年，由于国家的投入，开山筑路、修了水柜，缺水的情况明显改观。国家通过对文化资源的开发，丰富了少数民族的文化生活，大力发展

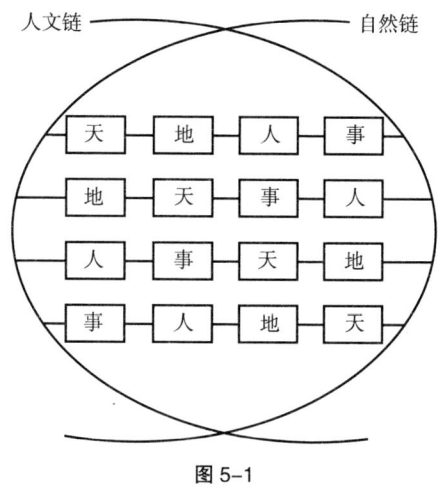

图 5-1

人文旅游，改善少数民族生活经济，使各少数民族对国家、对中华民族的认同感明显增强。国家对少数民族学生的教育投入，对少数民族学生传承自身民族文化、发展自身民族经济的教育扶持，都为少数民族未来发展注入了动力。

"地"指的是少数民族具体生活的场域，自我管理的方式，国家和社会的投入为少数民族学生的发展提供基础，授人以渔，让少数民族学生未来能够自食其力，少数民族能够实现自我管理，自我发展。

"人"，是指少数民族学生个体或群体自身的生长样态，所具备的学习能力、生产能力、适应能力、创造能力，以及在长期受教育发展中所形成的价值流、能量流和知识流等。

"事"指的是少数民族学生与自然、人文互动的实践活动，它影响和改变着"自然链"和"人文链"的作用效果，也改变"人"本身。

"天"、"地"、"人"、"事"四大因子是一个有机统一体，在复杂性系统作用下，通过自然与人文连通起来。我们的国家认同教育应关注"天"、"地"、"人"、"事"，并将其作为内容择选依据，以生产、生活为情境，探寻与四大因子良性互动的途径，最终使族群与个体获得国家认同所带来的正能量，并维持和富集递增这一能量。

国家认同是以国家存在为根本前提，而国家是国家认同得以实现并传递、传承的基础和最大保障。多元一体的民族融合与变迁为共同文化基因形成的基础性场域。教育是少数民族学生文化基因强化、作用及传承的核心基础与关键步骤。

第二节　文化认同下少数民族学生国家认知的产生与发展

一、少数民族学生国家认知的产生途径

国家认知是现代公民对自己所属国家的历史、地理、政治经济制度、生产力水平、国际关系等方面的了解和掌握。国家认知是公民国家意识的重要组成部分，是国家认同的基础。

1.教育是少数民族学生国家认知产生的重要途径

目前，中国的发展仍面临诸多难题。在这种情况下，就国家整体而言，要实现各民族统一的认知并形成国家行动能力，教育是重要途径。教育的关键是将人们从平面化、非历史的思维方式中解脱出来，这包括国情教育、民族教育、历史教育、发展教育和理想教育等，目的是教育少数民族学生深刻体认我们的国家，把握我们国家发展所处的历史方位和时代方位，实现少数民族学生对国家发展判断的认可和播扬，并在此基础上形成对自我发展场景的认知自信。要教育少数民族学生认识到自身所处的现实境域，养成从容的心态，排除一切干扰实现民族与国家的和谐发展。

此外，从国家的整体利益出发，强调"国权"的重要性。因此，要通过播扬此来形成国家意志和统一的国家行动，让少数

民族学生培养出具有超越个人观念的国家整体意识,"在制度之下,个人利益要服从集体利益,局部利益要服从整体利益,暂时利益要服从长远利益,或者叫做小局服从大局,小道理服从大道理"①。这种共时性发展需要共同的国家目标和秩序,邓小平称之为理想和纪律。要以理想来引导方向,实现内在精神行动的自觉,同时以纪律来进行外在的约束,从而形成国家发展的统一意志和统一行动。"我们这么大一个国家,怎样才能团结起来、组织起来呢?一靠理想,二靠纪律。……没有理想,没有纪律,就会像旧中国那样一盘散沙,那我们的革命怎么能够成功?"②"理想和信念的教育能够提供给人一种精神的支撑,推动个人潜能的充分发挥和民族活力的释放。"③"人的因素重要,不是指普通的人,而是指认识到人民自己的利益并为之而努力的有坚定信念的人。……要向青年进行有理想、有纪律的教育。没有理想和纪律,建设四化是不可能的。"④在此基础上,以一种扎实、稳定的心态向前走。

综上,教育是一种促进少数民族学生国家认知的外显途径,它能够有效地整合少数民族学生对国家认知的各种零碎知识,使之结构化、系统化。

---

① 《邓小平文选》(第二卷),人民出版社1994年版,第175页。
② 李改主编:《马克思主义基本理论概要》,解放军出版社1990年版,第365页。
③ 同上。
④ 《邓小平文选》(第三卷),人民出版社1993年版,第190页。

2.学习是少数民族学生国家认知产生的关键途径

相对于教育而言,学习是一种内化的途径。学习强调学习者持久的行为变化。学习是少数民族学生国家认知产生的关键途径。首先,少数民族学生以开放的心态和吸纳的态度努力学习,以参与的精神走入多元一体的中国社会,在同国际社会的互动中重塑自我,建立现代国家认知。以实现国家的现代性为旨向的学习是重要的,少数民族学生以开放的视野积极向各民族学习,要吸纳不同民族、国家有用的东西。其次,从中国的实际出发,注意学习和借鉴外国经验。最后,少数民族学生要通过学习塑造自身思维方式上的开放性,只有开放才能同其他民族与国家形成正当的信息互通和信息对流,从而实现思维方式的与时俱进,"总之,不要关起门来,我们最大的经验就是不要脱离世界,否则就会信息不灵,睡大觉,而世界技术革命却在蓬勃发展"[1]。

3.行动是少数民族学生国家认知产生的有效途径

少数民族学生的国家认知的产生很大程度上不是设计和空谈的结果,而是实践的结果,需要在行动中去型塑,因此,"做"比"说"重要。

在以上思考维度的基础上,多元一体格局的国家在强调少数民族学生对国家需要有共同的认知为前提,兼顾各民族价值观下的国家认知,兼顾发展、人权、公平、正义等人类追求的价值指标。

---

[1]《邓小平文选》(第三卷),人民出版社1993年版,第290页。

行动包括了少数民族学生以开放的心态主动接受教育的行为以及积极组织学习的行为。这里的教育包括了自我教育、学校教育和其他教育；学习包括了民族内部的学习和民族之间的比较学习，而且学习的形式是多样的，往往包括课堂内外学习、知识学习、文化浸润，等等。

二、少数民族学生国家认知的发展

少数民族学生对国家认知的发展包含了个体儿童时期因生理成熟而促进国家认知水平不断发展，以及个体成熟后因国家引领而激发国家认知水平的提升。

（一）儿童生理成熟下的国家认知发展

儿童的国家认同与其对国家的认知密切相关。儿童的国家认知理论的建构可借鉴认同发展理论。对于儿童认同发展的解释，一种取向是认知发展理论，另一种取向是社会化理论。第一种解释认为，儿童的认同发展是受更深层次的、潜在的认知变化驱动的，是发生在儿童对世界的概念化和理性化过程中的变化，由此驱动了儿童认同系统的发展变化；第二种解释与认知发展理论不同，这一理论假设儿童的社会环境，尤其是父母、学校以及大众传媒的影响驱动了儿童的认同发展。但是，巴雷特认为这些理论取向过于简单，并提出儿童能够对世界概念化的过程以及社会影响共同驱动了认同发展。他认为，正是这种潜在的认知变化驱动了对民族群体认同程度的变化,对民族群体多样性的认识变化。然而,儿童生活的特定的社会文化环境会影响儿童身上体现出来的认知驱动变化方式。因此,不同社会群体的儿童发展有显著的差异,应把儿童看作在特定环境下认知不断发展的个体。一般来说,儿童对祖国的情感和认识是相对较晚发展起来的,因为儿童的早期还没有形成爱国意识的社会中心化。相反,在儿童获得自己国家的认知和情感意识之前,他必须做出相当的努力"去中心化",或者扩大他兴趣的中心(城市,行政区等),并且整合自己的印象(不同于他自己的环境),在这一过程中,他获得了对国家认知以及不同于他自己的观点。

儿童对国家认知属于国家认同中的认知方面。最早的卓有成效的研究是皮亚杰和魏尔1951年发起的。他们的研究对象是大约200名4—15岁居住在日内瓦的瑞士或外国儿童,通过访谈和记录儿童所画的瑞士与日内瓦关系图,了解到当时的瑞士儿童的国家认知水平。研究发现:第一,通常5岁以前的儿童对自己的国家和国民几乎一所知,甚至说不出自己国家的名称。在国家认知层面上,该年龄段的儿童会把瑞士放在日内瓦之外的某个地方。皮亚杰提出,这一时期的儿童处于认知发展阶段的前运算阶段,该年龄段儿童频繁地用表象符号来代替外界事物,在思维方面,凭借表象性图式在头脑中进行表象性思维,具有不可逆性和刻板性,对抽象的问题易得出错误结论;在注意力方面,注意某方面的问题时不能同时把注意力转移到另一方面。第二,7—11岁的儿童画瑞士与日内瓦关系图时可以清晰地画出一个包含在另一个之中的关系图谱，该年龄段的儿童能够明白日内瓦与瑞士在空间上的附属关系。但是他们对空间上附属关系的理解，并不等同于逻辑范畴上包含与被包含的理解。因为日内瓦的范畴相对具体，瑞士的则更细微抽象，所以儿童仍不能够"同时"为瑞士人和日内瓦人。3—12岁以后的儿童进入形式运算思维阶段，该阶段儿童的思维呈现出能够把逻辑运算结合成各种系统的特征，因此这一阶段儿童的头脑中国家的概念才变得清晰，形成对"祖国"这一抽象概念的理解。综上，儿童在发展的最初的阶段，不会有显著的国家主义倾向。在他们获得关于自己国家和其他国家的意识之前，须不断形成认知和情感整合的能力。

国内学者对于爱国情感、爱国观念、国家认同感的研究也初步揭示了儿童年龄对国家认知的趋势。如佐斌（2000）发现儿童对国家认知的发展呈现以下年龄特征：大约5—6岁之前，儿童由于没有获得关于自己国家和民族的知识，所以不能够形成国家的概念，大部分儿童不能准确地说出自己国家的名称，更不能理解这一名称的意义；在10岁之前，儿童很难理解他们同属于两个有包含关系的不同地理区域，如桂林和广西，广西和中国；到10岁，儿童能够清楚地辨析地区和国家的关系，且能够开始理解国家与大洲的关系。

（二）国家引领下的国家认知发展

1. 民族认同基础上的国家认知引领

国家引领下的国家认知是通过我们实现把民族认同在基础上

引向国家认知的轨道，实现少数民族学生在民族认同的基础上不断往国家认同发展。少数民族与汉族之间的差异是客观存在的，表现在经济、社会、文化、教育、科技以及对国家认知等方面，我们在承认这种差异更要重视这种差异存在的原因和消除差异的途径。在承认不同的民族人们对国家认同存在程度差异的同时，把民族认同引向增强国家认知。加强国家认知的轨道，主要是把民族认同引向更高层次的对中华民族共同体的民族认同，培养少数民族学生民族意识和国家意识和谐共存的核心价值追求。我们必须要采取多种途径，特别是教育途径和社会交流途径，提高各民族国家认知水平，才能有效地把民族认同引向增强国家认知，实现民族认同与国家认知的相互促进。少数民族学生在学校接触到更多民族知识和国家知识，认知水平逐渐提高，少数民族学生思想层面牢牢地把民族与国家命运紧密相连。

2. 少数民族国家认知的渗透教育

培育少数民族对国家认知，需要多元策略的选择。教育是实现国家认知的有效途径，有助于促进多民族多层次、多方面的交流，通过教育、语言、文化媒体、互联网技术等因素有机融合，强化少数民族的国家认知，使少数民族认同的文化基因与国家认知的文化基因实现相互交叠，少数民族学生明晰本民族的文化和中华民族文化，增强国家的认知。这种相互交叠是尊重不同民族的基础上，文化因素之间和谐共生，相互包容、相互借鉴和相互促进，是一种增强多元文化因素的生命力。只有加快我国的现代化进程，在经济、文化、科技、教育等多个领域深入发展，带动少数民族整体进步，让民族文化因素与国家文化因素能够更加高效、更加快捷和更广范围地传播，打破民族、地域局限，打开少数民族的视野，发展国家的认知。

3.各民族之间的交往交流交融

调研数据显示，广西各少数民族之间交往频繁，交流领域较多。随着广西地区交通基础设施完善，大大促进广西少数民族人口流动加速，少数民族人员与其他民族人员更加密集，交流领域和范围扩大。深层次的交流是随着时代的变迁也在增加，在本地内的民族交往也越来越纵深，如广西各民族之间的通婚率较高，而通婚是一种促使民族认同向国家认同发展的重要方法，这些使得广西构成了一个多民族和谐共生的典范。因此，我们应采取各种措施促进民族之间交往、交流和交融，提升交流合作的层次，刺激少数民族人们民族和国家意识的自觉和领悟。经济、社会和文化的交往是重要的形式，增加多方面、多层面的合作交流、机遇共享、平台建设和机制创新，保证少数民族人们能够参与到社会活动当中，消除民族间的隔阂和偏见。例如，在义务教育阶段和高等教育阶段，少数民族学生和其他民族学生在共同学校、班级和团队一起学习、工作与交往，消除认知隔阂和心理差距，拉近民族学生之间的距离，创造更多平台和活动，使他们有更多的交往机会，促进民族交融。

4.国家引领下的少数民族地区经济发展

少数民族地处西部地区，经济社会总体状况低下，与东中部地区经济社会具有很大的差距，造成了西部与东中部区域经济社会发展的不协调、不均衡，少数民族的民族认知和国家认同往往会出现偏差，例如少数民族学生自信心不足，对国家协调区域发展了解不够。通过内外相结合的方式，促使少数民族内生发展动力，协调外部帮助，实现少数民族地区的经济、社会快速均衡发展，逐步缩小少数民族地区与发达地区的发展差距，实现区域均衡发展，实现少数民族最迫切发展经济社会的愿望，解决更多的少数民族生计问题，切实提升少数民族生活水平和获得感，让少民族学生更加感受到国家关怀，从而激发内生国家认知的意愿。

5. 少数民族地区国家通用语言推广

语言是联系少数民族与其他民族的桥梁，联通民族交流的纽带。我国不仅少数民族众多，而且少数民族语言众多，并且差异明显，这就造成了民族之间的交流存在阻碍，更进一步影响少数民族对国家的认知。当然，在少数民族地区推广普通话，并不意味着要消除少数民族语言和文化，而是更有助于少数民族语言和文化继承和传播，少数民族人们可以凭借普通话把少数民族文化、语言、风俗等物质和精神传播，使得更多人能够多方面了解少数民族的状况，让更多人和更多力量参与到继承发扬少数民族在历史长河创造的物质和精神财富。同时，把少数民族的物质和精神元素融入在中华文化当中，实现民族认同和国家认同相互包容、相互尊重、相互借鉴，形成你中有我、我中有你的文化格局。从国家意义来讲，普通话不仅是汉族的语言，更应该在本质上是联系中华子女的"政治经济文化的语言"，是中华民族文化认同的语言纽带。语言相通让各民族了解到其他民族的优秀文化，实现多元民族的生活方式以及其背后的价值观和人生观，才能谈及民族和国家共同性的培养，提升少数民族对国家认知程度。

第三节 文化融合境域下少数民族学生国家归属的发生

一、文化融合是少数民族学生国家归属的必要条件

少数民族学生对国家的归属是民族学生国家认同的重要内容。这种国家归属体现为各民族对于共同"国家"的承认、依附与积极情感。对于我国少数民族学生国家归属的形成与发展而言，文化融合是必要条件，这是由我国是多元一体的多民族国家所决定的。

（一）民族原生态与次生态文化的交融存在

民族生态文化的核心是民族文化的自然性与源生性，是民族发展进程中的历史与自然的综合生成，是在原生场基础之上的文化养育。"原生场指的是个体生长的天然而成的空间场域，包括自然环境、本土文化与经济形态等三方面，其核心为民族文化心理场，相对于个体而言，这是无法选择的先在的、自在的环

境"①。由此而言，原生态文化意指场域内部的自然生态和原始的民族文化的构成最主要部分，是自然生态基础上的原文化，是一种地方性精神，具有特定情境性和地区性元素。原生态文化表现出文化的独特性，是受自然制约下保存了少数民族文化的相对独立性和封闭性，未受外来文化冲击下的传统文化形态。此外，次生态文化就是基于原生态的文化生成和再创造，是相对于个体而言的继生的、自觉的环境。在以民族文化为根基和灵魂的基础上，次生态文化表现为文化的时代性和多变性，并与原生态文化相互交融，不可分割。

从生态视角看文化融合与国家归属感的关系，首先，文化是人类适应和改造自然生态环境的过程而形成的物质和精神总产物，包括人类采取使用和改造生态环境的特殊方式。中华民族的文化都是在一定区域的自然生态场域下产生，必然有其共通性以及融合的基础，少数民族与汉民族文化融合就必然有其可能性，有助于形成更大的民族文化归属，即承认、依赖和归属中华民族文化，形成国家归属感。其次，要重视次生态文化的时代性和多变性特征，对次生态文化不能一概而论其好与坏，而应该加以引导方为合理之策。要开发和利用次生态文化在原生态文化之上的合理因素，寻找民族多元文化的共通性，把握次生态文化在文化融合所起作用，与原生态文化相互协调，实现探索少数民族国家

---

① 孙杰远：《教育的文化范式及其选择》，《教育研究》2009年第9期。

归属感的路径。

(二)少数民族传统文化与现代文化的冲突与融合

传统文化与现代文化的交叉与碰撞，形成了复杂的文化场域。场域作为一种关系构型，其活力在于各元素所构成的交锋、冲突与融合的动态关系——主要表现为：本土文化与外来文化，民族传统文化与现代文化，静态文化与动态文化。这种作用关系形成特定时空的文化场域和文化场力，在场力的辐射下，推动传统文化与现代文化同向或者逆向而行，最终促成了三种具体的情形：融合共生、对立冲突和隔离边缘化。而以民族文化旅游发展为动力支撑的少数民族地区，其在文化的融合与冲突方面是极为显著的，表现为民族文化与现代市场经济文化的有机结合，文化商品化与文化原态的冲突、民族文化在外来文化冲击下的变样和异化、现代文化基于少数民族文化原生场的不适应和尴尬境遇，广西龙胜龙脊梯田文化场即为这样的一个典型。

综上所述，文化融合存在于少数民族学生生活的真实情境中，不可避免。此外，随着文化融合的深入，各民族的地域与时空的交融不断推进。民族文化融合的必然结果是国家概念的形成以及国家归属的发生。因此，文化融合是少数民族学生国家归属的必要条件。

二、文化融合背景下少数民族学生国家归属的发生

（一）国家认同与文化融合的互动

在国家认同形成的历史过程中，伴随着文化融合的复杂形态。"在这个过程中，经过混合，多种族群、种族结合成民族国家这种政治—文化共同体，形成了共同的民族认同，并且借助国家的保证，形成了民族国家认同，后者逐步取代了血缘、地缘、宗教以及其他共同体的认同，成为'主权'认同的对象，并把认同固定在一定领土中的一定人群。"[①]

多民族文化融合的动态演变过程，由分散到一元，形成了中华民族统一不悖的多层次民族认同格局。从文化导向的国家认同的包含元素和形成机制来看：认同包括了文化融合过程中变化、保留下来的，使认同得以保持的文化元素，即中华民族的历史基础、品质特征和独享文化；认同的形成机制，即是文化认同和文化共同体变化和消融的过程。曼纽尔·卡斯特在其著作《认同的力量》中提出，认同"是在文化特质或相关的整套的文化特质的基础上建构意义的过程，而这些文化特质是在诸意义的来源中占有优先位置的"[②]。因此，认同具有构建性、被重塑性，是依据历史脉络和集体记忆而加以意义内化的产物。

---

① 俞可平等：《全球化与国家主权》，社会科学文献出版社2004年版，第61页。
②〔美〕曼纽尔·卡斯特著，夏铸九、黄丽玲等译：《认同的力量——信息时代三部曲：经济、社会与文化》（第二卷），社会科学文献出版社2003年版，第3页。

(二) 文化融合下少数民族学生国家归属的发生

1. 互动文化场域的构建

文化通过沟通、交流，从而达到文化共识，文化独立会影响不同民族文化的交流互动，更进一步阻碍个体对的国家认同，削弱国家归属感的发生，因此少数民族学生要产生国家归属首先要有一个互动文化场域的构建。不同民族文化形态的相互渗透、互动，促进文化的交融，为少数民族学生提高他族文化、国家文化感知、认知、认同的机会，以此过程中促进国家归属的发生。

2. 共同文化符号的构造与使用

符号是文化的表征，是反映文化意蕴的直接产物。我国各民族文化形成的过程中蕴含着丰富的民族文化符号，文化符号的认知与认同进而促进民族文化的认知与认同。因而少数民族学生对于中华民族共同文化符合的理解与认同是产生国家归属的重要介质。构建中华民族共同的文化符号，如中华民族传统美德、价值观、图腾等，通过共同文化符号的传播激发少数民族学生国家归属感的形成。

3. 国家治理取向

国家治理中，广西有一种非常有品质的教育，叫亲和教育。这个"亲和教育"早在唐代，从柳宗元开始就在广西推行。柳宗元在广西待了14年，他让汉文化成为广西很多民族所向往和崇拜的主流文化，并且实现了文化的互通和亲和的教育。后来，费孝通在《中华民族多元一体格局》一书中专门讲了治理的问题。

亲和教育具有共同文化基因、文化符号、文化价值取向。通过亲和教育这样一种国家治理取向，国家归属切实产生。后来的一些人为广西的亲和教育做了大量的拓展和创新工作，比如马君武、雷沛鸿等人。

综上所述，文化融合下的少数民族学生国家归属的发生就是文化场域的共建，这此教育过程中实现中华民族共同的文化符号的渗透，还有国家治理取向的内化与教育导引。

第六章　少数民族学生国家认同的符号表征

少数民族学生国家认同的发生并不能仅靠国家法律赋予的公民身份实现，国家认同应是一个人认知、情感和行为上的综合表现，是一个人长期孕育于特定生活和教育场域的结果，这样的场域既有国家属性，也有族群属性。少数民族学生生活和教育的场域可以分为自然场域与人文场域，其中自然场域涉及学生原住地、现住地的村落自然生态系统，而人文场域则涵括了学生原住地、现住地的村落文化系统、校园文化系统、族群文化系统等。

随着社会发展，交通网络枢纽的完善，经济状况的改善，少数民族学生遇到了他们父辈没有遇到过的族群文化迁移、博弈和融合，从客观上促成了对自身族群文化的反思，而"与其他不完美但没有历史意义的动物相比，人知道自己是不完美的；他们清楚自己的不完善。教育作为人类特有的现象，其真正的根基也正是在于这种不完美与这种清醒的认识之中。人类的不完美性与现实的改造性需要教育成为一种生生不息的活动"[1]。在多民族生活圈交织存在的场域中,无论是少数民族,还是汉族,都在思考自身的不完美性,并通过学习与借鉴,汲取先进文化,提升自身存在的优势。

从过去封闭走向开放,从过去凭传承经验到今天的多元创造,时下自然与人文场域的共同作用形成了少数民族学生成长的教育圈网络,让少数民族学生从懵懂无知、稚嫩的幼儿,能够意识到自己所住村屯的存在的演变历程,自然地将自己的生活属性与村屯、族群紧密联系在一起,渐渐形成了个体的自在意识,在后天长期的潜移默化或有组织有规划的教育中,从与他者文化的交流中挑战自我文化理解,完善自身价值观,形成了文化自觉能力,并有了族群的自觉意识,渐渐形成了对国家这一自在实体的自觉认同。

基于少数民族学生对族群、对国家认同的个体发展脉络,本章通过龙胜、那坡达文屯、巴马的东山乡等例子,分析基于特定场域中少数民族国家认同形成和发展的脉络符号,讨论少数民族学生民族自在意识的发生、表征,民族文化融合过程中少数民族的文化自在与文化自觉,并探讨国家认同感的产生与强化过程。

---

[1] 〔巴西〕保罗·弗莱雷著,顾建新、赵友华、何曙荣译:《被压迫者教育学》,华东师范大学出版社 2001 年版,第 34—35 页。

第一节　少数民族学生民族自在意识的发生

一、自在意识的产生

自我意识是人类的基本意识。墨菲在《文化与社会人类学引论》中明确提出:"人是聪明的文化的动物,是大脑和高度复杂的中枢神经系统的产物。除了抽象思维和运用语言外,硕大脑袋的副产品之一即是自我意识。"[1]古希腊德尔菲的阿波罗神庙的石柱上刻有一句格言——认识你自己。这被苏格拉底规定为哲学家的使命,同时它也是每一个普通的思想者的精神探寻。我是谁?我从哪里来?我将归依何方?人类这种对自我的觉察与认知,实际上是对自身存在之根的叩问。叩问的发生与种族无关,但对"认识你自己"采取的方式、途径,经过历史发展、长期积淀而成的答案却因族群不同而不同。这些答案或借助于宗教、或借助于习惯,解决了作为个体的普遍属性及族群属性问题,但个别属性问题、个体生存的可能和自信共存也要予以关注。正是由于作为主体能够知觉到自身的存在,人类使自我普遍性地概念化并将自我与他人相区分。精神在躯壳之内只能孤独漫游,只有在自身的外

---

[1]〔美〕罗伯特·F.墨菲著,王卓君、吕迺基译:《文化与社会人类学引论》,商务印书馆1991年版,第36页。

部联系，在社会关系中才真正找到生命。①

少数民族学生在什么信息刺激下意识到自己是"独立存在的个体"呢？是在什么信息刺激下能够将自己与他人相区分，认识到自己属于哪一个族群甚至民族呢？进而能够认识到自己与其他同学或其他社会上的人有许多共同特点，认可相同的价值观、有着共同的群体归属感呢？这个要从少数民族聚居群落的社区教育开始谈起。

社区教育是以自然与人文场域为根本基础，以家庭教育为重要单元，社区社会关系为条件，形成的生态化的教育网络。教育场域包括了自然生态环境、社会生态环境、文化生态环境。在这个复杂的、整体的教育网络中，没有绝对的教育者或受教育者，男女老幼都可能成为教育者或受教育者，也没有固定或所谓标准的教材，村规寨约、建筑服饰、山歌仪式甚至一草一木都可成为学习材料。社区教育的核心在于普及处世价值观和处事方法。

良好的生态环境与教育，与人类是紧密相连、互动互生的。在长期的抗争、适应、再创造的历史生存实践中，西南少数民族群体寻找到了与大自然和谐共处的许多途径，将生态资源用于族群生活的各个方面，比如医疗卫生系统、生产系统等，由此而形成了民族特有的物质流、能量流、信息流、价值流等，并通过多种形式的教育方式将它们传承给下一代。

---

① 〔美〕罗伯特·F. 墨菲著，王卓君、吕迺基译：《文化与社会人类学引论》，商务印书馆1991年版，第38页。

在巴马的东山乡，高山林立，山路奇陡。汽车驶向东山的巴根，忽爬至山顶，忽在山腰绕行。公路的一侧是石山，稀有高大树木，山腰或山顶一般种些玉米。另一侧是悬崖，谷底往往有一小村寨，偶尔可见绿色的田地。外来人对此既好奇，又万分紧张，当地原住民倒是很轻松，谈笑风生。在路上我们见到不少背着箩筐赶路的人，筐中放着玉米或农具，大部分都是年轻人，也有小孩或老人，皮肤黝黑。我们起初以为是住在附近的寨民，当地人告诉我们，他们家其实很远，要走一个多小时的路（这是按照他们走山路的速度说的，外地人一般得走两个多小时），他们见到我们时，很热情地与我们打招呼。大山孕生了一种独特的民族文化性格：开朗、大胆、热情，能吃苦耐劳。

我们在车上遇到了一位正在南宁读大学的学生，他家住在东山的巴根。他告诉我们，大山生长着很多草药，长辈们在放山羊的时候会给孩子们传授草药知识，教他们认植物，识药性，知用途，他还告诉我们许多祖先利用草药救人的英雄事迹。他自豪地说，我们跟城里人不一样，山里人一般不会生病，小病能自己治。

该学生在长辈们口耳相传、现场传授的过程中，体悟到了祖祖辈辈生活的村屯周围蕴藏着丰富的自然资源，潜意识中将自身的自然生命赋予了大自然的属性，从祖先的事迹中习得了做人的学问，在懵懂中逐渐学会了在未来的生活中要以助人为乐为荣。世世代代生活的场域、祖祖辈辈言传身教的文化传承、时时刻刻陪伴成长的文化符号形成了独立于其他族落的系统,这种系统使得系统中的人的自在意识和自我意识得到很大的强化。

随着年龄的增长、生活的改善,或从教科书、广播电视的渠道中,进城的经历中,了解了城里人与山里人在体质上的区别,从地域关系上确定了个体及群体的地域属性,进而明晰虽然城里人和山里人很多条件都不同,城里资源丰富,医疗条件发达,但环境污染日趋加剧,身体健康长期遭受困扰,而山里人质朴、阳光,从而在意识中理清了二者不同的气质特点,在心理上将个体及本族与他族人或他族相联系,但更多的是相区分,在区分的基础上厘清关系,在关系的基础上强化区分。

整个地球的宏观生态结构形成了中国西南地区独特的区域生态环境,而这又促成了巴马高山地域的生态环境,优美且资源丰富。正因为山好,物产富集,使得数代前居住在都安的部分瑶族群体搬迁至东山生活,建构出完整的族群系统,创造出具有东山特色的布努瑶族文化。

二、自在意识的强化

对生与死的认识与洞悉,是我们开始存在理性自我意识之后产生的,生与死的知识让人们萌发了生命意识。而"关于死的确定性及死亡时间来临的不确定性的知识,在全部人类存在中引入了一种极为焦虑的调子,而人类面对死亡的认识和恐惧是我们理解生命和自我的伴随物,生存斗争是全部有机生命的共同属性"①。

对生命的眷恋、对生命延续的追求以及对孕育生命之土地的眷顾，实际上是人的一种生命本能，是人类与生俱来的天然情感和永恒的精神追溯。借此，人类创造了符号，创造了文化这些能够超越时空的替代物和延伸物，并且把自身的生命和文化传系投入到子孙后代的不断繁衍中，用符号来强化自在的意识，建立起生命的自信，发展成生命的自觉。

少数民族学生的自在意识强化的路径有很多，根据场域不同，可分为社区强化、校园强化和社会强化。社区强化，主要是通过言传身教、村规民约、民族风俗、民族服饰以及民族器物等符号及其载体让学生们从小认识自己的社会性，习晓族群来历，了解村寨历史，熟悉民族文化，习得民族技艺，强化民族自在基础上的自信，融入族群当中。校园强化，主要是在校园生活中，通过民族学校校本课程、校园生活中的差异对比和同类强化使自我意识得到强化。社会强化，自改革开放以来，少数民族的生活水平日益提高，许多少数民族家庭走出山寨，父母在外打工的占了多数，丰富了见闻，条件改善之后，电视、电脑等现代传媒手段进入寻常少数民族家庭，学生们接受的信息增多了，对我们多民族国家有了更深刻的了解，对自在意识也起到了强化的作用。

---

① 〔美〕罗伯特·F.墨菲著，王卓君、吕廼基译：《文化与社会人类学引论》，商务印书馆1991年版，第48页。

巴根的建筑以前多为干栏式建筑，主要是用石头、竹子、瓦片等建筑材料做成，样式相似。巴根的干栏建筑能很好适应高山地区的气候特征。干栏建筑在特定的自然场域中产生，在特定的文化场域中得以完善，是少数民族族群文化特质的一种表征，是自然与人文共生的缩影。[①] 干栏建筑凝聚着瑶族先辈们的探索精神，折射出他们充满智慧的生活哲学，改变和丰富了生态环境。这影响着生活于其中的人们，耳濡目染，无形中实现了自在意识的强化。

根据强化效果来分，可分为良性强化和过激强化。良性强化主要是将民族的自在意识纳入到中华民族整体中去认识，在整体中认识自我，能够理性地看待自身的民族信仰及民族文化，也能较好地理解和包容、接纳其他民族的文化存在；过激强化则是一种鼓励的自在意识的强化，采用排外的方式，将其他民族文化视为异文化，无法理解、难以接受，甚至抗拒与其他民族的互动和交流。

根据强化的原因来分，可分为内因强化和外因强化。少数民族学生随着年龄的增长，好奇心和学习的潜在需要激发他们去了解所处场域的一切，用自己逐渐发展的价值观去衡量和审视周围的事物，通过认识强化自在意识，这就是内因强化；外因强化主要是其他社会人、社会信息对少数民族学生实施的意识干预，通

[①] 孙杰远、刘德怀：《黑衣壮干栏文化及教育价值》，《西北师范大学学报（社会科学版）》2010年第1期。

过大量的信息呈现潜移默化地改变着少数民族学生的价值观和世界观。

少数民族学生的民族自在意识不是一成不变的,而是不断生长的,不断发展完善的,只有营造友善和谐包容的生活场域、教育场域,才能培养起良性的自在意识,让其融入到中华民族的大家庭中。

第二节 民族文化互动过程中少数民族学生的文化自觉

目前,我国少数民族流动人口已经超过 3000 万,其中大部分都流向东部沿海发达地区。广东省珠三角城市群,1982 年第三次全国人口普查时,少数民族人口不足 2 万,目前已接近 200 万。北京市 1953 年第一次全国人口普查时,少数民族人口有 16.85 万,2010 年第六次全国人口普查时,少数民族人口达 80.1 万。2010 年上海市全市少数民族人口总数为 27.56 万,比 10 年前增长了 165.9%。[1]

少数民族学生通过校园生活、旅游、父辈外出打工、收听收看广播电视节目、接触手机等方式,接触着原有生活场域之外的

---

[1]《少数民族流动人口现状与问题》,中国社会科学网,http://www.cssn.cn/dybg/gqdy_gqcj/201404/t20140401_1054005.shtml

世界，形成了多种文化的沟通互动，实现了跨区域、跨民族间文化内涵的彼此了解、冲突与融合，消弭差异，促进共同，文化认同的诉求得到基本承认。文化环境中充盈着文化的自觉。

文化互动过程中少数民族的文化自觉主要体现在文化自省、文化自改、文化自适。文化自省主要是指少数民族学生在接触不同自然与人文场域后，在强烈差异文化氛围中，对自身文化、自身价值体系进行自我反思；文化自改，为了更好的生活，融入社会，自身的生活习惯、行为方式会逐渐受到其他文化的影响而潜移默化地改变，这种改变有时非常明显，有时连学生自身也没有察觉；文化自适，任何文化经过长期的发展必然形成较强的生命力，一个族群的生长也需要本身的文化自适应能力的保障。

文化自觉主要依靠外在的推动和内在的认同实现。文化自觉的符号主要体现在民族称谓、民族习俗、民族服饰、民族器物及图腾信仰等方面。

一、民族称谓

称谓的发明从一开始便成了人类认识世界的重要工具，使人类根据世界万物的不同属性而有所区分，称谓是一种重要的符号，蕴含了人们的认识，同时也是一种基础性的重要符号，这种符号既用在个体或单个物件上，也用在群体或同一类事务中。"个人通过符号建立自我，社会作为实体必须同时是抽象的符号存在，国家是想象的共同体。我们通过仪式能够最清楚地看到，个人、社会和国家与其说是分立的，不如说是共生的：个人在社会中，在国家中；社会在个人中，在国家中；国家在个人中，在社会中。"①

民族称谓大部分是历史长期形成被广泛认可，并被政府所认同的一种民族符号。它形成于内在的认同，强化于外在的认可。国家对这一群体的存在认可，并赋予其一种表征性的符号，包括了地域上的行政划分及命名，也包括对民族群落的称谓。

在龙胜泗水乡红瑶寨，我们碰到了假期回家的学生黄××，他今年上小学五年级。我们遇到他时，他正和忙完农活的家人一起回来。

"你是在什么时候知道自己是瑶族人的？"

"你看见那个寨门了，小的时候，我们最早认的就是那几个字。大人说，我们这里是红瑶寨，我们就是瑶族人。"

"那你们这个寨门是谁建的呢？"

"是寨里和乡里一起出钱建的，为了吸引游客，方便游客。"

可见，红瑶寨作为一种称谓符号，除了地名的指示作用外，还是家长们教育孩子认识自身民族属性的民族身份坐标。

国家认可各民族称谓的同时，在政策上也给予了大量的扶持，大力支持少数民族基于自身的民族文化建设，保持居住地特有的美丽的生态环境，开展生态旅游开发，弘扬民族传统文化，

---

① 高丙中：《民间的仪式与国家的在场》，《北京大学学报（哲学社会科学版）》2001年第1期。

增加收入，提高社会发展水平。现在，龙胜红瑶寨的居民收入也提高了，瑶民们对乡里、对政府非常感激。孩子们未上学前，家里就告诉他们，是乡里和大家建了这个寨门，告诉他们自己是瑶族人，让孩子们对自身民族属性有了初步认识，在懵懂的心灵上孕生了最初的民族认可。

在××小学外，我们遇到了放学回家的侗族学生。

"我还记得，第一天上学，班主任就让阿爸阿妈填写我的读书名，还问是什么民族的，我还记得，他们说是侗族。"

"你们班上还有其他少数民族的同学吗？"

"有，还有壮族、苗族和瑶族……"

"你们村里都是侗族吗？"

"大部分是，也有一些壮族。"

"你觉得你和你们班里的同学有什么不一样吗？"

"平时没觉得有什么不同，就是我是瑶族，他们是壮族，在学校里没觉得有什么不一样，上体育课时，他们民族的体育项目我们也玩，我们的他们也玩。"

"那么在什么时候会不一样呢？"

"当然了，在我们族在大日子里的活动跟他们是不一样的。"

可见，称谓是一种象征性的指证，它提供的是一种区别性的代码或符号，学生们凭借着民族称谓的不同，区分了群体内部个体之间不同的民族归属，但学习生活中相差不大的习惯又促生了班级共同体的产生，认为大家其实是同一类型的人。但是，民族习俗的不同又让学生们看到了彼此的差异所在，文化属性的差异是民族称谓背后的文化支撑点。

二、民族习俗

人是最名副其实的社会动物,不仅是一种合群的动物,而且是只有在社会中才能独立的动物。① 当个体面对自然,面对自身以外的世界,便建立起自我与他人的概念,建立起自我个人世界与外界的认识。这是人类的属性——社会性。

民族习俗是一个民族在长期的生活积淀中形成的较为稳定的习惯和习俗,体现于各类民族活动,比如节日庆典、祈福仪式、祭祀仪式、丰收庆祝等。每项活动都有着明确的流程,每个个体的位置和分工、每个环节都有具体的要求,以人自身的需求为核心,以个体社会关系为纽带,以对民俗信仰的敬畏为依托,步步尽心,事事求善,人人参与。

在这些活动中,少数民族学生可以习得民族社区的社会关系结构,认识到只有德高望重的长辈才能得到大家的尊重,好学进取的同辈才能获得更多的表现机会,在参与负责的事项中,少数民族学生学会了社会交际能力。更为关键的是,从与他人合作、参与村寨习俗活动中对自身发展的角色位置有了个比较清晰的认识,对自身发展的自在和重要性、目标取向有了重新的界定和思考。可以说,习俗本身是一个群体长期存在和生活积淀的文化载

---

① 《马克思恩格斯选集》(第 2 卷),人民出版社 1972 年版,第 87 页。

体，是一个群体自在的表现，习俗也是群体中个体自在意识产生和不断强化的文化根基。

我们在田野调查中，发现很多村寨相毗邻，但属于不同民族，习俗也有所差异，这些习俗之间的差异也是民族自在意识的强化剂。从与他者不同的文化中厘清自在的独特性，由自在的独特性衍生出自在的偶然性和必然性。所谓自在的偶然性表现的是个体对自我生命来源的思考，所谓自在的必然性是个体从群体差异中对自我属性的理解。在习俗的差异中，不断完善本民族在活动上的一些做法。

根据巴根布努瑶族的寨老介绍，他们是从广西都安迁徙过来的，至今已有 18 代，世世代代生活在此。族群文化结构比较稳定，族群中的管理体系、生产体系、卫生体系等保障着布努瑶族的日常生活。"心理学的研究发现，由于群体本身固有的特点，教育者或管理者，运用群体动力学来推进个人和群体的发展。关键要有共同的认知，培养强烈的归属感，重视群体规范，提高群体中领导者个人的威信，从协调和整合中，确立群体本身，适应教育的目标和生态环境发展的需要。"[1]

巴根没有成文的行为规范。全族聚集在铜鼓楼前，敲铜鼓，鸣枪炮，吹唢呐，射弩箭，对山歌，甚是欢娱。祝著节的组织者和协调者一般就是屯里的寨老和村长，以及德高望重的老人们。在节日的筹备中，一批有能力的年轻人会被培养起来，屯中管理

---

[1] 吴鼎福、诸文蔚：《教育生态学》，江苏人民出版社1990年版，第94页。

者的威信也会随着群体规范和族群认同的强化而得到提升。

巴根屯的布努瑶族人邻里关系颇为和睦,这是村社教育与家庭教育共同作用的结果。巴根的文化属于长老文化,"孝"是非常重要的。例如过去的补粮节,所有儿女都须在场,有着严格的规定。如果屯中有人不孝敬长辈,他将受到巨大的舆论压力。正是这种"孝"文化,促生出巴根屯的"家"文化,长辈协调屯中大小事务,邻里如同兄弟姐妹,相互关照,彼此体谅,相处融洽,形成了一种共生的社会关系、和谐的族群生态。

布努瑶族人遵从和与善的价值观,并在长期的生活中将其融入到习俗当中,通过习俗活动、群体舆论、道德公约、行为规范来促成屯里男女老少和谐相处,教育孩子们做人做事的道理,让他们健康成长。

三、民族服饰

"服饰是人类对自身外在美的一种创造,是人类独有的一种生活技能。它具有保护身体和装饰自身的双重功能,拥有使用价值和审美价值。它既同人们的物质生活密切相关,又同人们的文化传统、审美情趣紧密相连。"[①]服饰刻画和映射的是不同民族生活的历史痕迹,表现的是各民族用历史事件雕刻的文化印记。服

---

① 陈梧桐:《中国文化通史:明代卷》,北京师范大学出版社 2009 年版,第 433 页。

饰是人与世界的分界线，它既能包裹自己，也能表达自己。① 少数民族服饰不仅种类繁多，形状也各不相同，装饰讲究，做工精湛，技术精细，特色鲜明，丰富绚丽。在广西，"八山一水一分田"，少数民族多居住在山野丘陵之间，平原少，同一民族的传统服装、装饰都会有所差别。

苗族服饰以女装式样最多。苗族分为白苗、偏苗、红苗、花苗、渚水苗、载姜苗等不同支系，表现在服饰上亦不尽相同。如白苗妇女的头巾一般都是白底上面绣红、兰、黑等服饰，穿兰色短上衣，用长巾束腰，下穿长到膝盖的白麻布群。偏苗妇女包花头巾，长裙到脚跟。三江苗族女子一般从六七岁起开始蓄发，经常浣洗，挽髻于头顶，插一把木梳。②

虽然广西各族的服饰因为宗教信仰、民族意识、审美习惯、生存场域的不同而千差万别，即便是同一民族，不同节日、不同性别、不同年龄等级着装配饰也有不同讲究，但民族服饰都能在满足生存、生产和生活需要的同时，也能满足民族群体审美、融入民族群体价值意识、嵌入对民族图腾的敬畏的符号表达等需求。我们从民族服装中不仅能够较为容易地将民族种类区分开，也能够从其设计、制作、穿戴习惯中看到一个民族的习俗、信仰、生活模式、价值趋向，发掘其自在的文化意识和自觉的文化创造力。

---

① 孟学文主编：《锦绣中华宝典》，当代中国出版社 1998 年版，第 2771 页。
② 同上书，第 2770 页。

四、民族器物

民族器物是少数民族生活场域的文化重要构成部分，是少数民族生活的必需品，满足日常生活和休闲审美的需要。这些器物既有建筑型的，大到如干栏式建筑、铜鼓楼、风雨桥等；也有娱乐型的，如民族乐器、民族游戏道具等；既有日常使用的，如牛角梳、竹篓等；也有图腾圣物，如图腾柱、图腾饰物等。器物本身无论造型和做工的复杂与否，都承载着少数民族生活的过去和未来。

少数民族的祖先们面对恶劣的生存环境，不畏艰险，以超凡的智慧，踏实苦干的精神，利用自然资源，创造出了与自然共生的生活系统，所发明和创造的民族器物大都以自然崇拜为装饰，以自然动植物为图腾图案，民族器物追求天人合一，将人文和自然融合在一起，在尊重现有自然资源的基础上追求人文关怀。生命的关照既是对自然生命的关注，又是对文化生命的延续，既是对人的自然生命的保护，又是对人的精神生命的张扬。①

少数民族学生在使用或参与创造器物时，润泽于祖祖辈辈积淀的文化智慧中，这些民族器物都是生命创造力淋漓尽致的体现，培育了学生的文化自觉和使其成长的民族心理场，使他们树立了自觉维护民族文化的意识和强烈使命感，让学生产生自我生

---

① 孙杰远:《论自然与人文共生教育》,《教育研究》2010 年第 12 期。

命存在的体悟。

人类学家玛格丽特·米德认为:人格的形成,受其所处文化的影响较大,尤其是不同文化或社会的儿童养育方式,对人的个性形成有着非常关键性的影响。民族器物维系着少数民族的衣食住行,涉及他们日常生活的方方面面,给生活以教育,用生活来教育,为生活向前向上的需要而教育。

五、图腾信仰

著名的英国民族学家J. G. 弗雷泽明确地论证了"图腾崇拜"的概念:"图腾崇拜是半社会半迷信的一种制度,它在古代和现代的野蛮人中最为普遍。根据这种制度,部落或公社被分成若干群体或氏族,每一个成员都认为自己与共同尊崇的某种自然物象——通常是动物或植物存在血缘亲属关系。这种动物、植物和无生物被称为氏族的图腾,每一个氏族成员都以不危害图腾的方式来表示对图腾的尊敬。这种对图腾的尊敬往往被解释为是一种信仰,按照这种信仰,每一个氏族成员都是图腾的亲属,甚至是后代,这就是图腾制度的信仰方面。至于这一制度的社会方面,它表现在禁止同一氏族成员之间相互通婚,因此,他们必须在别的氏族中寻找妻子或丈夫。"[1] 图腾作为一种崇拜和敬畏的对象,

---

[1] 转引自杨福瑞:《红山文化氏族社会的发展与图腾崇拜》,《赤峰学院学报(汉文哲学社会科学版)》2004年第5期。

主要不是它的自然现象本身，即采用某种动物、植物或者其他器物作为代表并不是那么重要，关键是它所体现出来的精神实体与民族族群之间的关系，比如当作自己的祖先、亲属或者保护神，它为每一位民族个体成员所熟知和认同，并得到精神上和行为上的捍卫和保护，它守护着每一位信仰和尊敬它的人。

双鱼对吻银项圈在黑衣壮妇女中被普遍佩戴，同时也是黑衣壮妇女婚嫁时的必备之物。项圈两边都制成鱼的形状，犹如对吻的双鱼。这说明黑衣壮存在对鱼的图腾崇拜。在广西那坡，我们走访了较为集中的几个黑衣壮的村屯，他们所居住的环境都是石山，干旱少雨，虽然建有水柜，但一遇到旱季，人畜饮水都会陷入困境，在黑衣壮传统稻作区，人们相信人死后变成鱼，然后再投胎变成人，鱼是人轮回的中介和保护神。黑衣壮的小女孩也多佩戴双鱼对吻银项圈，黑衣壮鱼崇拜文化的遗风已然成为族群自身的传统，最终形成黑衣壮鱼图腾崇拜。黑衣壮人将鱼作为图腾信仰之物，比之为黑衣壮族的亲属、祖先和保护神，认定其具有超自然的生命力，为黑衣壮族的生存和美好生活带来希望和能量，族人的生产生活也因鱼图腾而显示出其神圣性，显示出整个族群的生命力。

黑衣壮作为壮族的一个支系，在长期的历史文化进程中，已经形成了独特的民族价值、民族文化、民族意识、民族心理、民族行为，有着自身独特的生存法则和生活模式。德国社会学家马克斯·韦伯把人比作"悬挂在由他们自己编织的意义之网上的动物"，认为人类就是"意义的创造者"。人类的社会活动就是不断创造意义、利用意义、传承意义又被意义所规约的过程。① 黑衣壮族群及个体成员在不断地创造并传承着各种意义，其中最为核心的意义即是每一个族群中的成员所认定为根的意识及由此衍生的民族自豪感与归属感，这种意义存在于黑衣壮人平淡的生活诉求之中。

民族服饰的差异，所蕴含的图腾信仰不同，是自在意识的外在表达和内在映射，正是因为有着不一样的图腾信仰，居住在不同的生存场域，因而民族服饰呈现出多元化和多样性，它是少数民族自在意识的一种符号表征，也是少数民族自觉意识的强烈表现。它所蕴藏的文化意义让每一位少数民族学生在感情上、心理上产生对本民族群体的趋同，产生对本民族群体的认同和归属，强化了民族的自觉意识。

第三节 国家认同的产生

少数民族对中华民族、对国家的认同是在长期历史发展中形成的。正如费孝通所提出的那样，"中华民族作为一个自觉的民族实体，是近百年来中国和西方列强对抗中出现的，但作为一个自在的民族实体则是几千年的历史过程所形成的"。少数民族学生从一出生就接触到国家给予的各种符号认知、情感关照、文化

---

① 转引自薛艺兵：《对仪式现象的人类学解释》，《广西民族研究》2003 年第 4 期。

沐浴，因此，国家认同感的产生是个自然而然的过程。但是，如何使少数民族学生的国家认同能够随着成长变得更加理性、更加包容、更加强烈，在充斥着意识形态斗争的今天，仍然是一个非常重要、非常紧迫且非常必要的课题。

需要指出的是，"族群与国家之间的关系类似于局部与整体的关系，族群的自我认同只有在国家机体内才得以形成和持续。换言之，国家认同不会削弱族群认同，反而是族群认同得以形成和延续的前提"[1]。费孝通也在《中华民族多元一体格局》一书中指出："高层次的认同并不一定取代或排斥低层次的认同，不同层次可以并存不悖，甚至在不同层次的认同基础上可以各自发展原有的特点，形成多语言、多文化的整体。"[2]

因此，强化少数民族学生的国家认同，不应该也没必要削弱其民族特性，因为削弱一种文化特性会导致文化排外性加强，反而弱化了其对中华文化的认可。因此，在所有的文化融合过程中，国家应该主张文化间的平等尊重，模糊文化间的地位差异，缩小民族间的贫富差距，进而扩大文化之间的共同点、共通点、和谐点。

---

[1] 钱雪梅：《从认同的基本特性看族群认同与国家认同的关系》，《民族研究》2006年第6期。
[2] 费孝通：《中华民族多元一体格局》，中央民族大学出版社1999年版，第13页。

第四节　广西多民族聚居地的文化考察

（一）壮寨旅游开发

民俗文化是少数民族地区旅游开发的灵魂和主要资源，在民俗旅游兴起和发展的浪潮中，外来文化的输入使本土民俗文化复杂多变，逐渐趋向为一个充满随机、偶然和无序的动态体系。调研组选取了广西龙胜县和平乡平安村与龙脊古壮寨为样本地展开田野调查，以平安村为参照，对旅游开发中龙脊古壮寨民俗文化生境的生态选择进行解读，尝试揭示广西壮民族在旅游开发中的民族文化自适应现象和本质，探寻民族村落社会变迁与融合的文化印记。

和平乡位于龙胜县东南，东与灵川交界，南与临桂接壤，素有龙胜"南大门"之称。全乡辖有15个行政村，186个村民小组，居住有瑶、壮、汉等民族1.5万人，其中以红瑶和壮族居多，其中，平安村和龙脊古壮寨均为壮族世居。平安村早在1990年便开始了旅游开发，由于没有及时兼顾对当地民俗文化的保护，在长期的民族交往过程中，在外来文化因子的冲击之下，当地的文化符号发生了巨大的变迁。

龙脊古壮寨于2011年6月份开始旅游开发，以平安村为前车之鉴，在开发过程中坚持民俗文化的生态选择，因此保留和沿袭了原生态的古朴、独特、浓郁的民族风情和传统文化因子（传统的建筑、饮食、服饰、语言、文字、音乐、舞蹈、戏曲、节日、宗教信仰、社会风尚、习俗观念，等等）。

1. 平安村与龙脊古壮寨的旅游开发现状

（1）平安村的旅游开发现状

平安村是一大型壮寨，建于清至民国，该寨有180多户，740多人，全部是壮族世居，以开垦梯田种水稻为生。几百年来，平安村的先民们在金江河畔的龙脊山坡上开垦了无数的大大小小的梯田，形成了规模宏大的梯田群。1990年该寨被开辟成龙脊游览观赏村寨之一，因高耸在龙脊梯田的山梁上，恰位于和平乡龙脊梯田景区，是龙脊观光的核心寨。至今，平安村历经了21年的旅游开发，已经发生了巨大的变化。以下是平安村访谈记录的部分节选。

平安村访谈记录节选

访谈对象：中年男子（壮，40岁，寨老亲戚，已经从事十多年旅游开发）

地点：平安村寨老家

时间：2011年8月10日 上午9:30

参与访谈成员：杨洪琴、余凤霞、刘远杰

访谈记录：

问：和以前相比，少数民族的节日过得多吗？和以前一样吗？

答：一般像过节日这种东西，和以前是不太一样了。不像以前那么隆重了。

问：听说三月三是很隆重的？

答：我们壮族是四月八日。

问：你们过这个节日，你去参加吗？

答：嗯，往年参加，现在参加不参加都无所谓了。

问：没有什么特别的要求吗？

答：没有。

问：是否担心好多外地来的人看你们的节日，或是搞的活动啊？

答：没有人组织这些东西。

问：是否担心有些民族特色，以后就没有了吗？

答：没考虑到这个问题。

……

问：比如说一般结婚啊，壮族和其他民族有不一样吗？

答：应该跟外面的都差不多了，哎呀，都穿婚纱啊，带些什么什么东西，不像以前我们壮族，唱山歌是有的，男方的，女方很多东西，现在都不做这些东西了。

问：你们跟汉族有什么明显的，或者不一样的那种感觉吗？

答：应该说，像我来说都差不多吧，应该没什么，现在汉族、壮族都差不多吧，一样的吧。

……

问：旅游开发的利弊，哪方面多一点？

答：那肯定好处多，但是久了，像我们住久了就知道了，做这个旅游久了，就失去很多东西，现在慢慢地改变太多了，不像以前我们壮族人那么淳朴啊，现在都没有那种，好像很友好的那种东西了，……以前像什么好菜啊，我送你一盘……现在什么都要拿钱来交易……

问：那现在还给（好菜）吗？

答：现在不了，现在很多东西都变了很多，现在都不太团结了。

……

问：比如说以后旅游开发，村里面会不会规划？就是说你这房子必须按哪个方位……有这种规划吗？

答：有规划，管不了。

问：为什么呢？

答：九几年以前还可以，现在都变了，现在一直没人管。好像都不管了，有时候也会有人管，但好像他说话都没人信任了，都不相信了。

……

问：你觉得是这种房（木房）好，还是那种？

答：现在呢，肯定要木楼好，能保持我们这种民风，那个对旅游也好，人家来也都是看我们的木房子的……我在这个寨子里面差不多做了二十几年的旅游了。收益方面有些不均匀，有些人想我种田，我是帮别人种的。

问：为什么这样子呢？田不是自己的吗？

答：对，自己的，他不想种田了，想去赚钱，背一个包，就可以得几十块，一天他背三四趟，一百多块钱，他随便可以去田里面工作,他一天就是那几分田,如果遇到旱的话……

问:几分田?

答:6分田,也不够种,也不够吃的,如果还旱的话,真的收不了。他就把那个田一荒,如果一荒,就……这个梯田就不比以前漂亮,以前我们的梯田是非常漂亮的,游客多,以前像我们这些水沟(指着门口的水沟)都可以冲冷水澡呢。现在呢,你看现在都很脏了(表情凝重),我感觉也不好。

问:听说,为了保护环境,池塘里面、河里面都会种(指一种净化水的植物)车前草……?

答:三级化粪子嘛……每家,像我们做这个都可以做,别的农户都不做的,他就是直接排到沟里面,他觉得无所谓了,这个问题已经说了几年,一直都没人去……

问:有没有什么补救措施?……像他们那样,过不了多少年,以后就没有……来的人少了?

答:肯定,这个肯定会这样。我感觉现在,像这样,一年比一年都糟。

问:如果是这样,人进来的也越来越多吗?

答:对环境来说,我可以说,政府可以加力,还有旅游公司也是一样。他们一定要跟我们农民合作……他们管门票,一天我们分那个门票是非常少的,农民不服气嘛,不想跟你这样合作,要污染我们环境,田要让我们自己去种,你们来看都是看我们的田,这样分配不均匀,有些人就想破坏了。不管我的事,不种了,有这种想法,因为没收入。80块钱的门票,我们拿了2块8

毛钱，所以非常不满意。

问：那你们有没有向旅游公司反应过呢？

答：见过了，也闹了几次，我们也在……就是封闭的时候，客人不来就算了，就是他们处理这些问题，不知道怎么搞的，一直都处理不好。

问：那也就不了了之了？

答：是啊，过了那几天，好像又没听说什么了。也没有一个很好的法子。

……

问：现在旅游开发了，比如说那边有个民歌堂，村民们有没有去那里娱乐呢？

答：没有，村民还嫌吵。

……

问：现在上大学的学生多吗？

答：有是有，但一上大学都基本留在外面了，他不可能回来的，都在外面了。

……

问：像您刚才说那个旅游的危机感的话，是不是再过些年，这个地方就没有了？

答：对，我感觉过十年，我们这个旅游可能就会倒闭，全部关门。

……

问：整个环境的生态系统就形成一种恶性循环，对吧？

答：对对对。你像现在走出去，很多田都荒了。包括走大寨这一块，前两年我们从这里走过去，一路都是很漂亮的，但是现在没有了。

问：待客呢？

答：待客我就不知道了，带外宾的话，有些他第二次来，就感觉到，咦，怎么变化那么多了，怎么那建筑都乱七八糟的，他都跟我们说这些东西，我们也感觉确确实实一年比一年乱……你看吊脚楼就是吊脚楼，你看现在都是乱七八糟的，做一栋水泥楼，背的东西又多，乱啊，你从景点看下来，你想拍一张民风的照片，哎呀，一看这里有一堆垃圾，非常不好，乱七八糟的……像以前，没什么事干，我们就一起打牌，现在没有在一起聊天啊，这些东西，很少。现在，一坐下来聊什么嘛，都是聊搞旅游的，挣钱啊，怎么样怎么样，只是说这些。不像以前了。不过也有感觉，肯定以前有以前的好，现在有现在的好。

从以上案例和实际田野调查中可以看出，平安村经过20年的旅游开发，已经发生了巨大的变化：环境污染严重（水污染、噪声污染、固体废弃物污染）；建筑凌乱并不能呈现足够的民族特色（砖瓦房的崛起：政府和旅游公司给补贴，并以"防火灾"和"消防"为名让其建造砖瓦房；外来娱乐场所的建设对当地民族特色的冲击，如民歌堂每天大分贝的流行音乐KTV，不但冲击和淹没了当地特色文化，而且造成了严重的噪声污染）；梯田荒芜和凌乱（每人6分田，种植不能维持自给，不愿意种植梯田）；

淳朴民风的逐渐流失（经济利益冲突带来的矛盾；当地居民对外来游客的商业化态度）；村领导话语权的逐渐丧失导致村里规划管不住当地居民，从而，大家都不愿意当村领导（旅游所得受益不均，每 80 元门票居民才得 2 元多）；大学生表示毕业后不愿意回到村寨发展。生态系统被持续破坏，文化生态质量日趋下降，形成恶性循环。

（2）龙脊古壮寨民俗文化开发的生态选择

广西龙胜龙脊古壮寨自古被誉为"壮家文化的百科长廊"，由龙脊村的廖家寨、侯家寨、平段寨、平寨 4 个壮族聚居村组成。龙脊古壮寨是世居广西北部壮族的典型代表，4 个壮族村寨共 300 户，1300 人，有廖、侯、潘三姓壮族；也是龙胜龙脊梯田风景名胜区地重要组成部分，以梯田景观和壮族原生态文化、古建名居作为旅游资源，集梯田风光、壮族风情及民族文化遗产为一体的文化旅游村寨。龙胜各族自治县于 2011 年 6 月 10 日举行了龙脊古壮寨开寨仪式，开启了沉睡 700 年的古寨寨门，从此向外界展开了独特的壮族文化。以下是在龙脊古壮寨的部分访谈记录。

龙脊古壮寨访谈记录节选

访谈对象：潘先生（龙脊生态博物馆负责人）

地点：龙脊古壮寨

时间：2011 年 8 月 13 日上午 9:40

参与访谈成员：铁桂娟、杨洪琴、刘远杰、杨帆、余凤霞访谈记录：

问：梯田要种什么？有什么讲究？

答：原来我们种这个传统的糯谷啊、禾米啊，从80年代开始发明了这个杂交品种，就全部改成杂交品种了。

问：那可不可以种其他的呢？

答：像前年可以自由种，但今年政府开发龙脊村，现在就要控制了，要保存我们这个梯田这个壮观，就一定要种这个稻谷。

问：要建立生态示范村地，需要从哪些地方做呢？

答：一个保护这个梯田，一个保护我们的民族建筑，一个保护我们这个石板路和石板桥，提高群众的生活条件及生活水平。像我们村今年这个梯田整顿已经开始了，还有整个村地文明建设也开始搞啦。

……

问：你去过平安村那边吗？对那边的旅游开发有什么感想？

答：旅游开发给群众带来一个好的生活，提高群众的生活。但是现在我搞这个工作，文化局给我搞文物这个方面，像平安那样子就改变了我们壮族历史的结构，变成了商品化。我在这边开会每次都会说我们龙脊这边自己的特色要保持，不要像平安那样。一是要保住我们这个壮族的历史及生活习惯，现在根据这个形势的发展，科学也发达了，耕作啊和生活用具啊，现在我们吃的米全部用机械了，你不保存一定程度，那我们整个壮族这个古的东西绝对全部消失。

问：所有人都会这么想吗？

答：村里面不可能个个都那么想啦。刚才我说了，我们这里今年才开发，群众这个思想一下子可能转变不过来，我们必须做群众的思想工作。你像平安那样发展，我们龙脊和平安之间落后了十几二十年啊，你像那样的路，跟在别人屁股后面是不行的，一定要保证我们自己的特色，才能超越别人。

问：群众的生活越来越现代化了，很多东西只有在博物馆才能见到。你对此有什么看法？

答：按这个形势发展，肯定人望高处走嘛，他们看到城市生活比农村生活好肯定会想啊。不可能整个村子每家每户都全部保存下来，那不可能。一定要保护几个具有代表性的这样子。要保护哪一家都要给一定的资金。现在整个村子里还有7座百年以上的老屋，这些都要作为这个重点保护的。

问：你觉得这里的民族特色有何改变？

答：哦，从60年代出生以后，大部分都穿汉族的服饰，我们壮族的老人才穿（壮族服饰），年轻的没有。但现在我们逐步在向群众宣传要恢复我们少数民族这个服饰。现在要做这方面的工作。

刚刚步入开发的龙脊古壮寨，以平安村为前车之鉴，对民俗文化生境进行了生态选择，并采取了一定的调控：进行梯田整顿和规划（统一农作物）；村文明建设；民居建筑特色的保护（外墙面改造为统一古旧黑色木板的外墙）；生态博物馆的建立；保护有代表性的7家示范户；保护石刻文化（石板路和石板桥）；

保护历史古迹；壮族山歌舞蹈文化的再度重现（20年前的生动局面与近20年的落寞，与现在的再度重现形成对比）；大学生表示毕业后愿意回到古寨发展，等等。

2. 文化自适应过程中存在的一些问题

（1）民俗文化的资本化与价值化问题

在旅游开发带来的经济利益的冲击之下，民俗文化的资本化和价值化带来的问题（例如：民族心理失衡，民族文化内在价值的遗失等）。平安村的民俗文化的商业化运作，以及龙脊古壮寨的百年老屋和生态博物馆中的民俗用具的资本化和价值化即是例证。

适度的资本化和市场化为当地居民带来福利，并促进民族文化的保护和传承；但是过度的资本化和价值化，即过度的商业化会带来隐患。

一方面，比如过度的商业化会促成过度的"民族文化保护"，而"保护"暗示有一种主流民族文化的优越感和高姿态，在一定情境和程度上会侵害少数民族的民族主体意识，伤害其民族自尊心和民族自豪感，从而造成在民族交往中，民族心理失衡的现象。而且，有时候"保护"更是一种"利用"，借保护之名，将少数民族文化符号束之高阁，将其开发为一种商业化的资源来出卖。因而，当地居民要肩负起一种民族的责任感，实行民族文化的自我保护，而不能是单纯的"被保护"。

另一方面，民俗文化的商业化使其获得了外在价值（即商业价值），而一个民族民俗文化的内在价值是一个民族的民族文化最本质的特色。民族文化保护和传承并不仅仅停留在对民族特色用品的保护和传承上，因为物品终归要在岁月的蹉跎中消失殆尽，更重要的是要保护和传承一个民族的本色。因为只有实现了对民族本色的保护和传承，才能实现民俗文化符号源源不断的传承。

民俗文化过度资本化和价值化会导致以下情况：民族文化符号被束之高阁，而民众却生活在脱离了这些民族文化符号的现代化之中，长期以往，民族文化将只存在于博物馆中。这也是为什么龙脊古壮寨在开发中注重保护7所"示范户"，要求其保持民族特色的生活用具和方式。

此外，过度资本化和市场化可能会造成当地居民的利欲熏心，会使得民众的心理倚重有所偏颇，即过分注重民俗文化的外在价值，而忽视了内在价值，从而容易导致民族性格（即民族特色的本质）迷失，从而造成民族文化的流失。

（2）文化自适应中的汉化问题

"汉化"，常会误解成是汉族的大民族主义对少数民族的一种覆盖和淹没，误解为一种同化。其实，"汉化"更多的是少数民族在经济利益冲击面前，措手不及地在潜意识里形成了一种文化功能主义的视角，从而不自觉地主动摒弃自我民族的文化特色的行为，并非"被汉族汉化"，而是"自我摒弃和主动同化"。这是一种不健康的民族文化认同。

笔者认为，可从两个方面来理解民族文化认同：一方面，民族文化认同包括民族文化的他认同（国家认同、外来民族认同）

和自认同（民族自我认同）；另一方面，民族文化认同指民族文化的相互认同，即外来民族和当地民族之间的相互认同。这样的民族认同才能促成民族文化融合，从而达成和谐共生，因为所谓融合就是你中有我，我中有你，共生共存，其乐融融；而不是同化，不是你覆盖我，我淹没你，不是一方取代另一方。例如，当地壮族居民在语言、服饰、婚俗、信仰等方面对汉族文化认同，但是他们的认同是一种对自己民族文化特色的摒弃和不自觉的替换，即将自己民族的特色渐渐覆盖，而民族文化特色符号就只能停留在高阁中的已经资本化和价值化的博物馆之中了。

可以说，"汉化现象"其实更多的是当地壮族居民主动的自我行为所导致，而不是被动汉化。即当地壮族居民在与外来民族的交往中，在经济利益面前，不自觉地沉溺于外来文化的"软包围"中，民族性格渐渐淡薄和自愿同化。当然，这不仅是市场经济带来的必然结果，也是大众的一种群化心理所致，但是有警觉有责任感的民族分子应及时透视其隐患并唤醒同胞，促进健康的民族文化认同和融合，实现真正的共生。

（二）红瑶服饰

金坑位于广西桂林市龙胜县和平乡东北部，因地下金矿多及地形酷似一个大天坑而得名，方圆10平方公里，是龙脊梯田重要组成部分之一，有大小山寨20余个，主要居住着我国西南部的少数民族——红瑶。红瑶因妇女喜好穿红衣服而得名，也被誉为"桃花林中的民族"。调研组以龙胜金坑红瑶女性的服饰为一个重要的文化因子进行调查,探察其在生活过程中的演变,寻找民族文化融合一些轨迹。

1. 龙胜金坑红瑶女性服饰的特点及其变化

"服饰是文明的窗口,衣裳是思想的形象"①,服饰凭借其实用价值和审美价值,成为民族文化的载体,将民族精神外化。服饰文化是一种"活"的文化,它来源于民族特殊的生产生活方式,是民族个性、民族审美习惯的"活"显现,具有浓郁的乡土气息和民族风格。红瑶服饰凭借其独特的民族特点,反映了红瑶人民的生活与历史变迁,反映了他们的生活方式与开放程度,反映了其与外来文化的融合程度,它所体现的文化,是人类文化的一个不可或缺重要组成部分。

(1) 金坑红瑶女性传统服饰的特点

① 发型

红瑶妇女有着一头乌黑亮丽的长发,并以此为美,她们认为长发是女性温柔的体现。她们还有一个特点,就是平日里落下的发丝从不乱丢,将与18岁左右剪下来的发丝一起用麻绳系好,小心收藏,以备快要生子时梳"乌龙髻"使用。

访谈对象一:潘石保(大寨村,寨老,男,55岁)

问:红瑶女孩为什么要留长发?

答:这是我们民族的风俗,也说不清,反正它就是一种红瑶

---

① 杨治良:《服装心理学》,甘肃人民出版社1989年版。

女性的标志。

问：红瑶女孩从什么时候开始留发？

答：一般 1 岁剃一次头便开始留发，一直到 18 岁左右，这时头发也长到了一定的长度，就要剪一次，这意味着红瑶女孩告别了少女时期步入了成年。然后接着继续留长发，从此以后就再也不用剪了。

……

问：为什么说从红瑶女性的发型上可以看出她们的身份？

答：一般未结婚的红瑶姑娘都梳"圆发"，然后再用黑色头巾小心地将它们包起来，不可以轻易示人，是等到结婚那天专门留给丈夫看的。结婚后她们还是梳着结婚前的那种"圆发"，直到她们怀孕快要生子时则需要改变一次发型，叫"乌龙髻"，从此这种发型将伴随她们直至死亡。因此，从红瑶女性的发型上一眼就能看出她们的身份。等到快要生子时，夫家会挑选一个日子，叫上该女子娘家的伯母和婶娘过来大家一起吃顿饭，吃完饭后她们就帮着该女子盘发、改装。在梳"乌龙髻"的时候，需要把她们 18 岁左右剪下来的头发在额头前梳个发髻，然后把其他头发盘在后面再用黑色的头巾包起来。

访谈对象二：潘宁燕（大寨村，初中学生，女，16 岁）

问：你想不想把头发剪得很短？

答：不想，也不想再剪了，想留长发。之前剪过一次，剪下来的头发也很长。

问：你们都喜欢留长发？

答：一般村里女孩都留长发，即使在外面读书的，也不想剪得太短。感觉留长发会意识到自己民族。

在调研中我们发现一些未走出山里的红瑶女性她们都留着长发，就连小女孩也是长发飘飘，她们都有留长发的意识，并且依据自己未婚、已婚、已育的身份梳着不同的发型，这种发型也向外界传递着一种信息。

② 耳环

红瑶女性还有一个特色的装饰就是她们的大耳环，这种耳环仅仅只是一个实心的银质圆环，上面没有任何花纹，却颇有份量。这对耳环一般都是夫家所送，因此耳环的份量越重，则表明夫家条件越好。大多数红瑶妇女都承受着这种"沉重的美丽"，随着年龄的增加她们的耳朵都被拉变形了，但是她们对这耳环还是很酷爱，因为这是红瑶嫂独特的结婚纪念品。

③ 服装

红瑶女性的上装服饰分为织衣和绣衣两种，二者款式相近，上装一律是无领、长袖、无扣的对开襟衫。下装是一条齐膝的百褶裙，长约三尺，分为黑裙和花裙两种，一般比较年轻的女性穿花裙，上了年纪的妇女则穿黑裙。百褶裙外还要穿一条黑色的围裙，长度要比百褶裙稍短一些，这样围在裙子外面才不至于把裙子全遮挡住。由于上装无扣，因此穿的时候还需要系上一条红色的腰带加以固定，另外红瑶妇女在上山下地或天气冷的时候还要扎上绑腿，以防止毒蛇等叮咬及御寒。①

织衣和绣衣的区别在于：织衣主要以白线为经，红线为纬，用古老的织布机织出许多的图案，其中最醒目的算是胸前左右两个"瑶王印"。绣衣主要以藏青色棉布为底，用以红色为主的丝线精心刺绣，所绣的图案有寓意吉祥、幸福、如意的犬、龙、狮、鹿、麒麟等，还有寓意风调雨顺、五谷丰登的山川河流、花木稷蔬，其形象生动，针绣精致。②可以说，勤劳而智慧的红瑶人民将本民族千百年来的历史文化积淀和瑶民特有的聪明才智都融入了对民族服饰的制作当中。

黑裙和花裙的区别主要在颜色上，黑裙是纯黑色的一片，而花裙是红绿相间的，都可以称为百褶裙。红瑶妇女穿着民族服饰行走在梯田间，可谓是一道亮丽的风景线。

2. 金坑红瑶女性近代服饰习惯的演变

红瑶妇女擅长挑花、刺绣，身上的服装均靠织布机编织出来，再用蚕丝绣出各种美丽的图案。红瑶女子从七八岁就开始学习刺绣和织布，刺绣手艺是评价红瑶女子的一项重要内容。

过去，没有一件自绣漂亮红衣的姑娘，很难得到小伙子的喜欢。红瑶女子完成一件自绣红衣的周期一般比较长，往往花上一整年的时间，但对她们而言，绣衣服是件快乐的事情，因为红瑶

---

① 甘羚：《龙胜矮岭瑶寨红瑶妇女服饰研究》，《南宁职业技术学院学报》2008年第4期。
② 刘华成：《小议中越红瑶服饰》，《今日南国》2009年第3期。

姑娘在一针一线的刺绣中，都饱含着对心上人的深厚情谊。而现在，随着外来文化的侵入，一些年轻的红瑶姑娘开始向往城里人的时装，村里老人的服装也开始混合了不同的风格。调研中，我们发现正在读书和外地工作的红瑶女子都穿现代的服饰，也不会留那么长的头发，因此从穿着上根本就看不出她们是红瑶，与汉族基本没有什么区别。

访谈对象一：×××（大寨村，阿婆，女，60多岁）

问：你们以前这样穿衣服吗？

答：以前不，由于我们这儿以前比较闭塞，也不经常出去，不了解外面的世界，所以以前我们穿的衣服都是自己亲手做的。

问：为什么你们现在穿外面买进来的衣服？

答：外面买进来的衣服不但价钱便宜，夏天穿着也很凉快。所以夏天我们就从外面买些比较薄的穿，等到稍微冷一点的时候我们就穿自己做的，我们做一件衣服很费事，一般手绣一件衣服要花2—3年时间，所以平时干活什么的我们都得省着穿。

问：为什么说外面买进来的衣服价格便宜？

答：就像我们身上穿的这种薄短袖，一件就几十块钱，而如果我们自己做，那做出来就贵了，我们的这种百褶裙一件做出来都要150块钱左右，像织衣卖的话，一件500块左右，绣衣就更贵了，一件几千块钱呢。所以自己做的新衣服我们只在过节的时候穿，平时穿旧的。

访谈对象二：潘盘燕（大寨村，大学生，女，21岁）

问：你们红瑶多数女孩子都留长发，你为什么把头发剪这么短？

答：方便。我初中就去县城读书了，自己不会收拾长发就剪了。

问：你小时候想过剪头发吗？

答：没有，只是后来在外面读书，觉得梳长发实在很麻烦，所以就剪了。

问：你现在这么短的头发，家里人有什么看法？

答：父母没什么反应，只是奶奶，当时她问："为什么把头发剪那么短，跟个男孩子似的。"再也没有什么。

问：你遇见村里人，他们有什么看法？

答：也没有，只是说：剪得跟个男孩子似的。

……

问：你们绣过自己的民族服饰吗？

答：没有，我们只是经常看到长辈们在绣，我们没动过。

问：你们想学吗？

答：想学，就是没时间学，我们经常读书在外，只有假期才回来，回来有其他的事要做。我想我们就凭平时看的，也能绣一点的。

问：你有自己的民族服饰吗？

答：有啊，我们每个女孩子都有，也不只是一套，都是家里人帮着做好的。

问：你们经常读书在外，一般也不穿民族服饰吧？

答：是啊，只有过节我们在家，还有等到以后结婚的时候穿，一般不会穿的。

问：那你们以后怎么给自己的女儿做民族服饰？

答：我们以后学，实在不行就买其他人做好的。

问：班里的其他同学知道你是红瑶女孩吗？

答：刚上大学的时候他们都不知道，以为我也是汉族呢，后来我给他们说了我是红瑶女孩。其实体现我们民族的主要在于服饰上，再也没什么不同的，但现在我们在外面读书穿的衣服和其他同学也差不多，所以他们根本就感觉不出什么不同。

访谈对象三：潘房东（小寨村，已婚，女，26岁）

问：怎么没有留长发？

答：以前也留过长发，后来由于去外面打工了，就把头发给剪短了，剪下来的头发由妈妈保留，我头发都剪过三次了。

问：你以前用什么洗发？

答：小时候我也和大人一样用的是淘米水洗头发，出去打工以后就不再用淘米水洗发了，用市面上买的洗发水。

问：平时穿民族服饰吗？

答：只有在过节、表演节目的时候穿一下，其他时候我们都穿外面买来的。

问：你会做民族服饰吗？

答：不怎么会做，以后有时间再慢慢学，我们的都是由父母做好的。

问：大寨村那边穿民族服饰的人比你们小寨这边多？这边只

有少数的阿婆穿,年轻人基本都不穿了?

答:是啊,大寨那边主要是搞旅游,所以穿的人比较多,我们这边旅游也没开发,所以年轻人基本都不穿,只有个别的阿婆穿。

从调查中我们发现,传统的民族服饰已慢慢淡出红瑶女性的生活,只有一些上了年龄的阿婆在穿,主要是一些接待游客、给游客带路、背包的阿婆她们穿着比较完整的民族服饰,也是为了发展旅游业;有些阿婆则上身是市面上买进来的衣服,下身是百褶裙;而一些正在读书的女孩或外在打工的姑娘们都穿现代服饰,和汉族人没什么差异,因此人们对刺绣手艺的重视和认识也逐渐淡薄,年轻人几乎不自织和自绣衣物了。

3.红瑶女性服饰演变透射出民族文化的融合

红瑶是一个没有自己文字的民族,但是他们将本民族的文化融入了服饰的制作中,因此服饰是红瑶蕴含多层次文化积淀的复合体,是展示该民族审美观、价值观、伦理观的窗口。但是,随着社会的发展,很多红瑶妇女受过初等教育,会说普通话,和他们祖辈相比,更容易和其他民族交流。尤其是走出山外的年轻人,在打工或求学的过程中,频繁接触外面社会,从而开拓视野,不断接受新生事物,受外来文化的影响和冲击很大。[1]

第一,红瑶女性服饰演变透射出她们对主流文化的认可。由

---

[1] 徐昕:《民族文化旅游与红瑶女性传统服饰的复兴——以广西龙胜和平乡大寨村为例》,广西民族大学硕士学位论文2008年。

于以前交通不便，红瑶的先民很少走出大山，几乎过着与世隔绝的生活。现在随着旅游业的开发、交通的便利，他们慢慢地走出大山去了解外面的世界。一些年轻的女性也喜欢赶时髦、穿时装，她们也努力地紧跟现代主流文化，不想再封闭在深山里，过着亘古不变的生活，穿着本民族单一的服饰，一些年长的妇女也赞成外面买进来的衣服好穿。人们对主流文化的认可，让越来越多的人舍去本民族服饰，青睐时尚的成衣，日常生活中的服饰逐渐简单化，风格与大众趋同。

第二，红瑶女性服饰演变透射出她们对现代文化的渴求。生活在大山里的红瑶最大的心愿就是让他们的子女走出深山，接受良好的教育，去见识外面新鲜的事物，摆脱愚昧和贫穷。调研中我们发现，随着经济的不断发展，人们可以从市场上获得物美价廉的替代品，织、染、绣工艺不再是衡量女性是否聪明能干的最重要的指标，传统瑶族服饰赖以生存的评价系统功能已经减弱。人们开始看重读书，发现只有通过读书、接受现代文化可以改变自己的家乡、改变自己所处的环境，同样可以证明红瑶女性的能力。因此现在的女孩子会不会刺绣和制作民族服饰都已经不重要了。

第三，红瑶女性服饰演变是民族文化融合的结果。民族文化融合"不是甲文化变成乙文化或者乙文化变成甲文化，而是扬各族文化之长，弃各民族文化之短，使甲文化中有乙文化，乙文化中有甲文化，最后甲乙丙丁文化融为一体，这就实现了民族文化的融合"①。服饰是一个民族文化的载体,红瑶女性着装的演变说明该民族文化的可持续发展,它是在本民族文化的基础上与其他异文化融合的结晶。由于红瑶服饰的制作周期长、不能常洗、透气性等方面存在一些缺陷,因此这种服饰不适合长时间穿戴,尤其不适合于闷热的夏天,以至于一些红瑶女性夏天喜欢穿市场上买进来的比较凉爽的夏衣。所以在衣着的穿戴上,红瑶女性都是融合自己本民族的服饰与其他服饰,形成服饰上的民族文化融合。

(三)侗族"百家宴"

"百家宴"作为侗族文化的表征,其活动是族人进行人神互动、人物共生、人人相融的过程,具有深厚的文化意蕴。

地灵村是广西龙胜各族自治县乐江乡一个保护较完好的侗族古寨。"地灵"是侗语的记音,汉语为"人杰地灵"之意。全村聚居着776户共3053名侗族同胞。地灵村至今已有千年的历史。这里自然环境优美,动植物资源丰富,处处有山泉水,气候温和,土地肥沃,作物生长良好,是有名的糯米之乡。红糯远近闻名,同时也是有名的猪仔产地;人们吃的用的是山泉水、糯米饭,住的是木楼大瓦房,干爽舒适;村寨大道小巷铺设石板路;鼓楼、风雨桥、凉亭处处皆是。"百家宴"是地灵村传统的活动,每年农历六月二十四地灵村都会举行"百家宴"米纪念"关公"

---

① 韦嘉燕、乐永兴:《从民族习惯法的演变看民族融合——以广西南丹里湖瑶族自治乡白裤瑶婚姻习惯法的演变为视角》,《广西职业技术学院学报》2011年第1期。

生辰，远近村民纷纷前来参加活动。

1．"百家宴"追述

（1）"百家宴"的缘起及演变

侗族是一个集神、鬼、自然与人四位一体的民族，其建筑、风俗、信仰充满了神话色彩，"百家宴"就是一个典型的例子。相传古时候，一个侗寨遭到洪魔的袭击，眼看稻田被淹没，房屋被冲倒，人们就要被洪魔吞噬，忽然从天上下来一位英雄，用他有力的臂膀斩断了洪魔的脊梁。为了表示对英雄的敬意，家家户户都想请英雄到家中吃饭，但英雄第二天一早就要离去，不可能一一到各家做客。这时，一位美丽的侗族姑娘想出个好主意：每家做几道最好的菜，全寨人一起来款待英雄。由于这个宴席集百家之长，所以就叫"百家宴"。从此，侗族人每逢寨子里来了贵客或遇上喜事族人聚会时，都会设"百家宴"，这个习俗一直沿袭至今。如今地灵侗寨的"百家宴"已成为村中的传说，古风依旧。近几年来由于"百家宴"越举行越隆重，吸引了不少记者、游客前来采访、参观。随着地灵村经济的发展，与外界的交流也不断增多，"百家宴"变成了地灵村的地方特色活动，每年都有很多外地投资者、外商慕名而来。因此，"百家宴"活动不仅传承了本民族文化，还成为提高地灵侗寨知名度的文化特色。

（2）"百家宴"的过程

在地灵人心中，关公被视为最崇高的膜拜。地灵侗寨的寨民在农历六月二十四日用"百家宴"的形式来纪念他们心中的神，纪念关公的生辰。这一天所有寨民、邻寨的侗族同胞如赶集的人群从四面八方汇聚来举行"百家宴"活动。一大早寨子上的人就聚集在上寨鼓楼前的岩坪上,举行供神仪式。无论男女老少,都要等候着给关公烧香,虔诚地祈福求平安。供神之后便是游寨,游寨的队伍由寨老带领,由数位男女青年组成,用于抬轿子、举红旗和舞龙。在最前面的是祭供的食物,包括酸肉、米酒、水果等,紧跟着的是关公的神像,后面还有舞龙队伍,很多小孩子在家人的带领下"扯龙须",意味着"健康平安、步步上升"。人们一路走一路敲锣打鼓,在鞭炮声中进行游寨仪式,最后把关公神像送回佛桥。

在仪式之后,所有寨民聚集在寨子的戏台前,观看文娱活动。现在的文艺演出呈现越发丰富的趋势,主要节目有:斗鸟、赛陀螺、多耶、踩高跷、吹芦笙等。其中《侗族大歌》是侗族人心中"最神圣的天籁",被誉为"清泉般闪光的音乐,掠过古梦边缘的旋律",并和风雨桥、鼓楼一起被誉为"侗族中三大国宝",其内容特点是多声部、无指挥、无伴奏。模拟鸟叫虫鸣、高山流水等自然之音,主要内容是歌唱自然、劳动、爱情以及友谊,是人与人、人与自然的一种和谐之声。侗族地灵人爱唱歌,有"饭养身、歌养心"的俗话,"长者教歌、壮者学歌、用者学歌"已经成为侗族留传的习俗。在每年的"百家宴"活动中,地灵侗寨人身穿民族礼服为所有观众表演准备已久的歌舞,用歌舞来表达自己的情感,诠释自己对侗族的热爱,折射出自我与集体的存在,散发出无限的民族自豪感和幸福感。

观看完文艺演出,时至正午。寨民们回家拿出自家以优质糯米为原料酿造而成的水酒和珍藏的酸鱼、酸鸭、酸菜以及最拿手的三五菜肴放入竹篮内,连同桌椅板凳搬到寨头的风雨桥摆上,在村民们相继到齐后,由寨老发话,伴随着登台铁炮声响后,"百家宴"即可开席,长龙般的百家宴在风雨桥周围摆设开来,寨民们坐在长长的木桌两旁,丰盛的侗家佳肴摆满了长条木桌,无不使异地参加者连声叫绝,百家宴与梯田古树相伴,与清泉石板交融,体现出人与人、人与自然和谐共生的景象。寨民们边饮边谈,回味过去,展望未来,互敬"同心酒"、"连心酒"、"齐心酒",敬酒歌也唱了起来,欢声笑语在山间的小溪旁回荡。宴会从下午三点一直进行到傍晚时分。

2."百家宴"的主要物质承载

(1)佛桥

风雨桥在地灵侗寨被称为"佛桥"或"关圣桥",是侗寨的标志性建筑之一,是侗族文化的表征。佛桥是集桥、亭、廊为一体的独具风格的桥梁建筑,也被称为"廊桥"。地灵侗寨共有佛桥9座,其中大寨下河的佛桥历史悠久,最具特色。这座佛桥建于清代光绪十二年(1886年),长达15间,横跨在寨脚河上,规模巨大,雄伟壮观。桥中安放"关公"神像灵位,村民在早晚、每月农历初一和十五去烧香拜神,敬茶水供奉保平安,佛桥设有一名专职人员管理。山坡上有84棵古树与佛桥相依相伴,在淙淙溪水滋润中,诠释着地灵侗寨无限的生命活力。

上寨佛桥不仅是"百家宴"活动的起始和归宿地,而且游寨前的祭祀准备也要在这里进行,比如杀猪、杀牛等,下午的宴会也是从这里依次摆开。和其他侗族风雨桥一样,它是寨民和过路行人乘凉、休息、聊天、议事的场所,地灵侗民将上寨佛桥视为"百家宴"的起终点,足以体现其承载的文化在地灵侗寨人心中的地位。

(2)鼓楼

鼓楼建筑为四方屋檐飞角、盖瓦宝塔式亭阁,高踞于吊脚楼之上,是侗族人们集会议事的地方。偌大的建筑,不用一钉一铆,全靠凿榫穿枋,枘纳含接而成。[①]地灵村的鼓楼共有9个,上寨鼓楼是地灵侗寨人举行"百家宴"活动的中心,全楼由上下两部分组成:上部是多层顶檐,似小亭叠大亭多层次往上升;下半部就像大亭子。层次优雅于一体,壮观雅气,独具风格。现在一层四周整修,正面半壁玻璃窗,作为老人协会活动中心,安上火炉堂烧火取暖。楼三层以上直通楼顶未装,楼顶上方是个巨大的葫芦。楼亭底梁下方记载修造鼓楼总首、首士、师公、师日人员姓名和竣工日期,四面穿方上书写雕刻条文:真诚团结、团结友爱、忠孝仁爱、信义和平、广谈今古、少叙寒暄。

在寨楼正上方写着"革命楼"三个大字。1934年,红军第三军团在彭德怀、杨尚昆率领下于12月11日行军到乐江,与国民党交战了一天。12日夜幕降临时,红军阻击部队约一个团进入地灵村寨驻扎。据健在老人回忆,身穿灰色衣裳的首长,在鼓楼里走上走下,出入平凡。当晚红军刚入村时,因军情令严,就在

[①] 孙杰远、徐莉:《人类学视野下的教育自觉》,广西师范大学出版社2008年版,第109页。

石坪边巷口。一个红军战士失手，另一个红军战士在枪声中倒下了。据寨上老人说，1949年5月5日下午，地灵游击队在吴德忠同志领导下，在上寨开群众大会。吴德忠就在这鼓楼里宣布地灵解放了，从此人民当家作主了。1950年县大队、独立团经常在鼓楼里，并在此地教唱革命歌曲，还曾停放过伤员。

时至今日，侗族人通过参加在鼓楼举行的各种活动，逐渐形成了具有本民族特点的文化精神和价值体系。凡是政治的、军事的、经济的、文化的各类活动，无不贯穿这样一个精神主线：增强本民族的向心力、强化民族内敛意识、促进本民族与他民族之间的团结和文化交往。而这一切，又都是在鼓楼内或者在鼓楼的周围进行的，从这个意义上说，鼓楼实在可以称得上是侗族精神的物化象征。[1]

（3）罗盘

罗盘是风水术语，是理气宗的操作工具，主要由位于盘中央的磁针和一系列同心圆圈组成，每一圆圈都代表着中国古人对宇宙大系统中某一层次信息的理解。中国古人认为，人的气场受宇宙气场控制，人与宇宙和谐就是吉，人与宇宙不和谐就是凶。于是，他们凭着经验把宇宙中各个层次的信息，如天上的星宿、地上以五行为代表的万事万物、天干地支等，全部放在罗盘上。风水师则通过磁针的转动，寻找最合适特定人和特定事的方

---

[1] 孙杰远、徐莉：《人类学视野下的教育自觉》，广西师范大学出版社2008年版，第109页。

位或时间。

地灵的祖先进驻这里的时候,是用罗盘选的址,是用罗盘定的线,是用罗盘奠的基。寨子正中有个圆形的鼓楼坪,也是用青石板铺设而成的一个偌大的罗盘图案。鼓楼坪的圆心就是罗盘的轴心,围绕着罗盘的轴心,一圈一圈的石板呈放射状向外辐射,使这里氤氲着天干地支与六合乾坤的神秘氛围,让人肃然起敬。罗盘作为一种古训的寓意,一种民族意志的象征,不仅安放在鼓楼坪上,也旋转在地灵人的心中,那是一种价值取向,是他们做人的准则。

(4)石板路、石板桥

石板路和石板桥始建于清代,村寨四面八方的主要大道有14条。在地灵侗寨,即使是下雨,脚也不会踩到泥巴,很多小孩都是赤脚走在石板路上。"百家宴"活动进行游寨的时候,都会经过寨子所有的石板路和石板桥。村支书说:"以前经济很落后,先辈们要走很远的道路,用人力去搬运水泥等原料,各家齐心协力,不计回报用汗水为地灵子孙铺好了一条条青灰色的石板桥和石板路。"这些公益事业折射出地灵侗寨人民勤劳、纯朴的人性美。

(5)酸鱼、酸肉、酸菜

酸鱼、酸肉、酸菜是侗族的传统特色菜,是家家户户必备的一道美食,每当客人来访都取之招待,同时也是"百家宴"上的主要菜肴。"酸"是用盐水腌制而成的一种食品,在侗族有着悠久的历史。"酸鱼"在侗族人精神生活中占据着重要的地位,所谓"侗不离酸"是指侗家一日三餐不离酸,谈情说爱不离酸,迎亲待客不离酸，婚俗、育俗、丧俗不离酸，建房不离酸等。① 比如，侗族人的婚事、丧事将一条大草鱼祭在头前，进行"陪头酸祭"的仪式，亲人朋友还要在坟头吃饭，被称为"坟头酸礼"。"酸"是侗族人食之所依，而且上升为一种仪式，形成了扎根在侗族人心中的"酸文化习俗"，并且演变为他们与其他民族交流文化时"印证自我"的特色。

3. "百家宴"的文化意蕴

（1）人神交流

信仰文化是侗族传统文化的重要组成部分，它起源最早、辐射最广、对人们的意识观念浸染最深。关公一生所体现出的"忠、义、仁、勇、义、礼、智、信"，是关公文化的精髓，也是关公精神的寄托，为人们推崇和敬仰。关公被誉为"三跨"伟人。首先，关公文化精神是跨越时空的崇尚。关公辞世迄今已近1800年，以忠义精神为核心的关公文化精神，历经风雨，跨越千年，久传不衰。其次，关公是一个跨越阶层的偶像，在古老华夏的文明史中，不论是官家和百姓，不论是富豪和贫民，还是敌人和朋友，都拥戴崇拜关公。历代皇帝也正是文武双圣的崇高威德达到"文能治国、武能安邦"的目的，关公文化精神是成为安邦治国的重要文化表征。最后，关公精神是跨越国度、跨越民族的崇尚，关公文化精神财富不仅中国独有，它属于全民族，属于全

---

① 徐杰舜、张泽忠：《"侗不离酸"与侗家的民族认同》，《南宁职业技术学院学报》2011年第2期。

人类，是永恒的人心所向。

在地灵侗寨，"百家宴"活动表达了侗寨人民对关公特别的崇拜之情，祭神和游寨是传达他们信仰的过程。在此过程中，人神交流、互通，人们内心收获了平静，自我心灵找到了归宿，为以后更从容的生活积蓄了能量。关公文化所特有的"凛然正气、忠义仁勇、赤诚报国"的崇高精神早已成为寨民精神世界的强心剂，它和侗族人淳朴、善良、忠实、勤劳、自立的传统美德相互融合、互为检验。

（2）人物共生

侗族先民在"万物有灵"原始信念的影响下，产生了自然崇拜。无论是山川河流、古树、巨石、水井都是其崇拜的对象。随着文明的浸染，他们虽不执意迷信蒙昧，但是敬畏自然万物的观念已深入骨髓。佛桥、鼓楼、石板路、酸鱼已成为侗族文化精神的表征，优美的自然环境与这些人文要素共同作用，构成了人文与宇宙和谐的对话的场域。比如，吊脚楼是侗族人生活的场所，多为"干栏"式建筑，上层住人，下层蓄养牲畜，还配有池塘，既可以养鱼又可以防火，是先民们为了防御毒蛇猛兽和寒气，聚居为寨而演变过来的。当场所从纯自然状态中分离出来，成为人的栖居之所后，自然与人文就并处在一个共生体系中。寨民们凭着对生存需要的感受，怀着朴素真挚的情感极为重视对自然保护。在地灵，寨民对物的态度已从"崇拜"或"占有"上升为"喜爱"的精神层面。比如，地灵侗寨人对杉树有特殊的感情，杉树被视为萌护他们的"自然物"。在寨民心中，杉树见证了地灵的生长,是寨民的守护使者。由此可见,所有的自然环境和人文要素为"百家宴"活动提供了发生和发展的前提和可能,这些物质承载使侗族人的文化表达和情感宣泄成为可能。与此同时,"人—活动—物"之间构成了一个共生链,相互制约、互为促进,必须将"百家宴"活动融入其自然和人文特色中看待,方能体现其文化价值意蕴。

(3)人人相融

侗族是一个具有集群意识的民族,以村寨为单位的集体交际活动非常丰富,比如"祭萨节"、"多耶"等。侗族先民认为只有"团结一致,自力更生"才能战胜各种自然灾害,抵御自然条件限制和外来势力。这种民族生死存亡形成的忧患意识和由此而产生的民族凝聚力和集体主义的思想备受推崇,并演化成为全民共同遵守的社会道德规范和审美追求。"百家宴"活动是地灵侗寨的聚会佳日,是村规民约制定、通过及实施的一种重要方式,也是全村公共事业筹办的决定场合。"百家宴"活动堪称集祭神、歌舞、生活礼俗、饮食、社交等诸多文化交织于一体的"侗族百科全书"。比如,在文艺演出环节中,寨民们以合作的形式,参与了排练及演出的过程,集体倾诉地灵侗寨人"同甘共苦"的生活哲理;宴前准备阶段集体协作及分配杀猪宰牛的壮观场面,体现的是寨民的"行为自觉"和对公益事业的维护;宴会上,无论同桌还是非同桌的寨民在交流、敬酒、祝福的场面中,更能体验"人人相融"的特殊感受,同时也是平日地灵侗寨"路不拾遗"的良好风气的集中体现。

第七章 少数民族学生国家认同的教育场域

　　少数民族学生国家认同的教育场域必然是学生所处并蕴含国家认同教育意蕴的场域集合，因而少数民族学生国家认同的教育场域包括学校、家庭、社区三大教育场域。各场域内部要素具有民族性，共同构成稳定的国家认同教育网络。而基于国家认同的学校、家庭、社区三大场域又有其一体性，形成和谐共生的教育整体。其中，学校是实施国家认同教育的基本场域，是培养少数民族学生国家认同的有效途径。少数民族学生国家认同教育的合理实施与开展需建立一个与之配合的教育体系，以学校教育为主要手段，形成学前教育、初等教育、中等教育、高等教育各级各类具有层级性、连贯性的教育体系，注重少数民族学生国家认同教育的系统性设计与优化，注重单一民族学校和多民族学校少数民族学生国家认同教育的异同。此外，重视学校、家庭和社区"三位一体"教育场域的育人效果，落实塑造人、构建环境、组织教育内容、融通"学校—家庭—社区"三维教育场域共同体的策略，发挥它们在培育少数民族学生国家认同所起的独特作用。

第一节　少数民族学生国家认同的教育场域内部结构

狭义的教育局限于学校教育，而若从广义上去理解教育，教育场域与社会生活的场域几乎是重合的，其中与少数民族学生关系密切的包括学校场域、家庭场域、社区场域，由此构成了教育场域的内部框架。学校、家庭、社区的三位一体教育，从较为宏观的模式层面到具体微观的资源、方式等层面均是少数民族学生国家认同产生与发展的教育研究的关注要点。少数民族学生国家认同的教育场域延续学校、家庭、社区三位一体的教育内部结构，以融入学生的学习与生活为策略，要求"多元与一体"的学校内外教育包括学校、家庭、社区各方的共同助力。

一、少数民族学生国家认同的教育场域简析

教育场域即指"在教育者、受教育者及其他参与者相互之间所形成的一种以知识的生产、传承、传播和消费为依托，以人的发展、形成和提升为旨归的客观关系网络"[1]，因此它是对

---

[1] 刘生全：《论教育场域》，《北京大学教育评论》2006年第1期。

具有教育功能与价值的关系网络的统称。国家认同是国家这一共同体内的公民对自己所属国家的自在与自觉归属意识,这一意识生发于国家社会的各个场所,其中最为凸显的为学校、家庭、社区三者,而这三者也因其饱含生命力量而升华为教育场域。

终身学习的观念自提出以来,广为人们认可。人们将其作为一种全新的教育理念,贯彻于教育的各个领域,对教育进行根本性改革。以"学会求知,学会做事,学会共处,学会做人"为支柱的终身学习,实质上是一种学习思维层面的习得。这一学习思维要求学习者主动学习、"沉迷"探索,知事物之"所以然",善于利用开放性资源并能将所学灵活运用于实际生活之中,其最终目的是实现学生自身的可持续发展。国家是民族的,民族文化的集合构成国家文化。民族文化作为终身学习内容的重要组成,所承载的是民族与国家的活力,因而是国家认同的重要内涵之一,其物质的、精神的、制度的、行为的形态渗透在社会生活的各方各面,个体所到之处均能触及。学校、家庭、社区作为社会的三大基本场域,几乎能够贯穿少数民族学生学习和生活的所处场所,因而在实现国家认同这一目上必然承担关键责任。三者所形成的教育合力是实现民族认同、文化认同,最终实现国家认同的国家战略,是社会协调发展的要求,更是时代发展的必然结果。

二、少数民族学生国家认同的学校教育场域内部要素及其关系

（一）少数民族学生国家认同的学校教育场域内部要素分解

主客体是认识论的一对基本范畴，存在于所有认识活动。从主客体角度分解少数民族学生国家认同的学校教育场域，其内部结构可划分为民族群体与学校环境两大要素，各要素下具有各自的丰富内涵。然而，在这主体间与主客体间存在着一定"作用过程"，这一过程也是学校教育场域中最基础与最重要的活动，即学校课程。

1. 民族群体

群体，是相对于个体而言的，是个体的集合。群体内成员有着共同的目标或利益，具有群体意识和群体归属感，由此能够共同致力于某项事务，且在群体形成与发展过程中建立起一定的群体规范。少数民族学校由于与一般学校具有相同本质，因而其主要群体也可划分为教师与学生。少数民族学校内部群体的内涵在一般学校内部群体划分的基础上存在某种独特性，这是由学校成员的民族属性决定的。所谓少数民族学校，即指以少数民族学生为唯一或主要招收对象的各级各类学校，由此依据主体民族属性差异可被划分为单一民族学校与多民族学校。单一民族学校教育场域内不同群体的互动自然存在于单一民族所处族群内部而呈现出单一性，而多民族学校教育场域内各群的互动则具有多元性，因其在民族内部互动之外还进行民族间群体的互动，即在同一民

族不同类型群体间互动的基础上,还有不同民族同一类型或不同类型群体间的互动,譬如瑶族学生与侗族学生之间或瑶族教师与侗族学生之间的互动。这种互动群体的多元样态构成民族学校认同教育的现实基础。

2. 学校环境

学校环境作为校园文化的基本表达场域,是少数民族学生国家认同的教育场域中相对于少数民族学校内部群体这一主体的客体性存在,通常划分为自然环境与人文环境,二者皆具民族性。少数民族学校多依傍少数民族地区自然环境而建,校园道路的设计、绿化等均有着民族的地理环境特色,为少数民族学生的民族认同奠定地理环境的基础。而其少数民族学校的人文环境从其校园主体建筑到人文景观乃至学校标志都融入民族元素,凸显本民族特性。其中,单一民族学校环境集中体现该民族的独特性,而多民族学校则通过各民族元素与校园环境的叠加,蕴含民族认同和文化的多元与融合,兼顾各民族个性与共性的文化表达,为培养少数民族学生国家认同提供物质与情感境况。

3. 学校课程

少数民族学校内部的主客体必定有其存在的意义与价值,学校课程是其集中体现。在少数民族学校,课程同样是主客体间多重交往的主要载体。少数民族学校课程是实现少数民族学生的国家认同教育的最主要途径,其系统性是其他教育途径所无法超越的。从理论层面来看,少数民族学生的国家认同教育可通过两种课程实施方式进行:一则专门开设少数民族学生国家认同教育相关的地方课程或校本课程,并为课程实施提供专门的课程标准、教师团队乃至教材,如卡蒲毛南族将"斗地牯牛"这一民族性运动项目融入体育校本课程之中;[①] 二则在各学科教学中融入国家认同教育,以学科教学为载体,捕捉学科教学中具有国家认同教育价值的信息资源,以此为契机进行少数民族学生的国家认同教育,如傣族地区学校教师以象脚鼓、竹编筐、剪纸、建筑等民族性符号作为轴对称教学中的素材。[②] 而从实践层面来看,少数民族学校的国家认同教育多以第二种课程实施方式开展,同时在综合实践活动课中以国家认同教育相关的专题开展活动,进行教学。无论采用哪种课程实施方式,这一教学的目标、内容、实施、评价等均以民族、文化为载体,围绕国家认同而展开。

(二)少数民族学生国家认同的学校教育场域内部要素的互动关系

少数民族学生国家认同的学校教育场域的内部要素,即民族群体、学校环境及学校课程三者之间具有极高的互动性。

[①] 冯发金:《新时代民族地区特色体育校本课程开发的实证研究——以卡蒲毛南族"斗地牯牛"为例》,《西南师范大学学报(自然科学版)》2018年第10期。

[②] 周长军、穆勒滚、赵建红、彭爱辉:《基于少数民族数学文化背景下的小学数学教学个案研究——以云南德宏傣族景颇族自治州陇川县为例》,《数学教育学报》2018年第3期。

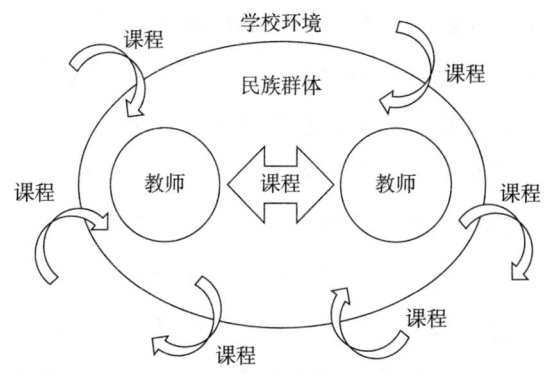

图 7-1 少数民族学生国家认同的学校教育场域内部结构

少数民族学生在学校教育场域的学习和生活中不可避免地要与来自不同民族、不同身份的群体交往与互动，这属于场域内主体间的互动。同一民族成员之间的互动促使少数民族学生形成对本民族历史、经济生活、文化艺术、价值观念、风俗习惯等方面的正确认识，生成民族意识与民族归属感，从而使其具有适切的民族群体心理，增强对本民族的认同感。少数民族学校教育场域内不同民族成员间的互动不仅可以帮助彼此了解不同民族的生活方式、价值观念、文化艺术、风俗习惯等，还可以加深彼此对本民族文化特殊性的认识。这种民族群体的互动以实现民族认同、文化融合与国家认同相统一为旨归，引导少数民族学生形成平等尊重团结和谐的民族态度、民族与文化的多元一体的正确观念，由少数民族学生自我中心角色转为民族文化传承与发展者角色。

民族群体与学校环境作为少数民族学生国家认同的学校教育

场域的主客体要素，二者之间存在着双向互动关系。少数民族学校内部群体以实践主体的身份，对少数民族学校文化具有主导作用，通过对学校教育场域中物质、精神、制度、行为等形态的校园文化进行价值取向指导下的实际操作，赋予少数民族学校的物质环境、办学理念、管理制度、文化活动以民族特性，以支撑少数民族学校的民族性质，由此构成由少数民族学校的主体要素指向客体要素的活动线。少数民族学校环境则以实践客体的身份，以其民族性或有意或无意地反作用于少数民族学校各主体成员。通过民族特色建筑布置、民族艺术成果展示、民族活动组织等创设学校环境、氛围，以实现耳濡目染、潜移默化的文化熏陶。由此产生显性或隐性影响，增强民族学生的文化融合自觉。

除此之外，少数民族学生国家认同的学校教育场域中有着与不同于其他教育场域的一线互动关系，即"教师—课程—学生"之间的互动。具有最为强大的少数民族学生国家认同教育功能的要素当属学校课程。学校课程将民族性教育资源渗透于课程各个阶段，通过课堂教学这一形式，教师基于一定素材或信息或直接或间接地引导学生深入解读民族、文化与国家，由此，少数民族学生通过课程学习了解本民族、理解他民族，并基于此形成正确的民族观、文化观乃至国家观，从而产生民族认同，承认文化融合，逐渐实现国家认同。

三、少数民族学生国家认同的家庭教育场域内部要素及其关系

（一）少数民族学生国家认同的家庭教育场域内部要素分解

家庭是人们最先接触的组织，兼顾生活场域与教育场域两大重要角色。习近平总书记曾多次强调家庭与民族、国家的共同体命运，强调"不论时代发生多大变化，不论生活格局发生多大变化，我们都要重视家庭建设，注重家庭、注重家教、注重家风"[①]。这"三注重"作为家庭建设的关键，在少数民族学生国家认同的家庭教育场域同样至关重要。基于少数民族学生国家认同的家庭教育场域必定是具有民族特性的，其要素也必具备这一特性，因而主要体现在少数民族家庭成员、少数民族家庭仪礼以及少数民族家庭教育三大成分。

1. 少数民族家庭成员

法国人类学家克洛德·列维－斯特劳斯（Claude Levi-Strauss）将家庭进行纵向与横向的划分，分别对应如今被人们所认可的广义与狭义的"家庭"，前者是指具有代际传承关系的家族，后者是以一夫一妻制构成的基本单位。无论是纵向或横向划分的家庭，都基于成员间的血缘关系，家庭对传承民族认同、文化认同承载着巨大重任，是实现国家认同不可或缺的场域。以家庭内部

---

① 习近平:《不论时代发生多大变化都要重视家庭建设》，人民网，www.politics.people.com.cn/n/2015/c 70731-26580958.html。

成员的民族属性为依据，少数民族家庭均可归为单一民族家庭与多民族家庭。单一民族家庭的家庭成员共属一个民族，在衣食住行等生活各方面均遵循民族性，甚至家庭物理环境由民族性文化符号布置而成，成员完全沉浸于民族气息之中，民族认同油然而生。多民族家庭的成员带有不同民族属性，但家庭总体呈现和谐共生之态，允许民族间的差异存在，并持着包容、融合的心态，相互尊重、相互理解，使家庭成员在异同中形成正确的民族观念，渐而上升至民族认同与国家认同。

2. 少数民族家庭仪礼

中华民族有言：不学礼无以立。少数民族家庭仪礼可谓贯穿家庭成员生命的始终，且涵括家庭内生产、生活的各个方面。少数民族对人生仪礼尤为重视，以特定的仪式赋予个体从出生、成年、婚姻、死亡各个人生阶段以新的希望。譬如，水族的"冷水三拍"之仪礼，即在孩子诞生后由长辈擦净孩子的身体，右手浸过冷水并在孩子屁股上轻拍三次，寓意孩子从此为水族人。在少数民族学生所生活的家庭场域，民族服饰与民族饮食是民族仪礼的重要承载，并且相对成为常态，尤其是民族饮食。单一民族家庭经常性食用民族食物，而多民族家庭则考虑成员的多元民族性，或呈现多种民族特色的饮食，或将各民族特色糅合，以此创造出具有民族融合性的自家特色饮食。少数民族家庭仪礼是基于民族成员的民族信仰而存在的，这种信仰将成为民族认同的心理支撑。

3. 少数民族家庭教育

家庭成员在日常交往过程中涵括教育信息的传递与交换。家庭教育是家庭成员相互教育的过程，一般由长辈指向晚辈，具有奠基性、感染性、针对性、长期性、灵活性等多重特点。少数民族家庭教育肩负民族文化传承的重任，使孩子在家庭教育中了解和理解生产、生活、信仰、禁忌等各种民族传统、发展及其文化，于此基础上，认同狭义和广义的"民族"，传承民族与文化。少数民族学生国家认同的家庭教育本质上是一种文化传递、融合的过程，将民族文化融入日常言行，如着装、饮食、节庆、祭祀等各个方面，基于家庭成员在家庭这一特殊共同体中所形成的共同信仰而使民族认同、文化认同、国家认同趋于常态。

（二）少数民族学生国家认同的家庭教育场域内部要素的动态关系

少数民族家庭成员、仪礼、教育在国家认同的家庭教育场域中处于动态联系之中。少数民族家庭成员是少数民族学生国家认同的家庭教育场域的本体性存在，基于此，少数民族家庭仪礼、教育才得以生成。在家庭这一人生第一课堂中，家庭成员的发展必然离不开家庭教育这一特殊教育形式。少数民族学生在这一形式中感悟民族、融入民族，是民族认同与国家认同的必经之路。这种少数民族家教是少数民族家庭成员交往的必然结果，为少数民族家庭的本体存在注入生命。而少数民族家庭仪礼则是少数民族家庭教育的重要但非唯一内容，这一文化性存在为少数民族家庭本体增添生命的活力与灵魂，使其成员尤其是拥有少数民族学生身份的子女一辈受到民族传统的全方位影响，以民族共识践行为人处世之理，促成民族、国家认同的形成与落实。

四、少数民族学生国家认同的社区教育场域内部要素及其关系

（一）少数民族学生国家认同的社区教育场域内部要素分解

社区是社会大场域中除学校与家庭外，与二者同级的具备良好国家认同教育功能的又一场域。少数民族学生国家认同的社区教育场域多为少数民族社区，即"建立在民族识别和民族分野基础之上，以少数民族社会成员为主体的，以民族社会成员的共同的地缘和紧密的日常生活为基础的民族区域性社会"[①]。无论作为地域概念或文化概念，少数民族学生国家认同的社区教育场域均有其结构要素，可归纳为三个要点。

1. 少数民族族群

社区的基本要素是具有一定数量和相互联系的人口。正如"民族"成为想象的共同体需要"族群"基础，少数民族社区成为生活共同体需要以一定人口数量的少数民族族群的存在为基础。少数民族族群作为少数民族社区的主体，是少数民族社区的基本构成要素，其相互联系即成员的民族关系和基于社区生活的

---

① 岳天明、高永久：《民族社区文化冲突及其积极意义》，《西北民族研究》2008 年第 3 期。

网络。人口数量决定社区规模，而人口的民族属性则决定社区的民族多元程度。当社区内少数民族族群呈现单一特点时，该社区即为单一民族社区；当社区内少数民族族群呈现多元特点时，该社区则为多民族社区。民族社区是少数民族学生走出家庭教育场域的又一生活性教育场域，为其认同教育提供了可能异于家庭教育场域内部的民族性生活方式的认知机会与平台。

2. 生活地域

少数民族社区本身首先是一个地域概念，"共同的地缘"是界定这一概念的一大限制条件。这一条件是少数民族社区主体——少数民族族群生活的基本场所，为其生产与生活提供地域空间。大部分少数民族社区依民族所在自然地域而建，保留原有的民族性自然环境。而无论是否脱离民族原有自然环境的少数民族社区，均能通过对社区所在自然景观基础的再创造，即以民族性元素构造民族性人文景观，如建筑、文化娱乐设施等，以此打造少数民族社区的地域特色，以弥补或丰实少数民族社区的"自然民族性"。地域本身是文化认同的物质基础，少数民族学生在民族的自然与人文环境中感知民族的符号实体，在可触碰的客观存在中体悟民族与文化。

3. 民族活动

于地域概念之上，少数民族社区有着文化概念的性质，因而必备文化要素。社区成员载着本民族文化融于社区，或民族内或民族间的交流使社区内各民族文化得以传承与发展。在社区教育场域中，少数民族学生国家认同功能最为凸显的文化即社区内所开展的民族性活动。侗族的"百家宴"是侗族人民一直传承的一种集体待客的最高礼仪,民族社区内人人均可参与。又如社戏,即在社区中进行的戏艺活动,少数民族社区借助社戏展现民族与文化,让社区内的少数民族学生在祈福、娱乐中丰富自身的民族认识。民族性活动在人们认识民族、内化文化的过程中发挥着桥梁作用,少数民族社区中的学生身份成员能在社区文化中成长,在民族文化的延续与交融中形成与增强认同意识。

(二)少数民族学生国家认同的社区教育场域内部要素的网络关系

少数民族族群、生活地域、民族性活动是构成少数民族学生国家认同的社区教育场域的必备内涵,前两者是物质层面的存在,后者则倾向于文化层面的存在。任何一个区域内都存在一定数量的人口,可划分出一定界限的地域。在少数民族学生国家认同的社区教育场域内,社区成员间的交往均可成为认同教育的实践路径,而其中最为集中与最具实效的则属社区内的民族性活动,由此所产生的文化与心理的积淀与归属才足以解释"区域之所以成为社区"。这种民族的、文化的活动开展独具教育功能,为少数民族学生提供生活场所的民族文化体验,在活动中形成正确的民族认识,增强民族与文化的自觉意识,是社区在物质与精神要素的结合中超越"场所"定位而实现其少数民族学生国家认同教育"场域"的升华。

常言道，一方水土养一方人。学校、家庭、社区为国家、社会成员的民族认同、文化认同、国家认同提供了水与土的基础性存在，养育了富有民族意识与国家意识的少数民族学生。在作为教育场域的社会共同体中，这三大教育子场域虽然统一服务于教育，但三者之间仍存在边界。学校与家庭都是社区中相对独立的子共同体，二者在施教者、施教方式上存在极大的差异。但这并不意味着二者之间毫无关系。少数民族学生在家庭中感受家庭成员与家庭仪礼所营造的民族氛围，走出家庭这一地理场域则立即步入社区，或者进入学校教育场域学习"民族"，或者在社区其他场所通过自然环境或文化活动体悟"民族"。

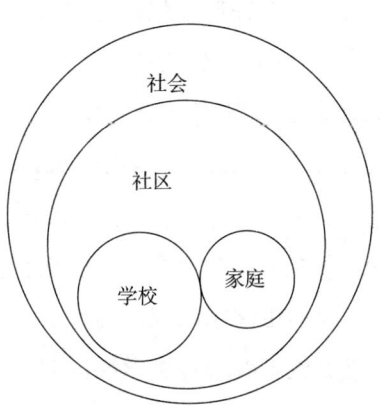

图 7-2　学校、家庭、社区的地理边界

少数民族学生所在学校、家庭、社区在多元与一体中共同打造其国家认同的教育场域，各方在主动发挥自身教育功能的基础上相互尊重、相互支持，各尽其责而又合力共筑，以学校教育场域为主，辅以家庭与社区教育场域，形成少数民族学生国家认同的"三位一体"教育场域，共同承担实现少数民族学生的国家认同这一重任。

第二节　少数民族学生国家认同的教育体系架构

　　少数民族地区学校具有培养少数民族学生国家认同的任务，其学生结构主要是各民族的学生，需要特别注意其文化功能。少数民族学校要立足于各民族文化的主要表征，发挥各民族文化的力量，使少数民族学生在继承少数民族文化的同时，形成国家认同。此外，学校教育的合理实施与开展需建立一个与之配合的教育体系，少数民族学生国家认同教育体系架构则应以学校教育为主要手段，通过学前教育、初等教育、中等教育、高等教育各级各类具有层级性的教育体系开展国家认同教育实现少数民族学生国家认同的养成，并在此体系中保持国家认同教育的连贯性。各级各类学校内部应从教学目标、教学内容、教学过程、教学方法、教学评价等方面为少数民族学生国家认同的实现进行系统性设计与优化。而少数民族地区学校学生民族结构的不同，少数民族学生国家认同教育体系也应有所不同。

一、少数民族学生国家认同的教育体系

（一）少数民族学生国家认同教育体系的基本架构

1. 基本架构

少数民族学生国家认同的形成与发展是一个复杂的过程，其中有多方面的影响因素。少数民族学生国家认同教育体系的基本架构需回归影响少数民族学生国家认同形成的关键要素及主要环节，以此探讨和建构少数民族学生国家认同教育体系。通过田野调查与数据分析，前文已对少数民族学生民族认同、国家认同、文化认同各次维度与关联教育次维度的相关性进行了分析。其中将关联教育的四个途径：学校教育、自我教育、社会交往活动和家庭生活教育分别编码为 F1、F2、F3、F4，发现文化认同的中华文化认同（编号 C2）维度与关联教育的 F1、F2、F3、F4 维度的相关系数值分别为 0.580、0.590、0.592、0.590，国家认同的国家积极认同（编号 B1）维度与关联教育的 F1、F2、F3、F4 维度的相关系数值分别为 0.357、0.358、0.341、0.351，民族认同的民族认同确认（编号 A1）维度与关联教育的 F1、F2、F3、F4 维度的相关系数值分别为 0.286、0.259、0.265、0.264。以上数据可知民族认同、国家认同、文化认同与关联教育的各次维度都呈现出非常显著的相关性，从关联程度可知少数民族学生国家认同教育以学校教育为主，社区教育、家庭教育和自我教育为辅。

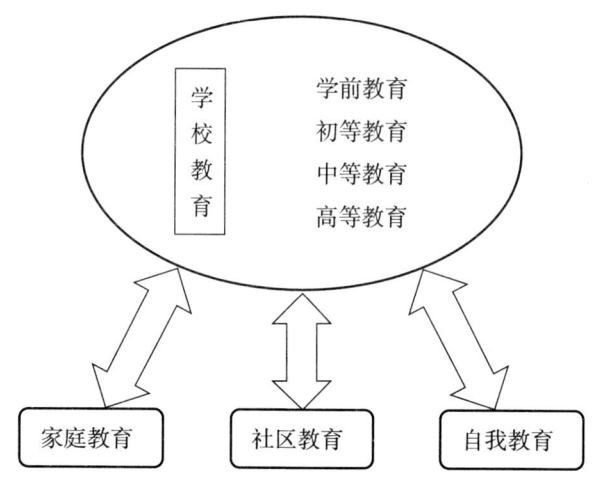

图 7-3　少数民族学生国家认同教育体系架构

少数民族学生国家认同教育体系包含学校教育、社区教育、家庭教育和自我教育四个子系统，而且学校教育、社区教育、家庭教育和自我教育四位一体，相互关联、互为补充，共同构建四级联动、逻辑紧密的少数民族学生国家认同教育体系（见图7-3）。

2. 内涵要素

少数民族学生的国家认同教育的落实，应发挥学校教育、社区教育、家庭教育、自我教育四级联动机制。其中，学校作为意识形态培养的重要场所，少数民族学生国家认同教育需以学校教育为主导，开展系统、全面的国家认同教育，更新教育内容，改良教育方式，优化校园文化，增加各民族之间的交流，消除民族间的隔阂，全面提升少数民族学生的国家认同感；社区教育、家庭教育和自我教育相辅相成、相互联动，为少数民族学生营造良好的社会环境、家庭氛围及健康的自我心理世界，共同助力少数民族学生国家认同的养成。

（二）少数民族学生国家认同学校教育体系的层级性

教育体系是一个"总"的提供教育服务的组织系统，不同的国家或地区，其教育体系是有很大不同的。在一个国家里，按照不同的标准，教育体系也可以有不同划分。按照教育层级来分，有学前教育体系、初等教育体系、中等教育体系、高等教育体系。[①]学校作为少数民族学生国家认同形成、发展的重要场域，各级各类学校选择适宜的国家认同教育内容，注意衔接，形成体系。少数民族学生国家认同的教育体系应包含于当前的教育体系，在遵循且充分利用当前学校教育系统的前提下，发挥少数民族学生国家认同教育体系的独特优势。因此，少数民族学生国家认同学校教育体系的结构应当包含四大结构（见图7-4）：一是少数民族学生在学前阶段的国家认同萌芽教育，二是少数民族学生在初等教育阶段的国家认同启蒙教育，三是少数民族学生在中等教育阶段的国家认同提升教育，四是少数民族学生在高等教育阶段的国家认同深化教育。

---

① 肖建彬：《中国教育问题分析——基于政策与实践的思考》，广东人民出版社2015年版，第76页。

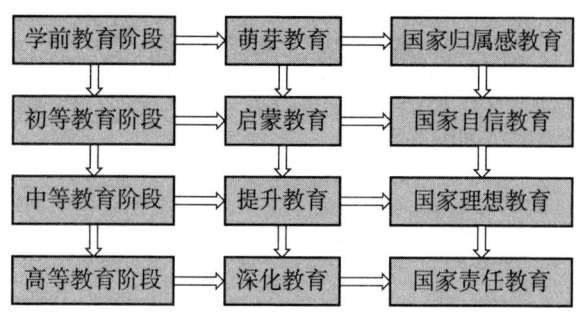

图 7-4 少数民族学生国家认同学校教育体系的结构图

1. 学前教育阶段

学前教育阶段国家认同教育是学龄前儿童接受国家认同教育的萌芽教育，该阶段儿童处于 0—6 岁，其脑神经、身体机能等方面快速地发展，开始使用感觉器官去感受外部环境的事物，并受所处语言环境的影响逐步形成语言表达系统。因而该阶段少数民族学生国家认同教育应当借助实物和感官，营造良好的语言环境、体验环境，实施语言、感知教育，建立少数民族学生国家认同教育良好基础。

2. 初等教育阶段

初等教育阶段国家认同教育即义务教育阶段国家认同教育，主要包括小学教育，该阶段是培养少数民族学生国家认同的启蒙阶段，也是少数民族学生内化国家认识，树立国家自信最为关键的阶段。该阶段儿童处于 6—12 岁，其思维由具体形象思维逐步过渡为抽象逻辑思维，并渴望参与到社会中去，喜欢小组合作学习。因而该阶段少数民族学生国家认同教育应当采取小组合作学习的形式，注重语言文化、行为文化、中华传统文化等方面的引导。

3. 中等教育阶段

中等教育阶段国家认同教育即初中教育、中等职业教育，该阶段是少数民族学生形成国家认同的快速提升期。该阶段的学生处于12—18岁，进入青春期，在生理和心理上发生巨大的变化，易出现叛逆心理。因而该阶段少数民族学生的国家认同教育更应注重思想政治教育、心理认同教育和历史文化教育，实现该阶段少数民族学生的国家认同教育的稳步发展。

4. 高等教育阶段

高等教育阶段国家认同教育即大专、大学教育，该阶段是少数民族学生国家认同外显，实现国家奉献的时期。该阶段的学生处于18—24岁，身体机能已发育成熟，并以逐步养成承担社会责任的能力，具有一定的创造思维和创造能力。因而该阶段少数民族学生的国家认同教育应注重引导学生在认同的基础上学会创造，以国家认同为内驱力，并将国家认同转化为国家奉献，投身国家建设，承担国家发展的责任，实现国家认同教育的外显功能。

（三）少数民族学生国家认同的学校教育体系的连贯性

聚焦于学校教育场域，各级各类学校为促进少数民族学生国家认同应在少数民族学生国家认同教育上的保持一贯性和统一性。从初等教育到高等教育各级各类学校少数民族学生国家认同教育应包括以下几点：

1. 以母语教育为主题强化语言认同。母语是一个国家最重要的文化标志之一，也是一个国家或民族文化重要的物质载体。加强母语教育的深层意义在于强化语言认同，以此增强民族文化认同感。学习英语的热潮导致了重外语教学轻汉语教学的倾向，学习语言的关键期就是中小学阶段，因而母语教育才应该成为语言教育的核心。要坚持以母语教育为本，切实加强少数民族学生对本国语言的高度认同。

2. 以中华传统文化教育为主题强化文化认同。文化认同是一个国家生存与发展不可或缺的基础。中华优秀传统文化博大精深，蕴藏着丰富的人生哲理和道德标准，是中国文化软实力最深厚的根基。教育通过弘扬传播中华优秀文化，包容外来文化。学校是传承中华传统文化的重要场域，增强少数民族学生对中华优秀传统文化强烈的认同感。

3. 以历史教育为主题强化历史认同。有国必定有史，爱国必先知国，知国必先学史。历史记忆是构建国家认同最为重要的部分，但由于学科观念的误导，使得历史学科不受重视，在学生心中历史学科远不及语、数、外等主要学科重要，这也进一步导致了学生的历史知识匮乏、历史意识淡薄。历史教育是培养少数民族学生的历史认同感和民族价值观的重要手段，具有其他学科难以替代的独特价值。因此，应该加强历史教育，增强少数民族学生的历史素养，从而促进民族认同。

4. 以思想政治教育为主题强化政治认同。思想政治教育有利于促进少数民族学生的政治认同感。我国教育中存在功利化取向，片面追求升学率、重智育而轻德育等问题表明了思想政治教育严重缺失。面对全球化的冲击，学校更应进一步重视思想政治教育，根据学生的特点构建思想政治教育课程体系，创新思想政治教育的教学方法，选择正确的教育方式帮助他们树立正确的世界观、人生观、价值观，增强他们的政治认同。

二、少数民族学生国家认同教育的学校课程设计案例分析

各级各类学校国家认同教育的合理实施，应注重学校内部教学目标、教学内容、教学过程、教学方法、教学评价等方面的系统性设计与优化，以此实现少数民族学生国家认同的养成。初等教育阶段国家认同教育是培养少数民族学生国家认同的启蒙阶段，是少数民族学生内化国家认同的关键阶段。下面将以一个初等教育阶段国家认同学校教育设计的案例，以期探讨少数民族学生国家认同教育的优化。

母语是一个国家最重要的文化标志，少数民族学生国家认同教育首要注重国家母语教育。中华人民共和国成立以后，汉语被确立为我国的主流文化用语。少数民族学生学习汉语，不仅能融入主流社会，还能从基础上提高少数民族学生的国家认同感。双语教学是通过少数民族母语或第一语言的学习来促进第二语言的学习，是少数民族学生实现国家通用语言学习的有效途径。在广西，通过壮汉双语教学，即从教学目标、教学内容、教学过程、教学方法、教学评价等方面设计系统的壮汉双语教学模式，通过

壮语来促进汉语的学习，发挥壮语在壮族学生学习中的优势，达到壮汉兼通，文化共融，实现壮族学生更好地学习国家文化、形成国家认同的教学实践。

（一）教学目标

在我国，单语教学的教学目标是传授知识、培养技能或者促进学生非认知因素发展，终极目的是培养全面发展的人。而双语教学的教学目标除单语教学目标外，还呈现出独有的特性，包括双语学生语言的发展、学科专业知识的获取和对国家语言文化的理解。广西贵港市蒙公乡古山小学是落实壮汉双语教学"以壮为主、壮汉结合、以壮促壮、壮汉兼通"十六字方针理论的发源地，其长期践行的教学目标即"壮汉兼通"，随着教学实践的不断探索，文化传承的目标也被列入其中。教学中，教师结合一定的学科知识，培养学生汉语的表达能力和理解能力，从而能正确地运用汉语。此外，学校还开展竹竿舞、壮文讲故事大赛、唱山歌等活动让学生在实践中加深对壮族文化的认识和喜爱，从而促进对壮文化的理解和传承。以下是对古山小学管理者和教师关于教学目标的部分访谈：

研：壮汉双语教学的教学目标是什么？您怎样理解这个教学目标呢？

管理者：教学目标就是"十六字"方针里的壮汉兼通，还有就是要传承我们壮族优秀的传统文化。我认为，壮汉双语教学目标,一是促进壮文和汉文的相互学习、理解,虽然我们现在读了很多书,学习了很多字,但是受壮语思维的影响,还不能只用一种文字学习。就拿我自己来打比方,我现在看汉文版的《水浒传》完全没问题,但是壮语版的《水浒传》却让我更加容易理解,觉得那些事离我们特别近,感受到特别的亲近。身边的一些人在翻译汉语文章时,其思维确实还是受母语影响比较大。做学生工作时,用汉语讲他听得云里雾里,但是用壮语讲他就很容易明白。所以我们就应该借助壮语的优势促进学生壮汉双语思维的发展。二是民族文化传承,民族山歌用汉语无法表达出那种意境,学习壮文就是一个很好的措施。

L教师:壮汉双语的教学目标是壮汉兼通。平时我在上课的时候,遇到学生不懂的汉语知识我就用壮语给他们解释,这样他们就能很容易的掌握知识。我认为双语教学不仅能教会壮族后代不忘母语,而且对汉文也有促进作用,还能促进学生学习,传承民族文化,多了解民族文化,如果不进行双语教学,就很少接触民族文化,作为双语教师,这也能促进教师更多地了解民族文化,记住文化。

(二)教学内容

1. 教材选用

古山小学壮汉双语课的教学内容是由区教育厅民教处主持编写的教材,教材有两本,包括汉文教材和壮文教材。汉文教材是全国统编小学教材,壮语文教材则是将汉文教材直接用标准壮语翻译过来，教材除了封面和书中插图颜色不一样，文章内容和格式均没有改变。教学的内容应该体现语言和文化的建构，为此研究者作了相关的访谈。

教师访谈

研：您认为你们的教材怎么样？课后和课中您使用什么语言？学校有与壮文化有关的活动吗？

L教师：（1）学校现在使用的双语教材是由自治区教育厅那边免费提供的，一本壮文的，一本汉文的，壮文教材是汉文教材直译过来的。我觉得直译的教材不好，壮语文书本应该渗透一点我们壮族的信息在里面，把我们壮族民族文化的东西进去，这样才贴近学生的实际生活，比如我们壮族的抛绣球、竹竿舞等都可以放在教材里啊。所以我建议教材首先要统一词语的使用，不能一到六年级都不同，其次还应该增加我们壮族的东西。（2）上课的时候大部分都用汉语讲课，下课后基本用壮语交流。记得我刚工作的时候，上课基本都是用壮语讲课，现在很多学生从小就开始说汉语，有时候说壮语他们反而听不懂。除了教学交流互动和一些必要的时候用壮语上课，其余时间我们都是用汉语讲课的。（3）我们学校经常开展壮文化活动的。比如每年的壮文讲故事大赛、竹竿舞、抛绣球等。壮医药文化是我们壮族悠久的传统文化，为了让孩子们不忘我们祖先流传下来的财富，我们学校专门设立了壮医馆和开发了药方。

学生访谈

研：您喜欢双语课的教材吗？学校有没有一些壮文课外读物呢？学习生活中使用壮语多呢还是汉语多？学校的唱山歌、抛绣球、竹竿舞等的壮文化活动您喜欢吗？

Z 学生：(1) 喜欢，但是壮文教材是黑白的，这个不是很喜欢。(2) 有，但是没看过，我们一楼有一个图书馆，中午吃完饭我们可以去看书，但都是汉语的。(3) 有时候说壮语有时候说汉语，回家基本说壮话。上课时我觉得老师说普通话我们更容易听懂。(4) 我们大家都很喜欢这些活动，因为它是我们自己的东西，所以肯定喜欢啊。

2. 校本教材开发

校本课程的开发主要是为了使学校的课程贴合教师和学生的实际需求及发展特点，更好地实施课程改革，提高课程成效。其重要目标之一即是主动、有计划地在学校教育系统中吸收结构化变革，通过这种变革使学校与周围结构之间保持动态平衡，让教育系统保持整体的活力。校本课程还是教育制度的内部权力与资源的重新配置过程。为更好地促进少数民族双语教学，实现语言的学习和民族文化的传承，建设有民族特色的民族双语教育，开发具有学校特色的校本课程是必要的。民族双语学校要明确，开发校本课程的首要任务就是要满足学生实际发展的需要；其次，培养和提高双语学校校长和教师的课程意识；再次，还要形成和体现学校不同于其他学校的办学特点，并把这种特点有效渗透于国家课程和地方课程的实施过程中，创造性地结合实际，满足多方要求。

古山小学根据自己的实际情况开发了"壮的传人"的校本课程来弥补教学中文化渗透的缺失。该课程分为三篇，前两篇是对学校及壮族的简单介绍，第三篇为主要内容，介绍了本校壮民族文化传承活动。第三篇共有四章，第一章阐述了为什么要学习壮文，内容里说道，因为壮族语言的发音、表义等都有自己的独特性，任何一种方式都不能恰当地将它表达出并记录下来，所以壮族的许多经典山歌、壮族民间故事以及壮医药等优秀的文化都只能口口相传，长期下去渐渐就没有了。壮文能将所有语言的意义进行完整的记录和表达，但是它是以广西武鸣县壮语为标准音，与本地的壮语在语音语调上略有不同，加之壮族人容易学习壮语，所以只需短暂学习便能终生使用，这就是学习壮文的原因。第二章简述了壮汉双语教学，第三章展示了壮族特色文体活动的历史和内容，第四章讲述了壮医药文化的传承。校本课程中指出壮族的优秀文化包括歌纡文化、杆栏文化、壮医文化、磨教文化等九种，文中介绍了各种文化的来历、价值、基本操作等，课程贴合学校实际，体现了壮汉双语教学实验校独有的特色，值得其他实验校借鉴。

（三）教学过程

古山小学自开展壮汉双语教学以来，具体的教学过程主要是采取同步教学的过程，其具体做法是：在学前班培养儿童壮文声、韵、调的直呼能力；一年级后开始壮汉双语同步教学。先上壮文课，着重对词义和课文内容、写作等进行讲解，并适时结合汉文，做到壮汉结合；后上汉文课，着重对字的结构和读写进行讲解，在壮文课的基础上，适当运用壮汉进行对比教学，做到以壮促汉。壮汉双语教学同步模式如下图。

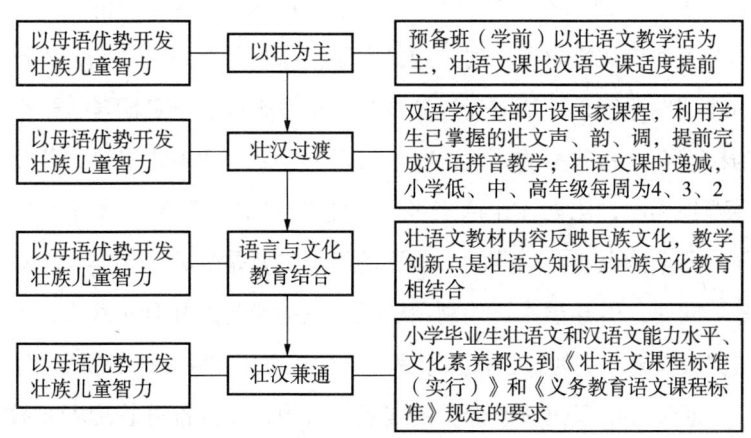

（四）教学方法

古山小学壮汉双语教学方法以教师为主导，学生为主体，结合教学方法的实践性、多样性、整体性和发展性特点，运用讲授法、讨论法、练习法和自主学习法等进行双语教学。其大概步骤是：首先，创设教学情境，引入教学主题。情境设置主要是通过图片、故事或者生活环境引出教学主题。接着教师教学壮文的生字词并带入句子理解记忆，学生小组内或者两两互助学习，最后朗读壮文课文。其次，学习汉文生字词，再学生带着问题阅读理解汉文课文,小组讨论,学生发言,教师总结归纳。最后,壮汉生字词对比学习记忆。

(五)教学评价

教学评价主要是指对学生学习成果的评价和对教师教学的评价,按功能分为诊断性评价、形成性评价和终结性评价。古山小学管理者在教学评价时,遵循发展性原则和实践性原则,不提倡终结性评价,不赞成通过分数和升学率来评价一名同学、一个学校甚至一名教师的教学。在学校里,只要学生取得进步,他就会得到奖励,比如该生原来考试只能考30分,但是这次考了50分,那么他也能得到奖励,奖励的物品主要是奖状、字典、字帖等。同时,引导学生正确利用资源,主动参与到社会实践中,促进健康发展。例如,学校为了引导学生正确使用手机开办摄影展。

通过壮汉双语教学课程的实践,古山小学的部分管理者、教师和学生都认为开设此课程的效果是明显的。对管理者而言,壮汉双语教学使得他们的管理工作更加得心应手,自己也能从中收获知识和有机会深造,职业成就感相对于其他学校来说更高。对教师而言,不仅给教师带来了职业成就感,还提供了更多的平台,促进教师教学和科研能力的大幅提升,也让教师更多地去了解壮族文化,更好地在教学中传播壮文化。对学生而言,壮汉双语教学丰富的活动不仅提升了学生的综合素质,增加了自信心,在弘扬和传承了壮族文化的基础上对汉语有了更深的认识,加深了国家母语文化的认知。

三、单一民族学校与多民族学校少数民族学生国家认同的教育的异同

单一民族学校民族色彩较为独特,例如前文提到的广西贵港市蒙公乡古山小学。截至 2015 年秋,古山小学一年级到六年级共有 6 个教学班,200 人,全部都是壮族学生,具有浓郁的壮族文化色彩,是广西壮族自治区教委钦定的壮汉双语教学实验试点。多民族学校民族文化较为多样,且多民族学校在我国教育体系中较为常见。单一民族学校与多民族学校由于学生民族结构的不同,两者少数民族学生国家认同教育也有所不同。

(一)单一民族学校与多民族学校少数民族学生国家认同教育的共性

单一民族学校与多民族学校是少数民族学生国家认同教育体系中存在的两种不同样态,两者少数民族学生国家认同的教育存在共性。无论是单一民族学校还是多民族学校均有培养少数民族学生国家认同教育的使命,因而两者少数民族学生国家认同教育应在各级各类教育层级中保持国家认同教育的一贯性、连续性与系统性,即在学前教育阶段、初等教育阶段、中等教育阶段、高等教育阶段形成系统的国家认同教育体系。单一民族学校与多民族学校都要共同致力于少数民族学生学前教育阶段的萌芽教育,初等教育阶段国家认同的启蒙教育,中等教育阶段国家认同的提

升教育，高等教育阶段国家认同的实现教育，通过完整系统的国家认同教育体系培养其国家认同感。例如广西双语教育体系，2015年7月广西壮族自治区民语委与区教育厅联合印发了《关于进一步加强壮汉双语教育工作的意见》，指出要着力构建学前教育阶段、义务教育阶段、高中教育阶段和高等教育阶段之间壮汉双语教育新体系的有效衔接；实施"壮汉双语教师定向培养计划"。在此文件精神引领下，广西各级各类壮族民族学校与多民族学校纷纷开展壮汉双语教育实验工作，注重壮汉双语教育的连贯性，取得了卓越成效。实践证明，义务教育阶段是国家母语教育的关键期，在国家认同教育体系中起到承前启后的作用。该阶段利用壮语优势开发壮族儿童智力能提升壮族学生语言思维发展水平，巩固了壮族学生的母语能力，而且培养了学生国家通用语的能力，在传承民族文化中融入国家主流文化，促进少数民族学生国家认同感的养成。

（二）单一民族学校与多民族学校少数民族学生国家认同教育的个性

由于学生民族结构的不同，单民族学校与多民族学校少数民族学生国家认同教育的侧重点有所不同。单一民族学校学生均为一个民族，国家认同教育的侧重点应为学生国家认知、国家自信、国家自豪教育，通过国家认同的养成，了解他民族文化。多民族学校学生并非同一民族，其涵括多个民族，国家认同教育实现需建立在对他民族文化认同与多民族文化融合的基础之上，因此多民族学校少数民族学生国家认同教育应先注重他民族文化认同教育，以此形成多元民族文化融合的国家认同。例如单一民族学校的双语教育通过少数民族母语或第一语言的学习来促进第二语言的学习，借助"双文化教师"和"双文化教材"，使少数民族学生从进入学校这个教育场域，体验周围人看待社会的积极的态度，逐渐产生对家乡和祖国的归属感，达到民族认同和国家认同的统一，及受教育者民族认同和国家认同自觉意识的提高。多民族学校双语教学的实施较之单一民族学校存在较大的复杂性，表现在民族语言的多样性与融合性，因而多民族学校双语教育的实施更为注重各民族语言的共通性，充分吸收国家母语的精髓，实施文化融合的国家认同教育。

第三节 少数民族学生国家认同的教育场域构建策略

教育场域是特定时空下的物理场与文化心理场的结合点，少数民族学生国家认同教育便是少数民族学生在如此的教育场域中不断顺应、同化民族性、文化性的过程。少数民族学生国家认同的教育场域包括学校教育场域、家庭教育场域与社区教育场域，因而少数民族学生国家认同教育场域的构建应从学校、家庭与社区的历史沿革出发，形成"民族认同—文化认同—国家认同"逻辑指向的"多元而一体"教育有机场域。

一、学校教育场域构建策略

(一)构建少数民族学生全面发展的机制

构建少数民族学生全面发展的机制,实现国家、民族地区和学校对少数民族的关怀。从宏观上,要完善各级各类学校的少数民族学生入学的体制和机制,协调学校类别、层次和规模,为少数民族学生全面发展提供完善的学校教育保障。少数民族学生在完善的学校教育体制和机制下,增长知识、掌握技能,发展情感态度和价值观,其中就包括对民族、文化和国家的认知。

自古以来,我国在少数民族地区学校就构建汉族与少数民族和谐共生的教育场域,前秦时期南越国的"和集百越"政策、秦汉时期亲和教育政策、汉代怀柔政策和文教政策、唐宋时期"羁縻"制度和科举制、明清吐司改制、民国时期"五族共和"政策都对少数民族地区学校教育场域产生了积极影响,有助于汉族学生和少数民族学生学习中华民族文化,特别是学习儒家文化,使得少数民族学生国家认同逐步萌芽、产生。

中华人民共和国成立之后,国家颁布了很多发展少数民族教育的政策。当前,广西设立了激励特困优秀少数民族学生入学资助机制、大力培养少数民族人才入学特色专业的免收学费激励机制等。各项帮扶发展少数民族学生的管理制度和机制,不仅仅是要提升少数民族学生知识和技能,而且通过国家、地方和学校的力量帮扶和关怀少数民族学生,让少数民族学生产生对国家的强烈情感认同和归属感,也为将来少数民族学生在生活与学习中生成与强化国家责任意识和贡献意识奠定基础。

(二)搭建少数民族学生健康发展的教育环境

教育环境的策略主要包括语言环境、学校环境、制度环境。首先是在民族学校推行双语教学,构建少数民族学生健康发展的语言环境,既是对少数民族文化尊重,又是对少数民族文化和汉族文化交融。其次,增加民族学校教育投入,丰富课堂和校园多元文化共生的场域,让少数民族学生找到精神归属和心灵栖息地。最后,完善民族地区学校教育教学机制和管理制度,人性化服务,关心呵护学生,设立帮扶制度和奖励方案,关心少数民族学生在校生活,营造关心少数民族发展的氛围。

陈昱雨用实证分析"阿细中学生的民族认同与国家认同之间的共生关系是建立在共同的国土意识、共同血缘、共同历史记忆、共同的英雄人物、共同的国家象征符号等共同基础之上,而学校教育场域是构筑这些共同性基础的重要场所"[①]。由此而知,少数民族学生对国家认同是建立在民族认同和文化认同的共同要素及要素之间相互影响,产生积极效应,使得少数民族学生对国家感知、理解进而发展到对国家强烈的归属感和责任感,形成国

---

① 陈昱雨:《学校教育场域中民族认同与国家认同的共生——云南彝族阿细中学生的个案研究》,《民族教育研究》2017 年第 4 期。

家层面的认同感。教育环境建构策略是在中华民族一体的多元文化格局之下，挖掘多元民族文化共同要素，营造和谐共生的教育环境。

（三）组织少数民族学生喜闻乐见的教育内容

学校场域内教育内容包含课程内容、安全与健康教育内容、学校管理教育内容等方面。构建学校场域中促进少数民族学生国家认同的教育内容策略要以构建学校课程内容为主要，完善学校安全与健康教育内容和学校管理教育内容。统筹协调国家、地方和校本课程，加强课程内容与少数民族学生以及现代社会和科技发展的联系、追求学生的生活兴趣和经验、精选展现多元文化共存的内容、提升少数民族学生终身学习必备的基础知识和基本技能，通过学科课程和教材路径实现少数民族学生国家认同。其次，要重视学校场域安全与健康教育内容和学校管理教育内容开发，其会对少数民族学生的身心发展产生潜移默化的影响，以及促发少数民族学生对学校教育理念、教师教育和学生关系的文化认同。

例如，每年广西"三月三"节日在民族学校当中安排庆祝活动，多民族共同庆祝，培育多民族和谐共处的理念。广西龙胜中小学汉族和少数民族同校学习，接受学校教育内容洗礼，全面提升学生素质水平。广西富川民族小学创设瑶族长鼓舞课程、广西三江民族中小学少数民族歌舞课程以及广西民族院校的双语课程和双语校园等，均体现出少数民族文化和汉族文化在校园当中和谐共生，相互尊重，相互促进，少数民族和汉族学生都能得到文化的熏陶和感染，形成对中华民族多元一体的文化格局的认知。

二、家庭教育场域构建策略

（一）塑造家庭成员的家国情怀

家庭、族群是少数民族学生的重要教育场域，家庭是学生接受民族身份、文化认知的初始场域。家庭的教育思想观念与文化气息对少数民族学生国家认同具有重要的指导意义，直接影响少数民族学生对国家认同和中华民族多元一体文化格局的理解。学者张倩认为，"传统的'个人—家族—国家'架构发挥作用，能有效地激发家国情怀中自发的认同感与凝聚力。而建构"个人—国家"架构的国家认同，则需要提升人的家国意识与情怀。用传统的"个人—家族—国家的认同模式来激发中国人建设祖国、振兴中华的豪情，具有重要的国家认同意义。同时，促进传统的家国情怀向现代的国家认同转变"[①]。中国人所特有的家国情怀能够促进少数民族学生国家认同，从对家庭及族群的认同和归属感上升到对国家的认同、责任和归属感。

（二）形成多民族文化认同与融合的家庭环境

家庭环境的熏陶和影响是民族文化传承与发展的关键所在。

[①] 张倩：《从家国情怀解读国家认同的中国特色》，《社会科学文摘》2017 年第 9 期。

少数民族学生从小在家庭中生活，父母的言行举止、家庭的住所布置、风俗习惯和节日传统等构成了具有民族、文化身份认同的家庭环境，这些家庭环境对民族认同、文化融合具有积极作用。例如：侗族人在日常生活中会唱"多耶"，"多耶"的填词非常自由，由领唱者根据生活环境和事件编歌词，歌词由原来的歌唱自然、爱情到现在歌唱祖国、共产党和美好生活。侗族的老师和学生也把在家庭环境中的熏陶带到学校中，在学校里也唱起赞美祖国的"多耶"。又如：在桂林龙胜县地灵侗寨，家家户户在堂屋供奉神明。侗族人以前在神明排位上常写"天地君亲师"，现如今写的是"家国君亲师"。

（三）组织具有文化融合、国家认同的家庭教育内容

家庭及族群的认同教育内容往往存在于家庭及族群的家风、民风、乡风以及民族信仰等方面，通过少数民族特有的家庭活动展示出来。少数民族学生主动参与到这些活动当中，受到本民族文化的教育内容熏陶，其教育内容往往涵盖少数民族对自然、族群、祖先、神灵的认知与信仰，进而激发少数民族学生对自身和族群生命延续的理解；其表现形式往往是家族中的祭祀活动、婚丧嫁娶仪式等，在这些家族活动中少数民族学生体会生命延续、族群发展离不开家庭及族群自身的努力和国家支持，从而形成少数民族学生的民族认同、文化认知和国家认同。

三、社区教育场域构建策略

（一）搭建促进民族融合的社区场域

社区是民族之间互相交流、增进认知的场域，强调社区场域里多因素相互作用的属性。促进民族融合的社区场域搭建主要是营造良好的社区关系，包容和尊重不同民族身份和多元文化，宣传社会主义核心价值观，保障社区公民的权益，推行法治教育和爱国、维护祖国统一和民族团结的公民教育，实现少数民族学生对国家认同和中华民族多元一体的文化格局的理解。

例如，加强美丽乡村、文明乡村建设，落实少数民族村寨物质文明和精神建设，通过经济、社会、法律、教育、文化与科技手段实现少数民族地区经济发展、社会进步，不断改变村风、村貌；提升少数民族村寨基础设施，着力保存、传承和弘扬少数民族文化。李晓明到广西富川瑶族自治县铁耕村铁耕村考察新农村建设，发现其亮点"农民读书会"和"青年志愿者协会"。"农民读书会"，有各类实用性书籍560余册。依托"读书会"开展经常性科技培训、法律宣讲、卫生计生保健知识咨询、劳动竞赛、文化娱乐等活动。由村委牵头，聘请县农业、畜牧水产、林业局、团县委、团市委、桂林工学院、贺州学院等单位专家，组成"铁耕村发展顾问委员会"，经常邀请他们进村作技术培训、政策讲座和文化知识辅导，协助本村做好长期发展规划和产业结构调整设计。二十年来全村没有偷盗、打架斗殴之类的事情发生，封建迷信与赌博现象极为少见。瑶胞待人接物热情大方,讲诚信,恶欺诈,倡互助。① 通过社区物质和精神文明建设,大大加快少数民族融入到中华民族大家庭当中,少数民族学生在家庭及族群的教育影响下,会自觉内化民族认同、文化认同和国家认同。

又如,南京锁一社区在锁金六村小广场举办"民族团结一家亲——锁一社区少数民族邻里节"活动。活动舞蹈队表演《吉祥藏历年》,活动中进行少数民族的风俗习惯及文化知识问答及你比划我来猜等游戏环节,社区回族居民带来精彩的二胡表演,展示少数民族的美食,苗族的酸汤鱼、哈萨克族的熏肉、朝鲜族的泡菜等少数民族美食。社区通过开展少数民族邻里节,促进了社区汉族居民与少数民族居民的相互沟通和交流,进一步拉近了居民之间的距离,增强了各民族间的团结意识。广西桂林恭城县文武社区每年组织开展少数民族体育竞技活动,瑶、壮、苗、汉等民族的社区群众积极踊跃参与到拔河、三人板鞋、滚铁圈等活动中,增进互相和包容,营造和谐的社区氛围。广西少数民族社区每年都会举行隆重的少数民族传统节日,如侗族最盛大的活动——花炮节、仫佬族最盛大的活动——依饭节、壮族最盛大的聚会——"三月三"歌节、瑶族最盛大的节日——盘王节和达努节、苗族最隆重的节日——过苗年、毛南族最盛大的节日——分龙节。

---

① 李晓明:《南方山区少数民族新农村建设考察报告——以广西富川瑶族自治县铁耕村为例》,《农业考古》2008 年第 6 期。

作为少数民族学生国家认同教育场域的社区必定处于和谐稳定的社区关系之中,而民族融合则是实现少数民族社区和谐关系的应然与必然。主流价值观为少数民族社区指引方向,是所有社区的共性追求;多元民族文化给予其个性发展的"自由"空间,巩固其"少数"属性。二者不仅不相矛盾,更得以使少数民族学生在社区这一场域内,既感受作为国家公民的权利,亦能在民族融合的社区氛围中形成对国家认同和中华民族多元一体文化格局的正确理解。

(二)选择促进国家认同的社区教育内容

社区教育内容往往对少数民族学生产生正向的影响。正如我们一直倡导的,"应当从多元互动文化场域的构建、中华民族共同文化符号的凝练及其在教育场域中的渗透、国家治理取向的内化与教育导向三个方面着手构建少数民族学生国家认同的教育场域"[1]。社区教育鼓励多元主体参与、文化符号渗透和交融、国家治理有机结合,国家、地方和社区充分保障和支持,有效挖掘民族文化,以此为教育内容,借助信息化技术,增值民族文化资源。少数民族社区成员既是社区民族教育的受益者,亦是民族文化资源的提供者。这意味着在少数民族社区内部,民族性文化资源的社区教育内容从不匮乏,缺乏的是"挖掘劲"和"创新力"。

---

[1] 孙杰远:《少数民族学生国家认同的文化基因与教育场域》,《教育研究》2013年第12期。

服饰、饮食、歌舞、手工艺、建筑等民族性显性资源历年来均是民族教育内容的主要代表，而社区内图书馆、博物馆、文化站、民族性历史遗址等资源却容易被忽视。综合考虑少数民族社区成员尤其是学生的需求、社区建设与发展的旨归以及民族发展与融合等多方面，以课堂教学、短期培训、知识讲座、社区论坛、文化沙龙等多种形式，开展公民素养、生活常识、职业技能、文化学历、社区建设等几大类活动，作为少数民族学生参与社区生活、融入民族文化的具体路径，由此促进少数民族学生的民族认同、文化认同与国家认同。鼓励少数民族学生主动参与构建社区的教育路径，促进少数民族学生的民族认同、文化融合和国家认同。

总之，少数民族学生国家认同的教育场域的构建，需融通学校、家庭和社区三维教育场域共同体、重点探索构建学校场域少数民族学生国家认同的策略，发挥学校、家庭及族群和社会在培育少数民族学生国家认同所起的重要作用。学校场域是培育少数民族学生国家认同的内部要素中所起的独特作用在于能够有效、科学地端正少数民族学生对本民族和其他民族的认识，从而正确地处理民族和国家的关系，帮助少数民族学生体验到多元民族和谐共生状态和中华民族多元一体的文化格局。家庭及族群是少数民族学生接受最早的启蒙教育场域，直接影响少数民族学生对其他民族认识和如何对待本民族和其他民族关系，反映少数民族学生对国家认同的理解是否正确。社会场域是培育少数民族学生国家认同重要方面，让少数民族学生切身感受到来自不同民族的声音，加深对国家的客观认知，进而形成国家认同。因此，要统筹学校场域、家庭及族群场域和社会场域，发挥各自作用，不可偏废，落实培育少数民族学生国家认同的策略。

参考文献

一、报刊

《清议报》1901 年第 94 期

《新民丛报》1905 年

《益世报》1939 年 5 月 29 日

《人民日报》2005 年 5 月 28 日

《光明日报》2006 年 4 月 18 日

《社会科学报》2007 年 3 月 8 日

《中国社会科学报》2007 年 6 月 7 日

《社会科学报》2009 年 5 月 28 日

《人民日报》2009 年 9 月 28 日

《中国社会科学报》2010 年 1 月 21 日

《南方周末》2010 年 10 月 21 日

二、资料集、著作

〔美〕阿列克斯·英格尔斯著、曹中德译:《人的现代化素质探索》,天津

社会科学院出版社 1995 年版

〔法〕爱弥尔·涂尔干著,渠敬东、汲喆译:《宗教生活的基本形式》,商务印书馆 2011 年版

〔英〕埃森克著,闫巩固译:《心理学——一条整合的途径》,华东师范大学出版社 2000 年版

〔英〕安东尼·吉登斯著,赵旭东、方文译,王铭铭校:《现代性与自我认同:现代晚期的自我与社会》,生活·读书·新知三联书店 1998 年版

〔英〕安东尼·吉登斯著,胡宗泽、赵力涛译,王铭铭校:《民族-国家、暴力》,生活·读书·新知三联书店 1998 年版

巴马瑶族自治县县志编纂委员会编:《巴马瑶族自治县志》,广西人民出版社 2003 年版

〔巴西〕保罗·弗莱雷著,顾建新、赵友华、何曙荣译:《被压迫者教育学》,华东师范大学出版社 2001 年版

〔美〕本尼迪克特·安德森著,吴叡人译:《想象的共同体:民族主义的起源与散布》,上海人民出版社 2003 年版

〔英〕波普尔著、陆衡译:《开放社会及其敌人(第二卷)》,中国社会科学出版社 1999 年版

〔英〕波普尔著、傅季重等译:《猜想与反驳》,上海译文出版社 1986 年版

〔法〕布迪厄、〔美〕华康德著,李猛等译:《实践与反思——反思社会学导引》,中央编译出版社 1998 年版

车文博主编:《弗洛伊德主义原著选辑》,辽宁人民出版社 1988 年版

陈独秀:《陈独秀文章选编》(中),生活·读书·新知三联书店 1984 年版

陈琪、刘儒德:《当代教育心理学》,北京师范大学出版社2007年版

陈梧桐:《中国文化通史·明代卷》,北京师范大学出版社2009年版

范文澜:《中国通史简编》(第2册)(修订本),人民出版社1965年版

〔德〕迪特·森格哈斯著,张文武等译:《文明内部的冲突与世界秩序》,新华出版社2004年版

〔英〕厄内斯特·盖尔纳著、韩红译:《民族与民族主义》,中央编译出版社2002年版

方文:《学科制度和社会认同》,中国人民大学出版社2008年版

〔德〕费尔巴哈著,荣震华、李金山译:《哲学著作选集》(上卷),商务印书馆1984年版

〔德〕费希特著,谢地坤、程志民译:《自然法权的基础》,商务印书馆2004年版

费孝通:《费孝通民族研究文集》,北京民族出版社1988年版

费孝通:《费孝通文集(第13卷)》,群言出版社1993年版

〔德〕斐迪南·滕尼斯著、林荣远译:《共同体与社会:纯粹社会学的基本概念》,商务印书馆1999年版

广东省社会科学院历史研究室(所)、中国社会科学院近代史研究所民国史研究室、中山大学历史系孙中研究室合编:《孙中山全集》(第1卷),中华书局1981年版

广松涉:《文献学语境中的〈德意志意识形态〉》,南京大学出版社2005年版

顾炎武:《黄汝成集释·日知录集释》,岳麓书社1994年版

〔苏〕科恩著、佟景韩等译:《自我论》,生活·读书·新知三联书店1987

年版

韩民青:《当代哲学人类学》(第3卷),广西人民出版社1998年版

〔德〕赫斯著:《论货币的本质》,人民出版社1982年版

〔德〕黑格尔著,范扬、张企泰译:《法哲学原理》,商务印书馆1961年版

〔德〕黑格尔著,贺麟、王玖兴译:《精神现象学》,商务印书馆1979年版

侯才:《青年黑格尔派与马克思早期思想的发展》,中国社会科学出版1994年版

《简明社会科学词典》编委会编:《简明社会科学词典》,上海辞书出版社1982版

翦伯赞主编:《中国史纲要(第一册)》,北京大学出版社1979年版

金岳霖:《知识论》,商务印书馆2000年版

〔德〕卡西尔著、甘阳译:《人论》,上海译文出版社2004年版

〔德〕康德著、邓晓芒译:《实用人类学》,重庆出版社1987年版

〔美〕拉彼德、克拉托赫维尔:《文化和认同:国际关系回归理论》,浙江人民出版社2003年版

李亦园:《人类的视野》,上海文艺出版社1996年版

李友梅、肖瑛、黄晓春:《社会认同:一种结构视野的分析》,上海人民出版社2007年版

李泽厚:《哲学纲要》,北京大学出版社2011年版

梁启超:《梁任公近作》(第一辑)下卷,商务印书馆1932年版

梁启超:《戊戌政变记·饮冰室合集:专集之一》,中华书局1989年版

〔英〕洛克著、关文运译:《人类理解论》,商务印书馆 1997 年版

〔美〕罗伯特·F. 墨菲著,王卓君,吕迺基译:《文化与社会人类学引论》,商务印书馆 2004 年版

〔美〕罗蒂著、黄勇译:《后哲学文化》,上海译文出版社 1992 年版

〔德〕马克思、恩格斯:《马克思恩格斯选集》(第 1 卷),人民出版社 1995 年版

〔德〕马克斯·韦伯著、顾中华等译:《韦伯作品集·社会学的基本概念》,广西师范大学出版社 2005 年版

〔德〕马克思:《1844 年经济学哲学手稿》,人民出版社 2000 年版

〔德〕马克思、恩格斯:《德意志意识形态》,人民出版社 2003 年版

〔英〕迈克尔·H. 莱斯诺夫著、冯克利译:《二十世纪的政治哲学家》,商务印书馆 2001 年版

毛泽东:《毛泽东选集》,人民出版社 1991 年版

孟学文:《锦绣中华宝典》,当代中国出版社 1998 年版

〔英〕尼采著:《权力意志——重估一切价值的尝试》,商务印书馆 1991 年版

〔法〕皮埃尔·布迪厄著、刘晖译:《帕斯卡尔式的沉思》,生活·读书·新知三联书店 2009 年版

〔英〕齐格蒙特·鲍曼著、欧阳景根译:《共同体:在一个不确定的世界中寻找安全》,江苏人民出版社 2003 年版

钱穆:《中国思想通俗讲话》,生活·读书·新知三联书店 2002 年版

乔健、潘乃谷:《中国人的观念与行为》,天津人民出版社 1995 年版

〔美〕R. 道金斯著,卢允中、张岱云译:《自私的基因》,科学出版社

1983年版

沙莲香:《社会心理学》,中国人民大学出版社 2002 年版

尚明轩:《孙中山传》,北京出版社 1981 年版

孙中山:《孙中山选集》,人民出版社 1981 年版

〔美〕托马斯雅诺斯基著、柯雄译:《公民与文明社会》,辽宁教育出版社 2002 年版

王逸舟:《当代国际政治析论》,上海人民出版社 1995 年版

吴鼎福、诸文蔚:《教育生态学》,江苏人民出版社 1990 年版

〔新西兰〕肖恩·库比特著,赵文书、王玉括译:《数字美学》,商务印书馆 2007 年版

徐许芳:《企业共生论——和谐社会理念下的企业生态机理及生态战略研究》,中国财政经济出版社 2006 年版

徐学莹等:《教育学》,广西师范大学出版社 2008 年版

〔古希腊〕亚里士多德著、吴寿彭译:《政治学》,商务印书馆 1965 年版

杨国枢:《中国人的价值观:社会科学的观点》,(台湾)桂冠图书公司 1994 年版

〔美〕伊格尔斯著,彭刚、顾杭译:《德国的历史观》,译林出版社 2006 年版

喻学才、王健民:《文化遗产保护与风景名胜区建设》,科学出版社 2010 年版

〔美〕约翰·杜威著、傅统先译:《确定性的寻求:关于知行关系的研究》,上海人民出版社 2005 年版

〔美〕约瑟夫·奈著、门洪华译:《硬权力与软权力》,北京大学出版社

2005年版

张庆熊:《自我、主体际性与文化交流》,上海人民出版社1999年版

郑乐平:《超越现代主义和后现代主义——论新的社会理论空间之建构》,上海教育出版社2003年版

中共中央马克思恩格斯列宁斯大林著作编译局:《马克思恩格斯选集》(第1卷),人民出版社1995年版

中共中央马克思恩格斯列宁斯大林著作编译局:《马克思恩格斯全集》,(第23卷),人民出版社1965年版

中共中央马克思恩格斯列宁斯大林著作编译局:《马克思恩格斯全集》(第46卷·上),人民出版社1979年版

中共中央马克思恩格斯列宁斯大林著作编译局:《马克思恩格斯选集》,(第2卷),人民出版社1972年版

中共中央书记处编:《六大以前》,人民出版社1980年版

中国社会科学院考古研究所编:《新中国的考古发现与研究》,文物出版社1984年版

中国第二历史档案馆编:《中华民国史档案资料汇编》(第二辑),江苏古籍出版社1991年版

中国社会科学院近代史研究所,《民革中央纪念孙中山诞辰140周年学术研讨会论文集》,社会科学文献出版社2009年版

中央档案馆:《中国中央文件选集(1921—1925)》,中共中央党校1991年版

中央档案馆、中共中央研究室编:《中共中央文件选集》(第7册),中共中央党校出版社1991年版

中央档案馆编:《中共中央文件选集》(第3册),中共中央党校出版社1991年版

周大鸣:《中国的族群与族群关系》,广西民族出版社2002年版

三、研究论文

毕跃光:《民族认同、族际认同与国家认同的共生关系研究》,中央民族大学博士学位论文2011年

陈达云:《少数民族大学生国家认同教育创新初探》,《中南民族大学学报(人文社会科学版)》2009年第5期

陈东英:《马克思的共同体思想的主要来源和发展阶段》,《哲学研究》2010年第5期

陈克进:《关于"民族"定义的新思考》,《云南社会科学》1992年第6期

陈茂荣:《"民族"与"民族认同"问题研究述评》,《黑龙江民族丛刊》2011年第4期

陈茂荣:《论"民族认同"与"国家认同"》,《学术界》2011年第4期

陈心林:《族群理论与中国的族群研究》,《青海民族研究》2006年第1期

陈志明著、罗左毅译:《族群认同与国家认同:以马来西亚为例》(下),《广西民族学院学报》2002年第6期

丁宏:《从东干人反观回族的文化认同》,《中央民族大学学报(哲学社会科学版)》2005年第4期

都永浩:《民族认同与公民、国家认同》,《黑龙江民族丛刊》2009年第6期

方文:《转型心理学:以群体资格为中心》,《中国社会科学》2008年第4期

费孝通:《简述我的民族研究经历和思考》,《北京大学学报》1997年第2期

费孝通:《中华民族的多元一体格局》,《北京大学学报(哲学社会利学版)》1989年第4期

冯向东:《教育科学的理论与实践逻辑——关于布迪厄"实践逻辑"的方法论意蕴》,《高等教育研究》2012年第2期

高丙中:《民间的仪式与国家的在场》,《北京大学学报(哲学社会科学版)》2001年第1期

郭琳:《马基雅维利的国家政治共同体意识》,《上海师范大学学报(哲学社会科学版)》2014年第3期

韩锦春、毅夫:《汉文"民族"一词的出现及其初期使用情况》,《民族研究》1984年第3期

韩震:《论国家认同、民族认同及文化认同——一种基于历史哲学的分析与思考》,《北京师范大学学报(社会科学版)》2010年第1期

韩震:《全球化时代的公民教育与国家认同及文化认同》,《社会科学战线》2010年第5期

郝时远:《重读斯大林民族定义读书笔记之:斯大林民族定义及其理论来源》,《世界民族》2003年第4期

贺国安:《斯大林民族理论模式驳议》,《民族研究》1989年第4期

贺金瑞、燕继荣:《论从民族认同到国家认同》,《中央民族大学学报(哲学社会科学版)》2008年第3期

贾英健:《认同的哲学意蕴与价值认同的本质》,《山东师范大学学报(人文社会科学版)》2006年第1期

贾志斌:《如何加强少数民族大学生的国家认同教育》,《西北民族大学学报》2011年第1期

焦丽萍:《个体自我意识与文化认同》,《理论学刊》2008年第8期

金志远:《论国家认同与民族(族群)认同实质的相异性》,《前沿》2011年第9期

康渝生、胡寅寅:《人的本质是人的真正的共同体——马克思的共同体思想及其实践旨归》,《理论探讨》2012年第5期

李鹏程:《论文化转型与人的自我意识》,《哲学研究》1994年第6期

李永政、王李霞:《文化融合与民族大学生国家认同教育》,《民族学刊》2014年第5期

李振宏:《新中国成立60年来的民族定义研究》,《民族研究》2009年第5期

李忠、石文典《当代民族认同研究述评》,《西北民族大学学报》2008年第3期

栗志刚:《民族认同的精神文化内涵》,《世界民族》2010年第2期

梁茂春:《"跨界民族"的族群认同勺国家认同——以中越边境的壮族为例》,《西北民族研究》2012年第2期

林伟健:《国家凝聚力:从文化认同到政治认同》,《广东省社会主义学院学报》2009年第7期

林耀华:《关于"民族"一词的使用和译名问题》,《历史研究》1963年第2期

刘儒德:《建构主义:"知识观、学习观、教学观"》,《人民教育》2005年第17期

刘中民:《从原始共同体到民族共同体——齐亚·格卡尔普的土耳其民族主义思想研究(上)》,《西亚非洲》2008年第8期

龙祖坤:《多元文化融合的实证研究——以武陵山区为例》,《西北民族大学学报(哲学社会科学版)》2009年第5期

罗伯特·白德基著、宋扬译:《国家的观念:孙中山和毛泽东》,《工现代哲学》2009年第2期

骆春梅:《公民身份视角下的我国国家认同建设研究》,云南大学硕士学位论文2013年

吕爱兰:《自我意识:人类意识的一种独特形式》,《武汉大学学报(人文科学版)》2003年第5期

马戎:《关于"民族"定义》,《云南民族学院学报(哲学社会科学版)》2000年第1期。

马戎:《论民族意识的产生》,《云南民族学院学报(哲学社会科学版)》2000年第3期

马戎:《试论"族群"意识》,《西北民族研究》2003年第3期

马衍阳:《〈想象的共同体〉中的"民族"与"民族主义"评析》,《世界民族》2005年第3期

钱雪梅:《从认同的基本特性看族群认同与国家认同的关系》,《民族研究》2006年第6期

钱雪梅:《论文化认同的形成和民族意识的特性》,《世界民族》2002年第3期

覃彩奎:《壮族的国家认同与边疆稳定——广西民族"四个模范研究之二》,《广西民族研究》2010年第4期

闫顺利、敦鹏:《中华民族文化认同的哲学反思》,《阴山学刊》2009年第1期

石德金:《从"虚幻的共同体"到"真正的共同体":〈德意志意识形态〉的国家观》,《现代哲学》2008年第2期

石中英:《本质主义、反本质主义与中国教育学研究》,《教育研究》2004年第1期

苏晓龙:《浅论中文语境中的国家认同》,《科学社会主义》2008年第6期

孙杰远:《少数民族学生国家认同的文化基因与教育场域》,《教育研究》2013年12期

孙杰远:《论自然与人文共生教育》,《教育研究》2010年第12期

孙杰远、刘德怀:《黑衣壮干栏文化及教育价值》,《西北师范大学学报（社会科学版）》2010年第1期

孙俊三、谢武纪:《教育学的科学逻辑和实践逻辑：冲突与和解》,《现代大学教育》2013年第4期

孙圣涛、卢家楣《自我意识及其研究概述》,《心理学探新》2000年第1期

万明钢、王舟:《族群认同的发展及测定与研究方法》,《世界民族》2007年第3期

王北生:《论教育的生命意识即生命教育的四重构建》,《教育研究》2004年第5期

汪高鑫:《汉代的民族交往与民族融合》,《学习与探索》2013年第1期

王东:《创建中国特色的现代化新理论——兼论孙中山、毛泽东、邓小平的思想轨迹》,《北京大学学报(哲学社会科学版)》1994年第4期

王宁:《重建全球化时代的中华民族和文化认同》,《社会科学》2010年第1期

王沛、胡发稳:《民族文化认同:内涵与结构》,《上海师范大学学报(哲学社会科学版)》2011年第1期

王强、王瑜卿、秉浩:《民族意识与公民意识、民族认同与国家认同:相协调还是相对立?——民族理论前沿研究系列论文之六》,《黑龙江民族丛刊》2012年第5期

王敬:《认同理论的起源、发展与评述》,《新疆社科论坛》2009年第2期

王希恩:《民族认同与民族意识》,《民族研究》1995年第6期

王宵冰:《文字、仪式与文化记忆》,《江西社会科学》2007年第2期

王志曲:《论课堂文化的重建》,安徽师范大学硕士学位论文2006年

熊坤新:《斯大林民族定义之我见》,《世界民族》1998年第2期

徐杰舜:《论族群与民族》,《民族研究》2002年第1期

徐杰舜:《文化发现与发现文化》,《学术探索》2012年第1期

徐杰舜:《民族自我意识是社会文化变迁的内在动力》,《中央民族大学学报(社会科学版)》1997年第4期

徐杰舜:《从多元走向一体是民族过程的规律——以汉民族的民族过程为例》,《青海民族研究》2010年第2期

徐莉、陈时见:《论民族幼儿教育中传统与现代的断裂与对接——以广西融水苗族自治县民族幼儿教育为例》,《学前教育研究》2005年第4期

许鲁州、沈应东:《论社会转型时期思维方式的变革》,《云南师范大学学

报(哲学社会科学版)》1994年第5期

徐则平:《试论民族文化认同的"软实力"价值》,《思想战线》2008年第3期

薛艺兵:《对仪式现象的人类学解释》,《广西民族研究》2003年第4期

杨宏丽:《课堂文化——师生交往研究的一个新视阁》,东北师范大学硕士学位论文2005年

杨筱:《认同与国际关系:一种文化理论》,中国社会科学院博士学位论文2000年

杨宜音:《人格变迁和变迁人格:社会变迁视角下的人格研究》,《西南大学学报(社会科学版)》2010年第7期

杨宜音:《社会心理领域的价值观研究述要》,《中国社会科学》1998年第2期

杨宜英:《"社会认同的理论与经验研究"工作坊召开研讨会》,《社会学研究》2005年

叶汝贤:《每个人的自由发展是一切人的自由发展的条件——《共产党宣言》关于未来社会的核心命题》,《中国社会科学》2006年第3期

易建平:《从词源角度看"文明"与"国家"》,《历史研究》2010年第6期

郁建兴:《马克思的"自由人的联合体"思想新译》,《政治学研究》2000年第2期

余梓东、李劲松:《中央民族大学学生民族观情况调查及对策研究》,《中央民族大学学报》2003年第3期

袁娥:《民族认同与国家认同述评》,《民族研究》2011年第5期

翟学伟:《中国人的价值取向:类型、转型及其问题》,《南京大学学报(哲学·人文·社会科学)》1999年第4期

张达明:《论斯大林民族定义的历史地位、局限性及其修改问题》,《东北师范大学学报(哲学社会科学版)》1996年第5期

张剑峰:《族群认同探析》,《学术探索》2007年第1期

张汝伦:《经济全球化和文化认同》,《哲学研究》2001年第2期

上官子木:《儿童养育模式与文化基因的传承》,《青年研究》2002年第1期

张学海:《新中原中心论》,《中原文物》2002年第3期

张莹瑞、佐斌:《社会认同理论及其发展》,《心理科学进展》2006年第3期

张友国:《族群认同与国家认同:和谐何以可能》,《首都师范大学学报:(社会科学版)》2008年第5期

赵家祥:《马克思关于人的本质的三个界定》,《思想理论教育导刊》2005年第7期

赵菁、张胜利、廖健太:《论文化认同的实质与核心》,《兰州学刊》2013年第6期

赵世林:《论民族文化传承的本质》,《北京大学学报(哲学社会科学版)》,2002年第5期

赵兴涛:《民族主义:想象的共同体》,《国外理论动态》2003年第5期

郑雪、王磊:《中国留学生的文化认同、社会取向与主观幸福感》,《心理发展与教育》2005年第1期

周平:《论中国的国家认同建设》,《学术探索》2009年第6期

周平:《全球化时代的民族与国家》,《学术探索》2013年第10期

周文彰:《论认识活动中的对象意识、自我意识和实践意识》,《天津社会科学》1989年第5期

周晓虹:《认同理论:社会学与心理学的分析路径》,《社会科学》2008年第4期

佐斌:《论儿童国家认同感的形成》,《教育研究与实验》2000年第2期

四、外文资料

Baldwin, James M., *Dictionary of Philosophy and Psychology*, Vol.1. New York: The Macmillan Company, 1998.

Cohen, Jean L., "Strategy or Identity: New Theoretical Paradigms and Contemporary Social Movements", in *Social Research*, Vol. 52, No.4 (Winter 1985), pp. 663-716.

Craig, Edward ed., *Encyclopedia of Philosophy*. London and New York: Routledge, 1998.

Cuellar, I., Arnold, B. and Maldonado, R., "Acculturation Rating Scale for Mexican Americans-II: A Revision of the Original ARSMA Scale", in *Hispanic Journal of Behavioral Sciences,* 1995(17): 275-304.

Erikson, Erik H., *Childhood and Society*. New York: Norton, 1950.

Eriksen, Thomas Hylland, *Ethnicity and Nationalism: Anthropological Perspectives*. London: Pluto Press, 1993.

Gökalp, Ziya, "The Scientific Study of Communities", in *Turkish Nationalism* and Western Civilization: Selecteel Essays of Ziya Gökalp, trans & edited by Niyazi Berkes. New York: Comlumbia University Press, 1959.

Haritatos, Jana and Benet-Martınez, Verónica, "Bicultural Identities: The Interface of Cultural, Personslity, and Socio-Cognitive Processes", in Journal of Research in Personality, 2002(36): 598-606.

Helms, Janet E., "An Update of Helms's White and People of Color Racial Identity Models", in J. G. Ponterotto, J. M. Casas, L. A. Suzuki & C. M. Alexander (eds.), Handbook of Multicultural Counseling. Thousand Oaks, CA: Sage, pp. 181-198.

Hogg, Michael A., Deborah J. Terry, Katherine M. White, "A Tale of Two Theories: A Critical Comparison of Identity Theory with Social Identity Theory", in Social Psychology Quarterly, Vol. 58, No. 4, 1995, pp. 255-269.

Horowitz, Donald L., "Ethnic Identity", in N. Glazer and D. P. Moynihan eds., Ethnicity: Theory and Experience. Cambridge, MA: Harvard University press, 1975.

Klukhohn, C. K. M., "Value and Value Orientation in Action: An Exploration in Definition and Classification", in T. Parsons&E. A. Shils (Eds), Personality in Nature, Society, and Culture. Cambridge, Mass: Harvard University Press, 1951.

Lindesmith, Alfred R. and Strauss, Anselm L., Social Psychology. New York: Holt, Rinehart and Winston, 1956.

Machiavell, Niccolò, The Prince: And the Discourses/With an Introduction by Max Lerne. New York: Modern Library, 1940.

McCowan, Carla J. and Alston, Reginald J., "Racial Identity, African Self-Consciousness and Career in Decision Making in African American College Women", in *Journal of Multicultural Counseling and Development*, 1998, Vol. 26 (No.1), pp.28-38.

Otten, Sabine and Mummendey, Amélie, "To Our Benefit or at Your Expense? Justice Considerations in Intergroup Allocations of Positive and Negative Resources", in *Social Justice Research*, 1999, 12(1): 19-38.

Poggi, Gianfranco, *The State: Its Nature, Development, and Prospects*. Cambridge: Polity Press, 1990.

Smith, Anthony, *National Identity*. London: University of Nevada Press, 1991.

——, "The Nation: Invented, Imagined Reconstructed?" in Marjorie Ringrose and Adam J. Lerner(eds.), *Reimaging the Nation*. Buckingham: Open University Press, 1993.

Stryker, Sheldon, *Symbolic Interactionism: A Social Structural Version*. Palo Alto: Benjamin/Cummings, 1980.

Tajfel, Henri, "Experiments in Vacuum", in J. E. Israel, H. Tajfel (eds.) *Context of Social Psychology: A Critical Assessment*. Londres: Academic Press, 1972.

——, "Social Psychology of Intergroup Relations", in *Annual Review of Psychology*, 1982, 33: 1-39.

Thibaut, John W. and Kelley, Harold H., *The Social Psychology of Groups*. New York: John Wiley&Sons, 1959.